S. Düsching

STARK

ABITUR 2017
Original-Prüfungsaufgaben mit Lösungen

Wirtschaft

Gymnasium
Baden-Württemberg

2012–2016

STARK

© 2016 Stark Verlagsgesellschaft mbH & Co. KG
9. neu bearbeitete und ergänzte Auflage
www.stark-verlag.de

Das Werk und alle seine Bestandteile sind urheberrechtlich geschützt. Jede vollständige oder teilweise Vervielfältigung, Verbreitung und Veröffentlichung bedarf der ausdrücklichen Genehmigung des Verlages.

Inhalt

Stichwortverzeichnis

Das Kernfach Wirtschaft – Tipps und Hinweise

1	Ein Blick in den Bildungsplan lohnt sich	II
2	GFS – G(leichwertige) F(eststellung von) S(chülerleistungen)	II
3	**Die schriftliche Abiturprüfung**	III
3.1	Rahmenbedingungen und Inhalte	III
3.2	Verrechnungspunkte und Aufgabenformate	VI
3.3	Anforderungsbereiche und Operatoren	VII
3.4	Einführung in den Umgang mit statistischem Material	XI
4	**Die mündliche Abiturprüfung (5. Prüfungsfach)**	XIII
4.1	Wirtschaft als freiwillige mündliche Zusatzprüfung	XIII
4.2	Wirtschaft als mündliches Prüfungsfach (Präsentationsprüfung)	XIV
4.2.1	Themen	XV
4.2.2	Die Präsentation	XVI
4.3	Die Beurteilung der Präsentation	XIX
4.4	Training	XIX

Übungsaufgaben zur schriftlichen Abiturprüfung im Fach Wirtschaft

Übungsaufgabe 1
Wirtschaftliches Handeln im Sektor Unternehmen
Schwerpunkte: Onlinehandel, SWOT-Analyse 1

Übungsaufgabe 2
Wirtschaftliches Handeln im Sektor Unternehmen
Schwerpunkte: Existenzgründung, Finanzierung 11

Fortsetzung nächste Seite

Übungsaufgabe 3
Wirtschaftliches Handeln im Sektor Ausland
Schwerpunkte: Schwellenländer, Wechselkurs, Kapitalverkehr 22

Übungsaufgabe 4
Wirtschaftliches Handeln im Sektor Ausland
Schwerpunkte: Globalisierung, Handelsschranken 35

Übungsaufgabe 5
Wirtschaftliches Handeln im Sektor Unternehmen
Schwerpunkte: Digitalisierung, Bedeutung der Arbeit 48

Schriftliche Abiturprüfungen Wirtschaft

Abiturprüfung 2012
Aufgabe I: Wirtschaftliches Handeln im Sektor Unternehmen 2012-1
Aufgabe II: Wirtschaftliches Handeln im Sektor Ausland 2012-11

Abiturprüfung 2013
Aufgabe I: Wirtschaftliches Handeln im Sektor Unternehmen 2013-1
Aufgabe II: Wirtschaftliches Handeln im Sektor Ausland 2013-13

Abiturprüfung 2014
Aufgabe I: Wirtschaftliches Handeln im Sektor Unternehmen 2014-1
Aufgabe II: Wirtschaftliches Handeln im Sektor Ausland 2014-12

Abiturprüfung 2015
Aufgabe I: Wirtschaftliches Handeln im Sektor Unternehmen 2015-1
Aufgabe II: Wirtschaftliches Handeln im Sektor Ausland 2015-15

Abiturprüfung 2016
Aufgabe I: Wirtschaftliches Handeln im Sektor Unternehmen 2016-1
Aufgabe II: Wirtschaftliches Handeln im Sektor Ausland 2016-12

Sollten nach Erscheinen dieses Bandes noch wichtige Änderungen
für die Abitur-Prüfung 2017 vom Kultusministerium bekannt gegeben
werden, finden Sie aktuelle Informationen dazu im Internet unter:

www.stark-verlag.de/pruefung-aktuell

Jeweils im Herbst erscheinen die neuen Ausgaben
der Abiturprüfungsaufgaben mit Lösungen.

Autoren:

Yvonne Burghardt (Lösungen zu den Abituraufaben 2012 II)
Rolf Mattes (Tipps und Hinweise)
Joachim Traub (Tipps und Hinweise, Übungsaufgaben 1–5,
 Lösungen zu den Abituraufgaben 2013 II, 2014 II, 2015 II, 2016 II)
Sebastian Völkel (Lösungen zu den Abituraufaben 2012 I, 2013 I, 2014 I, 2015 I,
 2016 I)

Stichwortverzeichnis

AIDA-Modell 10
Anbieter 9 f., 15; 2013-6
Angebot 19; 2012-8, 19; 2013-17; 2014-16; 2015-14
Arbeitsteilung 30, 39, 43; 2012-16, 18
Auslandsdirektinvestition 30; 2012-15 ff.; 2013-10, 18 f.; 2014-15; 2016-10 f., 20
Außenhandel s. Leistungsbilanz

Bildung 21, 30; 2013-10 f.
BRICS-Staaten 30
Bruttoinlandsprodukt 30; 2014-15

Corporate Identity 10
Corporate Social Responsibility (CSR) 2012-10; 2013-11 f.; 2015-13; 2016-11
Crowdfunding 19 f.
Crowding-out 2015-23

Deregulierung 30; 2015-24
Devisen 32 f.; 2014-17 f.; 2015-23
Distributionspolitik 10

Einkommen 2015-12
Einzelunternehmen 2016-8
Entwicklungsland 30, 39 ff.; 2014-18; 2016-22 f.
Europäische Union 2013-16 f.
Europäische Zentralbank 2015-22, 25; 2016-24
Euroraum/-zone 2015-21 ff.
Euro-Rettungsschirm 2016-24
Existenzgründung 18 ff.
Externe Effekte 2016-24

Familienunternehmen 2016-7 f., 10 f.
Finanzierung 7, 19 f.; 2015-23, 25; 2016-9
Freihandel 40 ff.; 2012-17 f.; 2013-16 f.

Gesamtwohlfahrt 2013-18, 20
Gleichgewichtspreis 2013-17
Globalisierung 30, 39, 41 ff.; 2012-10, 15, 19

Haftung 2015-24
Handel, international 30, 34; 2015-23
Handel, intraindustriell 2012-18; 2016-20
Handelsbilanz s. Leistungsbilanz
Handelshemmnisse, (nicht)tarifär 40, 43; 2013-17, 20 f.; 2014-18 f.; 2016-21 ff.

Industrieland 30, 40 f.; 2012-18 f.; 2013-19; 2014-18
Internationaler Währungsfonds (IWF) 41; 2015-22 f., 25
Investition 20; 2012-5; 2015-13

Kommunikationspolitik 10; 2015-11 f.
Konjunktur 2015-21 ff.
Konsumentenrente 2013-18
Konsumentensouveränität 2012-9
Konvergenzkriterien 2015-21 f.
Konzerne, transnationale 30; 2012-10, 15 f., 18 f.; 2013-19
Kosten, externe 2015-13

Kostenvorteile, komparative
2012-18

Leistungsbilanz 30, 33; 2013-18
Leitzins 31; 2014-17
Liberalisierung 30, 40 f.; 2013-18,
20 f.
Liquidation 18, 20
Lohnnebenkosten 2012-17

Marketing 10; 2012-5, 7 f.; 2013-7,
12; 2015-11, 14
Marktwirtschaft 20; 2015-24

Nachfrage 30 f.; 2013-12, 17;
2014-16; 2015-12 ff., 24

Portfolio-Analyse 2012-5 f.
Preis-Mengen-Diagramm 31;
2013-17; 2014-16
Preispolitik 10; 2015-11
Produktivität 2012-17 f.
Produktlebenszyklus 2012-5, 18;
2013-8, 17
Produktpolitik 7, 10; 2015-11
Produzentenrente 2013-18
Protektionismus 43; 2013-20 f.

Regulierung 2013-21; 2015-24
Rezession 2015-14

Schwellenland 30 f., 33 f.; 2012-16;
2013-18 ff.
Sozialleistungen 2015-25

Staatsverschuldung 31 ff.; 2012-19;
2015-21 f., 25
Stakeholder 2012-10; 2013-11
Standortfaktoren 21; 2012-10, 18 f.;
2013-10 f.; 2016-10 f.
Standortverlagerung 2013-11 f., 19
Steuer 20 f., 32; 2012-10, 17, 19;
2013-10
Subvention 20 f., 30, 40; 2013-10,
17, 20; 2014-18
SWOT-Analyse 7 f., 33

Triade(nhandel) 40; 2013-21
TTIP 2016-21 ff.

Unternehmensbilanz 2013-7 f.
Unternehmensziele 2013-10 f.;
2015-14
Unternehmerpersönlichkeit 2016-9 f.

Wechselkurs 31 ff.; 2013-19;
2014-15; 2015-21
Welthandel 40 ff.; 2012-15, 18;
2013-18; 2015-23
Wettbewerb 7, 10, 20 f., 33 f., 43;
2012-4 f., 16 f.; 2013-11, 20 f.;
2015-13, 22, 25
World Trade Organization 33, 40 f.,
43; 2012-16; 2013-18; 2014-17;
2016-24

Zahlungsbilanz 43; 2015-23

Das Kernfach Wirtschaft – Tipps und Hinweise

Liebe Schülerinnen und Schüler,

wir freuen uns über Ihre Entscheidung für das Kernfach Wirtschaft, da wir meinen, dass es als vierstündiges Kernfach interessant und attraktiv ist – unter anderem, weil es sich mit einem der herausragend wichtigen Lebensbereiche eines jeden Einzelnen beschäftigt.

Sie können in diesem Kurs Vieles für wirtschaftswissenschaftliche Studiengänge, für eine Menge anderer Studiengänge und auch für das Leben außerhalb der Bildungsinstitutionen lernen – wir bekommen inzwischen Rückmeldungen von Schülern, die sich bei Bewerbungsverfahren mithilfe ihrer in Wirtschaft erworbenen Kompetenzen erfolgreich durchsetzen konnten. Um im Kernfach Wirtschaft gute Semester- und Abiturergebnisse zu erzielen, ist es nach unseren Erfahrungen und denen unserer Schülerinnen und Schüler besonders hilfreich,
- wenn Sie mit Freude und Interesse viele Medien nutzen: Presse, Fachlektüre, Funk und Fernsehen und das Internet. Insbesondere die regelmäßige Nutzung von Tages- und Wochenzeitungen ist schon fast so etwas wie „die halbe Miete", da Sie sich auf diese Weise quasi „automatisch" wesentliche Teile des Fachwissens auf dem aktuellen Stand aneignen;
- wenn Sie sich neben Wirtschaft für Politik, Gesellschaft und Recht interessieren;
- wenn Sie eine Aufgabenstellung schnell und präzise erfassen und rasch eine gut gegliederte Stichwortsammlung als Konzept entwerfen können;
- wenn Sie zügig auch umfangreichere Lösungen zu Papier bringen können;
- wenn Sie mit Modellen arbeiten können;
- wenn Sie gerne mit statistischem Material umgehen;
- wenn Sie einfachere mathematische Berechnungen durchführen können.

Darüber hinaus hat Wirtschaft im Unterschied zu manch anderem Fach den Charme eines gewissen Neuanfangs. Dennoch ist es natürlich sehr vorteilhaft, wenn Sie sich ein gutes Stück „Durchblick" aus den vorangegangenen Jahren Wirtschaftsunterricht bewahren konnten (wenn es Ihnen möglich ist: Behalten Sie Ihre alten Gemeinschaftskunde-/Wirtschaftsbücher und -ordner bzw. -hefte!). Denn Sie begegnen auch bereits Bekanntem auf einem höheren Anspruchsniveau wieder.

Dieses Buch hilft Ihnen dabei, sich anhand von Übungs- bzw. der Abituraufgaben der letzten Jahre zielgerichtet auf Klausuren und auf die schriftliche Abiturprüfung im Kernfach Wirtschaft vorzubereiten. Die nachfolgenden Hinweise und Tipps sollen

Sie zusätzlich bei Ihrer optimalen Vorbereitung auf Klausuren und das Abitur unterstützen. Sollten nach Erscheinen dieses Bandes noch entscheidende Änderungen für die Abiturprüfungen vom Kultusministerium bekannt gegeben werden, finden Sie aktuelle Informationen dazu unter:
www.stark-verlag.de/pruefung-aktuell

Liebe Schülerinnen und Schüler, wir wünschen Ihnen Freude und Interesse im und am Wirtschaftsunterricht und viel Erfolg bei Ihrer Abiturprüfung!

Die Autoren und der Verlag

1 Ein Blick in den Bildungsplan lohnt sich

Im Bildungsplan 2004 finden Sie die Themen, die für Sie wegen der Schwerpunktthemen für das schriftliche Abitur 2017 von höchster Bedeutung sind. Aber auch für die GFS und die mündlichen Prüfungen ist es wichtig, dass Sie diese Themen kennen und wissen, über welche Kompetenzen Sie verfügen sollten.
So werden z. B. in der Lehrplaneinheit 1 folgende Kompetenzen eingefordert:

„Die Schülerinnen und Schüler können [...]
– den Wirtschaftskreislauf in seinen Interdependenzen darstellen [...];
– Leistungen und Grenzen der Preisbildung (Marktversagen) auf freien Märkten erläutern [...]".

Eine Kopie des Bildungsplans haben Sie vermutlich schon von Ihrem Kursleiter erhalten, vielleicht sogar auch eine Kopie der Standards. Sie können beide auch über den Landesbildungsserver (www.schule-bw.de/entwicklung/bistand) herunterladen.

2 GFS – G(leichwertige) F(eststellung von) S(chülerleistungen)

Sie müssen in mindestens drei Fächern Ihrer Wahl üblicherweise im Laufe der ersten drei Semester je eine GFS leisten. Wenn Sie Wirtschaft als mündliches Prüfungsfach (siehe 4.2) wählen wollen, sollten Sie die Chance wahrnehmen, mittels einer GFS im Kernfach Wirtschaft schon für die mündliche Prüfung zu „trainieren".
Hierbei ist es hilfreich, ein GFS-Thema dem aktuellen Bildungsplan zu entnehmen. So wäre z. B. ein denkbares GFS-Thema aus der Lehrplaneinheit 2 „Wirtschaftliches Handeln im Sektor Unternehmen" zum Unterpunkt „Bedeutung grundsätzlicher Marketingentscheidungen [...] für den Erfolg eines Unternehmens": „Bio – ein erfolgreiches Absatzinstrument?". Dabei ist es wichtig, dass diese GFS sich an den Vorschriften zum mündlichen Prüfungsfach ausrichtet.

3 Die schriftliche Abiturprüfung

3.1 Rahmenbedingungen und Inhalte

Im Abitur müssen Sie sich in den drei Kernfächern Deutsch/Fremdsprache/Mathematik schriftlich prüfen lassen. Dazu müssen Sie noch ein viertes schriftliches Prüfungsfach aus Ihren weiteren vierstündigen Kernfächern wählen, in unserem Fall also Wirtschaft.

Sie bekommen in Wirtschaft zwei Aufgaben. Jede bezieht sich auf jeweils eines der folgenden derzeitigen Schwerpunktthemen der Bildungsstandards:
- **I:** Lehrplaneinheit 2: Wirtschaftliches Handeln im Sektor Unternehmen
- **II:** Lehrplaneinheit 4: Wirtschaftliches Handeln im Sektor Ausland (ohne die Unterthemen: Schaffung von globalen Sozialstandards und Umweltstandards, Entschuldung von Entwicklungsländern).

„Schwerpunktthema" bedeutet nicht, dass Ihre Kompetenzen in ausschließlich dieser Lehrplaneinheit überprüft werden, sondern die Aufgaben können auch Aspekte anderer Lehrplaneinheiten einbeziehen. Sie wählen eine dieser Aufgaben aus und haben, einschließlich Auswahlzeit, für die Bearbeitung **270 Minuten** zur Verfügung.

Als **Hilfsmittel** sind ein grafikfähiger Taschenrechner, eine unkommentierte Ausgabe des Grundgesetzes und ein Nachschlagewerk zur deutschen Rechtschreibung und Zeichensetzung zugelassen.

Wichtig zu wissen ist für Sie noch, dass zu den Aufgaben zum Überprüfen der Fachkompetenz auch Aufgaben aus dem Bereich der Methodenkompetenz dazukommen. Von großer Bedeutung ist dabei sowohl die Arbeit mit Texten als auch die Auswertung von statistischem Material, also Tabellen und Grafiken. Unter 3.4 bieten wir Ihnen eine Einführung in den Umgang mit statistischem Material in der schriftlichen Abiturprüfung an. Auch die mögliche Auswertung von Bildquellen (z. B. Karikaturen) oder Karten wird in der Vorschrift genannt.

Die oben genannten Schwerpunktthemen wurden vom Kultusministerium durch eine Liste mit sogenannten **Basisinhalten** genauer abgegrenzt. Sie sollten also dieses **Inventar relevanter Begriffe und Inhalte** beherrschen, um gut auf mögliche Abiturthemen vorbereitet zu sein. Das heißt vor allem, Sie sollten die Begriffe verstehen, sie in einen größeren Kontext einordnen können, ihre Hintergründe kennen und sie gegebenenfalls gegenüber anderen Begriffen abgrenzen können. Falls Ihnen Inhalte unbekannt oder unklar erscheinen, sprechen Sie Ihren Kursleiter darauf an.

Basisinhalte: Wirtschaftliches Handeln im Sektor Unternehmen

Standard (Themenbereiche des Lehrplans)	Basisinhalt
Betriebs- und volkswirtschaftliche Produktionsfaktoren und deren Bedeutung	– Volkswirtschaftliche Produktionsfaktoren: Arbeit, Boden, Kapital, Qualifikation – Betriebswirtschaftliche Produktionsfaktoren: Menschliche Arbeitsleistung, Werkstoffe, Betriebsmittel, Leitung
Überblick über grundlegende Unternehmensentscheidungen: Produktidee, Rechtsform, Finanzierung und Standortwahl	– Grundlegende Aufgaben eines Unternehmens: Beschaffung, Produktion, Absatz; Investition, Finanzierung, Leitung, Personalwirtschaft – Businessplan – Einzelunternehmen, OHG, KG, GmbH, AG; Kriterien: Haftung, Kapitalaufbringung und Leitung – Außen-, Innenfinanzierung; goldene Bilanzregel – Grundzüge der Bilanz: Aktiva, Passiva, Anlage-, Umlaufvermögen, Eigen-, Fremdkapital – Rahmenbedingungen, Markterschließung, Produktionsbedingungen
Bedeutung grundsätzlicher Marketingentscheidungen	– Marketingstrategie: Situationsanalyse, Zielformulierung, Strategie-, Maßnahmenplanung – Analyseinstrumente: Portfolio-, SWOT-Analyse, Produktlebenszyklus – Zielformulierung (s. u. bei den Unternehmensaufgaben) – Strategieplanung: Marktbearbeitung, Qualitäts-, Preisführerschaft – Maßnahmenplanung: 4 Ps und Marketing-Mix: Produkt- und Programm-, Preis-, Distributions- und Kommunikationspolitik
Bedeutung von Investitionen und ihrer Finanzierung für das Unternehmen und die Volkswirtschaft	– Finanzierung (s. o.) – Sachinvestitionen: Ersatz-, Erweiterungsinvestitionen – Finanzinvestitionen
Bedeutung der Produzenten bzw. der Existenzgründungen für eine Volkswirtschaft	– Entrepreneurship – Unternehmen im Wirtschaftskreislauf – „Schöpferische Zerstörung": Schumpeter – Basisinnovationen: Kondratjew
Prozess der eigenen Berufswahl reflektieren	(zu diesem Standard werden im Abitur keine Aufgaben gestellt.)

Wandel in der Berufs- und Arbeitswelt und die damit verbundenen betrieblichen und gesellschaftlichen Auswirkungen beurteilen	– Bedeutung der Arbeit – Strukturwandel: sektoral und intrasektoral, Digitalisierung – Arbeitsorganisation – Beschäftigungsformen – Mitbestimmung, Tarifautonomie
ökonomische, soziale und ökologische Aufgaben von Unternehmen und die Vereinbarkeit von Unternehmenszielen und unternehmerischer Verantwortung und Bedeutung der Unternehmen für eine ökologisch ausgerichtete Wirtschaftsordnung	– Ökonomische Aspekte: Gewinn, Umsatz, Rentabilität, Marktanteil – Soziale und ökologische Aspekte: Nachhaltigkeit, CSR, global compact – shareholder, stakeholder

Basisinhalte: Wirtschaftliches Handeln im Sektor Ausland

Standard (Themenbereiche des Lehrplans)	Basisinhalt
Entwicklung des Welthandels und die Rahmenbedingungen und Ursachen des weltwirtschaftlichen Strukturwandels	– Sektor Ausland im Wirtschaftskreislauf – Internationale Arbeitsteilung, inter- und intraregionaler Handel, inter- und intraindustrieller Handel, transnationale Unternehmen, ausländische Direktinvestitionen, terms of trade – Triade, BRIC-Staaten, Schwellenland, LDC – Freihandel und Protektionismus (s. u.) – politisch-rechtlich, ökonomisch, technologisch, soziokulturell
Standortfaktoren und Standortqualität Deutschlands im Vergleich zu anderen EU-Staaten und im internationalen Handel	– Außenwirtschaftliche Bilanz: Zahlungsbilanz und ihre Teilbilanzen – Außenwirtschaftliches Gleichgewicht als Ziel der Wirtschaftspolitik – Wettbewerbsfähigkeit (vgl. unter Standortfaktoren in der Basisbegriffsliste Unternehmen)
Stand der Europäischen Integration im Spannungsfeld von Regionalisierung und Globalisierung, Freihandel und Protektionismus	– EWWU: Binnenmarkt, Konvergenzkriterien – EZB und ihre Instrumente – tarifäre und nicht-tarifäre Handelshemmnisse, Darstellung der Auswirkungen von Freihandel und Protektionismus im Preis-Mengen-Diagramm

Grundlegendes Wissen über Währungssysteme, Wechselkursdeterminanten, Finanzmarkttransaktionen	– Finanzmarkt: Geld-, Kapital-, Devisenmarkt – Kapitalmarkt: Aktien, Staatsanleihen, Derivate; Ratingagenturen – Wechselkurssysteme, -schwankungen (Auf-/Abwertung) und deren Darstellung im Preis-Mengen-Diagramm – Devisenmarkt und -interventionen – Außenwert einer Währung
Staatliche und nichtstaatliche Akteure und deren Bedeutung	Nationalstaaten, regionale und internationale Organisationen und transnationale Unternehmen und NGOs
Bedeutung der WTO für die Welthandelsordnung und Bedeutung des IWF für die Weltwährungsordnung	– GATT, GATS oder TRIPS unter dem Aspekt Regulierung und Deregulierung – Washingtoner Konsens – Aufbau und Instrumente zur Stabilisierung der Weltwährungsordnung – Machtverhältnisse und Machtinstrumente
Ökonomische, politische, soziale und ökologische Auswirkungen der Globalisierung	– UN-Milleniumsziele – Disparitäten: GINI-Koeffizient, HDI
Globale Problemfelder und Lösungsvorschläge	– Globale Finanzmärkte: eine globale Wirtschafts- oder Finanzkrise als Fallbeispiel – Deregulierung, Regulierung: Markteffizienz versus Marktversagen – Einzelne Regulierungsmaßnahmen: Steuern, Kontrolle, Ordnungsrecht – Global Governance: 5 Säulen der Global-Governance-Architektur

3.2 Verrechnungspunkte und Aufgabenformate

Eine Prüfungsaufgabe im Abitur hat, auf drei bis vier Teilaufgaben verteilt, **60 Verrechnungspunkte** (VP). In der Regel stehen die Teilaufgaben in einem thematischen Zusammenhang. Wahlaufgaben sind möglich. Für eine Teilaufgabe werden maximal 24 Verrechnungspunkte vergeben. Daraus können Sie auf den Arbeits-/Schreibumfang und das Anforderungsniveau schließen.

Zudem kann es Aufgabenstellungen geben, in denen nicht explizit das **Material** genannt wird, welches Sie zum Lösen einer Teilaufgabe heranziehen sollen. Das für die jeweilige Teilaufgabe relevante Material müssen Sie dann selbstständig auswählen.

Es kann auch sein, dass Sie nicht sämtliche der Materialien in Ihre Lösung miteinbeziehen müssen.

Bei der Lösung der Abituraufgabe, die in der Regel eine Fülle von Materialien enthält, kann eine **Planungsmatrix** hilfreich sein. Sie können sich damit einen Überblick über Art und Inhalt der Materialien und ihre jeweilige Relevanz für die Teilaufgaben verschaffen. Die Planungsmatrix soll ein übersichtlicher Arbeitsplan sein, den Sie der Bearbeitung der Teilaufgaben zugrunde legen. Eine solche Matrix können Sie z. B. als Tabelle oder als Mindmap auf dem **Konzeptblatt** erstellen. Eine Matrix für die Aufgabe I des Jahrgangs 2015 könnte etwa wie folgt aussehen:

Material	1	2	3	4	5	6	7	8	9	10	11
Aufgabe 1	x	x	x	x		x	x				
Aufgabe 2	x	x		x			x	x	x	x	
Aufgabe 3			x					x	x	x	x
Aufgabe 4						x	x				x

3.3 Anforderungsbereiche und Operatoren

Die Anforderungsbereiche in der schriftlichen Prüfung reichen von der Wiedergabe von Wissen (**Reproduktion**) über die vertiefende Bearbeitung und das angemessene Anwenden gelernter Inhalte und Methoden auf andere Sachverhalte (**Reorganisation und Transfer**) bis zur **Reflexion und Problemlösung**. Um Ihnen Sicherheit zu geben, was in einer Teilaufgabe von Ihnen erwartet wird, finden Sie in jeder Teilaufgabe eine Arbeitsanweisung, die als Aufforderung formuliert ist – einen sogenannten **Operator**. Ihr Kursleiter sollte im Besitz eines Papiers mit dem Titel: „Basisoperatorenkatalog in den gesellschaftswissenschaftlichen Fächern in Baden-Württemberg" sein. Bitten Sie ihn, dass Ihr ganzer Kurs eine Kopie des Papiers erhält. Dort finden Sie alle **Operatoren** mit Erklärung der Arbeitsanweisung. Den wesentlichen Teil dieses Papiers finden Sie auch hier im Anschluss abgedruckt. Die meisten Kursleiter lassen ihre Schüler den Operatorenkatalog während der Kursklausuren zum Nachlesen der Definitionen nutzen.

Wir möchten Sie hier auf einige uns besonders wichtig erscheinende Aspekte hinweisen: Die Operatoren wie „beschreiben", „darstellen", „vergleichen" oder „beurteilen" verlangen, dass Sie in einer durchgehend formulierten Antwort die Aufgabe lösen. Empfehlenswert ist der klassische Aufbau mit Einleitungssatz, in Absätze gegliedertem Hauptteil und Schlusssatz. Vermeiden Sie „Stichwortbrocken" hinter Pfeilen oder in Klammern ebenso wie unverbundene Auflistungen hinter Spiegelstrichen bei diesen Operatoren. Spiegelstriche erlaubt nur der Operator „nennen". Ganz wichtig ist auch, dass Sie in der ganzen Klausur die Fachsprache und -begriffe sicher anwenden. Last but not least: Achten Sie auf eine saubere Darstellung und auf die

Sprachrichtigkeit, sonst müssen ein bis zwei Notenpunkte abgezogen werden. Es lohnt sich also für Sie, sauber zu schreiben und mindestens zehn Minuten zum Korrekturlesen einzuplanen!

Die Operatoren verteilen sich auf drei unterschiedliche, im Schwierigkeitsgrad ansteigende **Anforderungsbereiche**. Im Bereich I „Reproduktion" müssen Sie Gelerntes wiedergeben. Der Bereich II „Reorganisation und Transfer" verlangt, dass Sie selbstständig erklären, bearbeiten, ordnen und auf andere Sachverhalte übertragen können. Im Bereich III „Reflexion und Problemlösung" müssen Sie mit neuen Problemstellungen umgehen, einen Sachverhalt selbstständig erörtern und Ihre eigene Urteilsbildung reflektieren.

Die folgende Liste umfasst den „Basisoperatorenkatalog in den gesellschaftswissenschaftlichen Fächern in Baden-Württemberg" und verweist auf Aufgaben in diesem Buch, die die entsprechenden Operatoren enthalten. Dabei bedeutet z. B. der Zusatz 13/II/1, dass das Beispiel aus den Abiturprüfungsaufgaben des Jahres 2013 stammt. Man findet es dort unter Aufgabe II, Teilaufgabe 1.

Anforderungsbereich I

nennen	Entweder Informationen aus vorgegebenem Material entnehmen oder Kenntnisse ohne Materialvorgabe anführen.	Ü3/1
herausarbeiten	Informationen und Sachverhalte unter bestimmten Gesichtspunkten aus vorgegebenem Material entnehmen und wiedergeben und/oder gegebenenfalls berechnen.	13/II/1
beschreiben	Wesentliche Informationen aus vorgegebenem Material oder aus Kenntnissen zusammenhängend und schlüssig wiedergeben.	14/I/1
charakterisieren	Sachverhalte und Vorgänge mit ihren typischen Merkmalen beschreiben und in ihren Grundzügen bestimmen.	16/I/1

Anforderungsbereich II

erstellen	Sachverhalte inhaltlich und methodisch angemessen grafisch darstellen und mit fachsprachlichen Begriffen beschriften (z. B. Fließschema, Diagramm, Mind Map, Wirkungsgefüge).	13/II/2

darstellen	Strukturen und Zusammenhänge beschreiben und verdeutlichen.	Ü1/1
analysieren	Materialien und Sachverhalte systematisch und gezielt untersuchen und auswerten.	15/I/1
ein-, zuordnen	Sachverhalte, Vorgänge begründet in einen vorgegebenen Zusammenhang stellen.	15/I/2
begründen	Komplexe Grundgedanken argumentativ schlüssig entwickeln und im Zusammenhang darstellen.	12/II/3
erklären	Informationen durch eigenes Wissen und eigene Einsichten begründet in einen Zusammenhang stellen (z. B. Theorie, Modell, Gesetz, Regel).	Ü3/3
erläutern	Sachverhalte im Zusammenhang beschreiben und anschaulich mit Beispielen oder Belegen erklären.	13/II/5
vergleichen	Gemeinsamkeiten und Unterschiede gewichtend einander gegenüberstellen und ein Ergebnis formulieren.	16/I/3

Anforderungsbereich III

überprüfen	Vorgegebene Aussagen bzw. Behauptungen an konkreten Sachverhalten und innerer Stimmigkeit messen.	Ü4/2
beurteilen	Aussagen, Behauptungen, Vorschläge oder Maßnahmen im Zusammenhang auf ihre Stichhaltigkeit bzw. Angemessenheit prüfen und dabei die angewandten Kriterien nennen.	16/II/3
bewerten	Aussagen, Behauptungen, Vorschläge oder Maßnahmen beurteilen, eine persönliche Stellungnahme abgeben und dabei die eigenen Wertmaßstäbe offenlegen.	13/II/6
erörtern	Zu einer vorgegebenen Problemstellung durch Abwägen von Für- und Wider-Argumenten ein begründetes Urteil fällen.	15/I/4
gestalten	Sich produkt-, rollen- bzw. adressatenorientiert mit einem Problem durch Entwerfen z. B. von Reden, Streitgesprächen, Strategien, Beratungsskizzen, Szenarien oder Modellen auseinandersetzen.	Ü1/4

Zu einigen Operatoren, zu denen zum Teil auch von der Abituraufgabenkommission Präzisierungen vorgenommen worden sind, erhalten Sie nun noch weitere Hinweise.

Zu **"Herausarbeiten"**: Bezieht sich die Aufgabe auf ein Textmaterial, müssen Sie in der Regel unter einem bestimmten Gesichtspunkt Textteile **strukturiert** wiedergeben – also nicht den gesamten Text bzw. nicht die einfache Textabfolge. In der Einleitung zur Lösung sollen Autor, Titel, Erscheinungsort und -zeit, die Hauptthese und das Thema genannt bzw. formuliert werden. Bei wörtlichem Zitieren [„..." (Z. 5 f.)] und bei indirektem Zitieren (vgl. Z. 8 ff.) müssen Sie die Zitierregeln beachten. Beziehen Sie sich in einem Satz nicht direkt auf den Autor (z. B. *Nach Meinung des Autors ...*), geben aber eines seiner Argumente wieder, müssen Sie den Konjunktiv verwenden. Diese Zitierregeln gelten natürlich auch bei anderen Aufgabentypen, wenn Sie sich auf ein Textmaterial beziehen möchten.

Müssen Sie etwas **rechnerisch** herausarbeiten, wird von Ihnen die Kompetenz des sogenannten „bürgerlichen Rechnens" (Grundrechenarten, Prozentrechnen, Anwendung bekannter Formeln wie z. B. der zur Berechnung der Preiselastizität) verlangt. Dabei und bei Aufgaben zu statistischem Material hilft Ihnen gegebenenfalls der als Hilfsmittel zugelassene Taschenrechner.

Zu **"Erstellen"**: Hier müssen Sie in der Regel ein Preis-Mengen-Diagramm erstellen, oft verbunden mit **"Erklären"**.

Zu **"Analysieren"**: Dieser Operator eignet sich besonders mit Bezug auf statistisches Material. Bei dieser Aufgabenstellung sollten Sie zunächst die Fundstelle/Quelle und das Thema benennen. Danach sollten Sie knapp den formalen Aufbau beschreiben. Die gezielte und systematische Untersuchung des Inhalts geht weit über eine beschreibende Wiedergabe hinaus und sollte den Hauptteil Ihrer Lösung ausmachen. Im abschließenden Teil Ihrer Lösung sollten Sie – soweit möglich – Ergebnisse der inhaltlichen Untersuchung interpretativ begründen oder erklären sowie ein zusammenfassendes Ergebnis formulieren. Lesen Sie sich zu diesem Aufgabentyp auch unsere Ausführungen zum Umgang mit statistischem Material unter 3.4 durch.

Zu **"Gestalten"**: Dabei geht es darum, dass Sie einen Kommentar oder einen Leserbrief schreiben oder eine Strategie entwerfen müssen – was natürlich wie auch die anderen Kompetenzen ausreichend im Unterricht eingeübt werden muss. Eine Strategie umfasst normalerweise einen komplexen Sachverhalt. Im Rahmen einer Wirtschaftsklausur muss sie aber auf einen klar definierten und begrenzten Problembereich beschränkt werden, z. B. beim Schwerpunktthema „Wirtschaftliches Handeln im Sektor Unternehmen" im Bereich „Marketing". Mögliche allgemeine Bestandteile einer Strategiegestaltung sind die Problembeschreibung und die Analyse mit einem Soll-Ist-Vergleich. Daraus folgt die Zielsetzung und Formulierung der Strategie. Den Abschluss bildet eine Zusammenfassung.

Zu **"Beurteilen"** und **"Bewerten"**: Die besondere Schwierigkeit bei diesen Operatoren liegt darin, dass Sie – insofern nicht schon in der Aufgabenstellung angegeben – **Beurteilungskriterien** bzw. **Wertmaßstäbe finden und nennen müssen**. Ein allgemeines Kriterium wäre z. B. das der **Effizienz**, mittels dessen sich Gesichtspunkte wie Realisierbarkeit, Kosten und Nutzen, bürokratischer Aufwand oder Folgen und Nebenwirkungen ergeben. Ein anderes allgemeines Kriterium kann **Legitimität** sein – mit Gesichtspunkten wie Werten, Normen und Regelungen des Grundgesetzes (das Ihnen beim Abitur und bei den Kursklausuren zur Verfügung steht), Berücksichtigung eines breiten Interessenspektrums, Partizipation, Akzeptanz, Transparenz und demokratische Legitimation der Entscheider.

Für die Auswertung von **Karikaturen** bieten sich die Operatoren „Erläutern", „Erklären", „Erörtern", „Beurteilen" und „Bewerten" mehr als andere an. Eine typische Aufgabenstellung könnte beispielsweise lauten: „Erklären Sie ausgehend von der Karikatur das dargestellte Problem wirtschaftlicher Subventionen." Bitte beachten Sie, dass Sie dann zunächst wie bei einem Textmaterial in einem einleitenden Satz Autor, Daten und Thema nennen müssen. Anschließend müssen Sie die Karikatur kurz beschreiben, bevor Sie sich dem Hauptteil der Aufgabe widmen.

3.4 Einführung in den Umgang mit statistischem Material

Im Abitur besteht die hohe Wahrscheinlichkeit, dass Sie in einer oder beiden Abituraufgaben in Wirtschaft neben Textmaterial auch Tabellen und/oder Grafiken vorfinden, auf die sich eine oder mehrere Aufgabenstellungen beziehen können.
Wie können Sie solche Aufgaben Erfolg versprechend anpacken? Viele Schulbücher legen Ihnen die Auswertung in mehreren Schritten nahe. Dabei wird häufig jeder Schritt mit einigen Leitfragen konkretisiert, sodass Sie sich an einem „Gerüst" entlanghangeln können und nichts Wesentliches außer Acht lassen. Wir empfehlen Ihnen ganz generell ein **Vorgehen in drei Schritten**, das allerdings nicht bei allen Operatoren oder aber nicht immer ausführlich angewandt werden muss. Das nachstehende Schema soll Ihnen diesen Zusammenhang verdeutlichen:

Zur Form   **Zum Inhalt**

Anforderungsbereich I: Reproduktion
nennen, beschreiben, charakterisieren, herausarbeiten

Anforderungsbereich II: Reorganisations- und Transferleistungen
analysieren, darstellen, ein- od. zuordnen, begründen, erklären, erläutern, vergleichen, erstellen

Zur Aussageabsicht, Interpretation und Kritik

Anforderungsbereich III: Reflexion und Problemlösung
überprüfen, erörtern, beurteilen, bewerten, gestalten

Bei den **drei Schritten** können folgende Leitfragen hilfreich sein (die aber nicht in jedem Fall „passen"):

Zur Form
1. Welches sind Thema/Erhebungsgegenstand und Zweck (Überschrift, Begleittext) der Tabelle/Grafik?
2. Was ist der Erhebungsraum und Erhebungszeitraum (Momentaufnahme, Entwicklung, Prognose)?
3. Wie und durch wen wurden die Werte ermittelt?
4. Wer hat die Statistik verfasst (verfassen lassen)?
5. Auf welchen Quellen beruht die Tabelle/Grafik?
6. Welche Darstellungsform wurde gewählt (Tabelle, Kurven-/Linien-, Säulen-/Balken-, Kreis-, Flächen-, Block- und Figuren-Diagramm)?
7. Was sind die Bezugsgrößen: Zahlenarten (absolute Zahlen, Prozentzahlen, Indexzahlen), Zahlenwerte (gerundet, geschätzt, vorläufig), Maßeinheiten und Intervalle?
8. Welche Kategorien werden zueinander in Beziehung gesetzt (z. B. bei Tabellen in Kopfzeile, Spalten und Vorspalten)?
9. Wie ist die grafische Gestaltung: Symbole, Farben, (Hintergrund-)Bilder?

Zum Inhalt
1. Welche Hauptaussagen lassen sich formulieren (Trends, Tendenzen)?
2. Welche Teilaussagen in Bezug auf Einzelaspekte lassen sich machen (Minima, Maxima, Zunahme, Abnahme, Stagnation, Zahlensprünge, Anomalien, Gleichmäßigkeiten und regelhafte Verläufe, unterschiedliche Phasen, Wechselbeziehungen zwischen verschiedenen Variablen/Merkmalen ...)?

Ganz allgemein sollten Sie darauf achten, dass eine bloße Verbalisierung der Daten nicht Erfolg versprechend ist, sondern das Signifikante herausgearbeitet werden muss. Bitte achten Sie auch darauf, dass Sie Entwicklungen bei Prozentangaben in der Regel als Änderung in **Prozentpunkten** angeben müssen.

Zur Aussageabsicht, Interpretation und Kritik
1. Welche Antwort gibt die Tabelle/Grafik auf die Fragestellung? Zu welchen Teilbereichen lassen sich keine Aussagen treffen?
2. Welche Aussagen, Empfehlungen oder Handlungen werden durch die Statistik/Grafik nahegelegt?
3. Welche neuen Fragen werden durch die Informationen aufgeworfen?
4. Was sind Ursachen für die der Tabelle/Grafik entnommenen Sachverhalte?
5. Beurteilung der Aussagekraft der Tabelle/Grafik:
   – Sind die Daten repräsentativ und korrekt?
   – Ist die Darstellungsform angemessen?
   – Gibt es Unklarheiten in Bezug auf die Daten, Bezugsgrößen, Quellen ...?
   – Fehlen Informationen im Schaubild?
   – Besteht Verdacht auf Interessengebundenheit/Manipulation?
   (Datenauswahl, Auftraggeber, grafische Darstellung ...)

4 Die mündliche Abiturprüfung (5. Prüfungsfach)

Sie **müssen eine** mündliche Prüfung im Abitur ablegen, falls Sie keine besondere Lernleistung wie z. B. einen Seminarkurs abrechnen. Sie **können freiwillig** eine mündliche Zusatzprüfung in den vier schriftlichen Prüfungsfächern ablegen. Tipps zum Erfolg in mündlichen Prüfungen finden Sie unter www.schule-der-rhetorik.de (auf einen der Buttons auf der linken Seite klicken, dann erscheint unten der Link „Materialien").

4.1 Wirtschaft als freiwillige mündliche Zusatzprüfung

Wirtschaft können Sie logischerweise nur als freiwillige mündliche Zusatzprüfung wählen, wenn es Ihr viertes schriftliches Prüfungsfach ist. Sie entscheiden spätestens einen Tag nach Bekanntgabe der schriftlichen Prüfungsergebnisse (ca. eine Woche vor dem mündlichen Prüfungszeitraum), ob Sie sich in Wirtschaft zusätzlich mündlich prüfen lassen wollen. Diese Entscheidung sollten Sie aber erst nach intensiver Beratung durch Ihre Oberstufenberater treffen. Sie sollten dann bis zum Prüfungstag die Tagespresse und die Nachrichtensendungen verfolgen – oft lässt sich von Lehrer- oder Prüflingsseite der aktuellste Stand zu einem Problem einbauen. Ihr Kursleiter legt dem von einer anderen Schule kommenden Leiter des Fachausschusses mehrere Aufgabenvorschläge vor, wovon dieser einen Vorschlag für Sie auswählt. Die Aufgabenvorschläge können den Inhalten der Lehrplaneinheiten aller vier Semester entnommen sein.

Am Prüfungstag haben Sie vor der Prüfung 20 Minuten **Vorbereitungszeit**. Sie erhalten die Aufgabe meist mit einer bis drei Leitfragen, von denen sich eine, manchmal auch zwei auf ein Material beziehen. Das ist meist ein Text, manchmal aber auch eine Tabelle, eine Karikatur, eine Grafik oder eine Mischung daraus. Sie bereiten einen etwa zehnminütigen Kurzvortrag zu den Leitfragen vor. Am besten ist es, zentrale Aspekte nicht nur auf dem Materialblatt farbig zu markieren, sondern auf Konzeptblättern eine übersichtlich gegliederte Stichwortsammlung für jede Leitfrage zu erstellen. Nachdem Sie Ihren Kurzvortrag noch einmal überdacht haben, sollten Sie möglichst noch drei bis vier Minuten im Material und in Ihrer Vortragsübersicht nach möglichen Anknüpfungspunkten zu weiteren Lehrplaneinheiten suchen, denn eine Prüfung weiterer, inhaltlich möglichst zusammenhängender Lehrplaneinheiten wird in der Vorschrift ausdrücklich verlangt.

In den Handreichungen zur Zusatzprüfung wird als Material auch das Grundgesetz aufgeführt. Das heißt, dass für Sie neben dem anderen Material auch ein Grundgesetz im Vorbereitungsraum bereitliegen sollte/kann. Bitte sprechen Sie das bei Ihrem Kursleiter an. Oft ist es hilfreich, wenn Sie in der Vorbereitungszeit noch einen Blick auf einen „passenden" Grundgesetzartikel werfen können.

Im **Prüfungsraum** werden Sie in der Regel eingeladen, sich zu setzen, sodass Sie Ihr Materialblatt und Ihre Stichwortblätter auf dem Tisch gut vor sich unterbringen können. Falls Sie Ihren Kurzvortrag im Stehen halten möchten, bitten Sie den Fachausschussleiter darum. Zu Beginn der Prüfung werden Sie eventuell gefragt, ob Sie ein Verständnisproblem (z. B. ein ungewöhnliches Fremdwort) hatten. Nach solch einer Klärung können Sie mit Ihrem Kurzvortrag zu den Leitfragen beginnen. Dabei empfiehlt es sich wie bei den Teilaufgaben in der schriftlichen Prüfung, die klassische Struktur mit Einleitung, Hauptteil und Schlusssatz zu wählen.

In der **Einleitung** sollten Sie das Thema des Materials oder die Leitfrage (teilweise in eigenen Worten) wiedergeben und kurz die Hauptaspekte Ihrer Antwort benennen. So hinterlassen Sie den souveränen Eindruck, dass Sie „alles im Griff" haben. Diese Hauptaspekte führen Sie dann detailliert im **Hauptteil** aus. Abrunden sollten Sie diesen Teil mit einer **Schlussbemerkung**, die sich zum Beispiel auf die Qualität oder die Intention des Materials beziehen kann oder das Wesentliche nochmals auf den Punkt bringt. Bei der bzw. den anderen Leitfrage(n) verfahren Sie in derselben Weise, und falls dies von der Frage her möglich ist, auch im anschließenden Prüfungsgespräch. Bitte beachten Sie, dass Sie während des Vortrags alle Mitglieder des Prüfungsausschusses anschauen und nur kurz zur Orientierung auf das jeweilige Blatt mit der Stichwortübersicht blicken. Im anschließenden Prüfungsgespräch ist es nur natürlich, wenn Sie Ihren Blick bei der Antwort vor allem auf den Fragesteller richten.

4.2 Wirtschaft als mündliches Prüfungsfach (Präsentationsprüfung)

Als mündliches Prüfungsfach können Sie Wirtschaft nur wählen, wenn Sie Wirtschaft **nicht** als viertes schriftliches Prüfungsfach gewählt haben.
In den Vorschriften wird diese Prüfung als „**vorbereitete Präsentation mit Prüfungsgespräch**" definiert. Sie ist **in der Regel eine Einzelprüfung**, die Durchführung als Gruppenprüfung ist aber möglich. Allerspätestens zwei Wochen vor der Prüfung müssen Sie im Einvernehmen mit Ihrem Kursleiter **vier Themen** schriftlich vorlegen. Sie erfahren dann etwa eine Woche vor der Prüfung, welches Thema der Leiter des Fachausschusses ausgewählt hat. Logischerweise haben Sie dann direkt vor der Prüfung keine Vorbereitungszeit wie bei der Zusatzprüfung. Die Prüfung selbst dauert als Einzelprüfung insgesamt 20 Minuten, der Vortrags- bzw. **Präsentationsteil** ca. zehn Minuten. Das anschließende **Prüfungsgespräch** beschäftigt sich zunächst mit den präsentierten Inhalten. Dabei müssen Sie mit Rückfragen, vertiefenden und problematisierenden sowie weiterführenden Fragen rechnen. Sie können auch zu angewandten **Methoden**, z. B. der Recherche oder der Präsentationstechnik, befragt werden. Schließlich ist nach den Vorschriften noch eine **kontextbezogene Ausweitung** des Prüfungsgesprächs auf weitere Lehrplanthemen erwünscht. Bitte beachten Sie sinngemäß die in 4.1 angeführten Tipps für das Prüfungsgespräch.

4.2.1 Themen

Die Themen für Ihre vier Vorschläge müssen Sie den Themenbereichen des Lehrplans Wirtschaft für die Kursstufe entnehmen. Die gewählten Themen müssen sich deutlich voneinander unterscheiden, aber sich nicht unbedingt an den Kurshalbjahren ausrichten – sie müssen mindestens zwei unterschiedlichen Lehrplaneinheiten entstammen. Auch ein im Unterricht ausführlich behandeltes Thema ist möglich – wobei aber nach den Klarstellungen des Kultusministeriums eine reine Reproduktion keine ausreichende Leistung darstellt, sondern solch ein Thema eine kreative und intelligente Weiterführung verlangt. Das Thema einer bereits gehaltenen GFS dürfen Sie aus demselben Grund nicht als Themenvorschlag einbringen. Da Sie die Themen im Einvernehmen mit dem Kursleiter einreichen müssen und die Auswahl und Formulierung der Themen sehr anspruchsvoll ist, benötigt dies eine längere Vorlaufzeit. Ihr Kursleiter sollte Ihnen Kriterien zur Auswahl und Formulierung an die Hand geben und sie mit Ihnen durchsprechen. In den Handreichungen des Kultusministeriums finden sich folgende Kriterien, die Ihre Themenvorschläge neben dem Lehrplanbezug erfüllen sollten:
– **Aktualitätsbezug**;
– **angemessen komplex**;
– **kontrovers**, Problematisierung sowie Transfer muss möglich sein;
– Themen müssen Ihre **Methodenkompetenz aufzeigen**.

In Anbetracht dieser Vorgaben kann eine „Last-Minute"-Themenfindung leicht schiefgehen. Sie sollten deshalb schon sehr frühzeitig und damit entspannt die Themenauswahl angehen. Warum nicht schon ein Ihnen sympathisch-interessantes Thema im Wirtschaftsunterricht in dem Jahr vor der Kursstufe notieren und so abheften, dass Sie es auch wiederfinden? Spätestens ab dem ersten Semester der Kursstufe sollten Sie die Lehrplaneinheiten aufmerksam nach möglichen Themen abklopfen und einen Vorschlag auch gleich bei Ihrem Kursleiter ansprechen. Wichtig ist zusätzlich zu den oben genannten Kriterien, dass ein **Thema relativ stark eingegrenzt** (Ihre Präsentation ist auf etwa zehn Minuten beschränkt!) **und „spannend" formuliert** sein sollte, in der Regel als Frage. Ein ungeeignetes Thema wäre z. B. „Konjunkturpolitik in der Bundesrepublik Deutschland". Es ist zu umfangreich und verbleibt auf der reinen Beschreibungsebene. Das Thema „Verlängerte Bezugsdauer des Arbeitslosengeldes I für ältere arbeitslose Arbeitnehmer?" ist genügend eingeschränkt, erlaubt eine interessante, erörternde Präsentation und womöglich ein spannendes Prüfungsgespräch.

Themen frühzeitig zu **finden** reicht aber noch nicht aus. Einerseits ist es ein viel zu großes Risiko, mit der Strukturierung, Recherche und Ausarbeitung erst nach der Mitteilung des ausgewählten Themas zu beginnen – die Zeit wäre mit großer Sicherheit viel zu knapp. Andererseits ist es unökonomisch, vier Themen schon weitgehend perfekt auszuarbeiten.

Sie sollten deshalb bereits **weit im Vorfeld**, wenn Sie ein Thema gefunden und mit Ihrem Kursleiter vorbesprochen haben, eine **strukturierte**, **ausführliche Stichwortsammlung** entwerfen und **laufend** passende, aktualisierende, von Ihnen schon bearbeitete (z. B. in Thesen zusammengefasste) **Materialien** und präzise **Quellenver-**

weise zuordnen und „einlagern", sei es in einem realen Ordner und/oder in einem Ordner auf Ihrem PC. Dann haben Sie zwei Wochen vor der Prüfung vier Themen mit inhaltlicher Strukturierung und dem notwendigen durchgearbeiteten Material zur Verfügung, und die noch zu leistende Ausarbeitung des ausgewählten Themas in etwa einer Woche sowie die Vorbereitung des anschließenden Prüfungsgesprächs haben ihren Schrecken verloren.

4.2.2 Die Präsentation

Dazu sagt die Vorschrift: „Eine Präsentation kann ohne Qualitätsverlust auch aus einem entsprechend vorbereiteten und gestalteten Vortrag bestehen." Ob dieser Hinweis für Sie persönlich ratsam ist, müssen Sie selbst entscheiden. Können Sie ohne Visualisierung, ohne Medienunterstützung sicherstellen, dass alles bei Ihrem Prüfungsausschuss so ankommt, wie Sie es sich vorgenommen haben? Deshalb wird in der Vorschrift auch eingeräumt, die Präsentation könne mediengestützt sein.

Übliche Techniken der Medienunterstützung werden weiter unten kurz skizziert. Eines sollten Sie aber nie aus dem Blick verlieren: Tragen Sie **adressatenorientiert** vor, das heißt, wenden Sie sich an die Mitglieder des Prüfungsausschusses, sprechen Sie also nicht zum Bildschirm, zur Tafel, zum Flipchart, zur Projektionswand oder zur Folie auf dem Tageslichtprojektor. Sprechen Sie **im Stehen**, dies erleichtert Ihnen eine **angemessene Körpersprache** und **Dynamik**. Sprechen Sie **frei**, wenn möglich sogar ohne Karten oder ähnliche Blätter mit gegliederten Stichwörtern für Ihren Vortrag in der Hand. In der Hand können Sie evtl. einen Zeigestab/Laserpointer halten, den Sie für manche Formen der Medienunterstützung gut gebrauchen können. Eine kluge Medienunterstützung ermöglicht Ihnen das freie Sprechen, da Sie dort Ihren „roten Faden" ja vorfinden können. Natürlich können Sie Ihre Vortragsnotizen als eine Art Notnagel auf dem Tisch deponieren, aber Sie sollten sich nicht krampfhaft daran festhalten. **Lesen Sie auf keinen Fall ab**.

Hier soll auch noch auf **die Falle der reinen Aufzählung** in Ihrer Visualisierung hingewiesen werden. Wenn Sie nur Punkte untereinander auflisten, erschwert dies das Verständnis und zeigt Ihre mangelnde Fähigkeit, Zusammenhänge deutlich darzustellen. Die Erinnerung an gut gemachte Tafelanschriebe, aussagefähige Folien oder gelungene Lernplakate Ihrer Lehrer und Mitschüler weist Ihnen den richtigen Weg.

Für das **abschließende Prüfungsgespräch** empfiehlt es sich, dass Sie sich an die Tischgruppe des Prüfungsfachausschusses setzen. So wird auch vom Arrangement her für eine hoffentlich gute Gesprächsatmosphäre gesorgt.

Medienunterstützung durch eine Tischvorlage
Solch ein Papier von ein bis maximal zwei Seiten wäre die einfachste Form der Medienunterstützung. So können Sie dafür sorgen, dass der Fachausschuss den Gang Ihres Vortrags verfolgen kann und Ihre wesentlichen Punkte schwarz auf weiß vor sich liegen hat. Denken Sie daran, mindestens drei Kopien mitzubringen, also für jedes Mitglied eine.

Medienunterstützung durch die Wandtafel/das Whiteboard
Sie können einen Sachverhalt durch eine knappe Tafelskizze verdeutlichen. Aber denken Sie daran, dass dies Zeit kostet, Zeit, während der Sie weniger oder nichts vortragen können. Außerdem brauchen Sie Erfahrung und eine ruhige und sichere Hand mit guter Darstellung – und Sie müssen das Ganze natürlich vorher gut geübt haben. Alternativ können Sie von zu Hause plakatähnliche Papiere mit Ihren Visualisierungen mitbringen und vor oder während der Präsentation mit Magneten auf der Tafel anordnen. Dazu müssen Sie sich aber in der Vorbereitung ein Layout zurechtgelegt haben und vor der Prüfung ausprobieren, ob alles passt, die Magnete das Gewicht halten können und das Ganze gut, übersichtlich und aussagefähig aussieht.

Medienunterstützung durch ein Flipchart
Diese Methode hat den Vorteil, dass Sie vorab Blätter eines Flipchart-Blocks beschriften/gestalten und diese zur Prüfung mitbringen können. Sie befestigen die Blätter dann auf dem schuleigenen Flipchart und schlagen sie entsprechend Ihrem Präsentationsgang um.
Neben einem Deckblatt mit dem Thema und einem Übersichtsblatt mit den Hauptaspekten Ihres Themas sollten Sie für jeden dieser zentralen Aspekte ein Blatt beschriften und das Ganze dann mit einem Schlussblatt z. B. mit einer abschließenden These beenden. Achten Sie darauf, dass Sie die einzelnen Blätter nicht mit Schrift und/oder Grafik überfrachten und jedes Blatt übersichtlich (maximal sieben, besser weniger Punkte pro Blatt) und gut lesbar gestalten. Insgesamt lautet wie beim Folienvortrag die Empfehlung, bei einer zehnminütigen Präsentation mit **vier bis sechs Blättern (ohne Deck- und Schlussblatt)** auszukommen.

Medienunterstützung durch Karten auf einer Pinnwand
Diese Form ermöglicht Ihnen, farbige (Metaplan-)Karten zu Hause zu beschriften und während Ihrer Präsentation so an eine Pinnwand zu heften, dass sich ein gut strukturiertes Bild ähnlich einem Tafelanschrieb ergibt. Das Layout dazu müssen Sie natürlich in der Vorbereitung entwerfen und während Ihrer Präsentation im Kopf haben. Das Anheften der Karten müssen Sie vorher üben, sodass das gewünschte Gesamtbild zustande kommt.
Ein Problem ist auch, dass Sie die Nadeln mit Schwung und so gezielt einstechen müssen, dass die Karten nicht schräg wegkippen. Wenn Sie mit dieser Präsentationstechnik nicht vorher genügend Erfahrungen gesammelt haben, besteht die Gefahr, dass Sie sich zu sehr mit dem Anheften beschäftigen müssen und so der Ablauf Ihrer Präsentation gestört wird.

Medienunterstützung durch Folien (Tageslichtprojektor/Präsentationssoftware)
Im Internet finden sich für Schüler sehr geeignete Links zu diesem Thema, z. B.:
www.magic-point.net/fingerzeig/praesentation/praesentation.html.
Eine gute Darstellung dieser Präsentationstechnik finden Sie auf einer Website der ETH Zürich für Studenten, die auch für Sie geeignet ist:
www.vs.inf.ethz.ch/publ/slides/seminarvortraege.pdf.

Einige **wichtige Ratschläge** möchten wir aus unserer Erfahrung geben: Führen Sie nicht die berüchtigte „Folienschlacht" durch. Als Richtschnur gilt: **Pro Folie ca. zwei Minuten** sprechen, sodass Sie **ohne Einstiegs- und Schlussfolie vier bis sechs Folien** verwenden können. Wenn Sie diese für den Tageslichtprojektor handschriftlich oder mit einer Textverarbeitungssoftware erstellen, verwenden Sie am besten das **Querformat** mit breitem Rand rechts und links. Dieses passt besser auf die Auflagefläche des Projektors als das Hochformat. Wir empfehlen Ihnen, auch die Folien für den Tageslichtprojektor mit einer Präsentationssoftware zu schreiben. So stimmen die Maße automatisch und auch die **Schriftgröße** wird richtig (**in keinem Falle zu klein!**) gewählt.

Ähnlich den Flipchart-Blättern sollten Sie bei einer folienunterstützten Präsentation pro Folie maximal sieben, besser weniger Punkte unterbringen. Noch ein Hinweis für den Vortrag mit dem Tageslichtprojektor: Das auch „Striptease-Technik" genannte allmähliche Aufdeck-Verfahren ist „out", da die Folien nur wenige Punkte enthalten sollen und Sie diese dann nicht zu verstecken brauchen. Das Hantieren mit Abdeckmaterial wirkt meist auch wenig souverän. Entweder Sie zeigen mit einem Zeigestab auf die gewünschte Stelle an der Projektionswand oder Sie legen z. B. einen Kugelschreiber auf diese Stelle auf der Folie.

„Haben Sie PowerPoint oder haben Sie etwas zu sagen?" lautet ein wenig schmeichelhaftes Bonmot über die bekannte Präsentationssoftware. Dies ist eine begründete Warnung davor, sich technischen Spielereien hinzugeben, ohne auf den Inhaltsbezug und die Adressatenorientierung zu achten. Wir haben aber bereits so viele famose Schülerpräsentationen mit PowerPoint oder einer anderen Präsentationssoftware erlebt, dass wir den Erfahrenen unter Ihnen auf keinen Fall davon abraten wollen. Gerade diese Präsentationstechnik erlaubt es, komplexe Zusammenhänge oder schwierige Erläuterungen kompetent zu visualisieren.

Abschließend zu allen Techniken der Medienunterstützung möchten wir noch darauf hinweisen, dass Sie Ihre gewählte Technik auf jeden Fall rechtzeitig mit Ihrem Kursleiter besprechen müssen. Auch die bestvorbereitete Präsentation kann zu einer mittleren Katastrophe werden, wenn ein wichtiges Hilfsmittel fehlt oder gar die Technik (z. B. Beamer, Notebook) nicht funktioniert. Als allerletztes „Muss" dürfen Sie die **Quellenangaben** nicht vergessen. Am besten geben Sie diese – unabhängig von der gewählten Präsentationsform – auf einem gesonderten Blatt den Fachausschussmitgliedern.

4.3 Die Beurteilung der Präsentation

Da Sie eine längere und eigenständige Vorbereitungszeit haben, sind nach der Vorschrift höhere Maßstäbe als in der mündlichen Zusatzprüfung anzusetzen. Bewertet werden Inhalt und Präsentation mit einer gemeinsamen Note, wobei bei mangelhafter Fachkompetenz keine ausreichende Note mehr erteilt werden kann. In der Vorschrift und den Handreichungen zur Beurteilung werden beispielhaft einige Kriterien zur Beurteilung aufgeführt. Es ist aber durchaus möglich, dass in den Schulen eigene Kriterienkataloge zur Beurteilung entwickelt werden. Bitte fragen Sie Ihren Kursleiter danach. Im Anschluss an diese Einführung finden Sie Beispiele, die am Ernst-Sigle-Gymnasium Kornwestheim bzw. am Theodor-Heuss-Gymnasium Esslingen entwickelt worden sind.

4.4 Training

Ohne Erfahrung werden Sie kaum in der Lage sein, eine erfolgreiche Präsentation zu bieten. Deshalb sollten Sie nicht nur eine Ihrer GFS in Wirtschaft durchführen, sondern auch sonst die Präsentation im Wirtschaftsunterricht und anderen gesellschaftswissenschaftlichen Fächern üben. Besonders wichtig ist es für Sie, ein Gefühl dafür zu entwickeln, wie umfangreich eine Präsentation von etwa zehn Minuten Dauer sein muss. Lassen Sie sich auch nicht dazu verführen, Ihre Präsentation von einem möglicherweise entstandenen „Präsentationsmarkt" zu beziehen. Dies ist ohne Quellenangabe ein Täuschungsvorgang und hält dem Prüfungsgespräch bestimmt nicht stand. Von daher gilt: Trainieren Sie Ihre Präsentationskompetenz und erarbeiten Sie Ihre Präsentationen selbst, dann haben Sie die richtige Grundlage für einen Erfolg schon gelegt.

Raster für die Bewertung von Schülerpräsentationen (5. Prüfungsfach)

Präsentation	2 RP	1,5 RP	1 RP	0,5 RP	0 RP
	Regeln der freien Rede beachtet, flüssig, fast frei, fast fehlerlos, sehr gut verständlich	Regeln der freien Rede beachtet, z. T. manuskriptabhängig, noch frei, kleinere Fehler/Schwächen, aber verständlich	manuskriptabhängig, jedoch mit sinnvollen Pausen, viele Fehler, schwer verständlich	manuskriptabhängig, stockend, grobe Verstöße gegen Grammatik und Aussprache, kaum verständlich	

Aufbau	1,5 RP	1 RP	0,5 RP	0 RP
	zielgerichtet, klar und logisch, Gliederung vorgelegt	sinnvoller Aufbau deutlich erkennbar, aber nicht konsequent durchgeführt, Gliederung fehlt	Gesichtspunkte aneinandergereiht, keine Struktur erkennbar	diffus

Umfang	1 RP	0,5 RP	0 RP
	ausgewogen, angemessen, Verteilung/Darbietung/Beurteilung korrekt	Länge und Urteilsbereich angemessen	Länge nicht angemessen

Medien	1,5 RP	1 RP	0,5 RP	0 RP
	guter, themenangemessener Einsatz, Thesenpapier korrekt, Technik beherrscht	Medien angemessen eingesetzt, Technik in etwa beherrscht, Thesenpapier mit Mängeln	Medien als Krücke, Technik überdeckt Inhalte, Thesenpapier fehlt	falsch/nicht eingesetzt

Inhalt	9 RP 8 RP 7 RP	6 RP 5 RP	4 RP 3 RP 2 RP	1 RP 0 RP
	– fachwissenschaftlich korrekt – alle wesentlichen Aspekte behandelt – Informationen präzise – erkennbare Urteilskategorien – differenzierte Begründung – deutlich erkennbare Eigenständigkeit	– fachwissenschaftlich in etwa korrekt – wesentliche Aspekte behandelt – Informationen in etwa korrekt – einige erkennbare Urteilskategorien – etwas einseitige Begründung – noch erkennbare Eigenständigkeit – „Abschreiben" denkbar	– nur z. T. fachwissenschaftlich korrekt – wesentliche Aspekte nicht behandelt – Informationen ungenau – z. T. erkennbare Urteilskategorien – undifferenzierte Begründung – Eigenständigkeit fragwürdig	– fachwissenschaftlich inkorrekt – Thema verfehlt – Informationen ungenau, erkennbar fehlerhaft – Verbreitung von Vorurteilen/Pauschalisierungen – Begründung diffus, unlogisch – Eigenständigkeit nicht erkennbar

RP-Addition = Notenpunkte: 15 14 13 12 11 10 9 8 7 6 5 4 3 2 1 0 NP

Quelle: ESG Kornwestheim 2003

Themenfindung und Beratung

Die Prüfungskandidaten werden bei der Findung und Formulierung der vier Prüfungsthemen, die spätestens zwei Wochen vor der Prüfung schriftlich vorzuliegen haben, von der jeweiligen Fachlehrkraft beraten.

Präsentation

- Ein zusammenhängender, zehnminütiger Vortrag, der mediengestützt sein kann.
- Freie Rede auf der Grundlage von Stichworten (und kein Vorlesen von PowerPoint-Präsentationsfolien).
- Foliengeeignete Inhalte sind z. B. Leitfragen, Gliederungen, Strukturschemen, Thesen, Grafiken und Statistiken.
- Bei mediengestützter Präsentation muss für den Notfall eine medienarme Präsentation (OH-Folien) eingeplant sein.
- Wichtige Inhalte der Präsentation sind: Vorgehensweise, Ergebnisse (Kernaussage, Quintessenz, Beantwortung der Leitfrage) und etwaige Schwierigkeiten und Probleme bei der Realisation.
- Eine strukturierte Darstellung sollte enthalten: Problemstellung, gegliederte Darstellung, Lösungen, Bewertungen, zusammenfassender Schluss.
- Eine gute Präsentation verliert sich nicht im Detail, sondern betont und stellt das Wesentliche heraus, wobei ein roter Faden sichtbar sein sollte.
- Die Vortragszeit von max. zehn Minuten ist unbedingt einzuhalten.

Prüfungsgespräch (Kolloquium)

Alle Lernzielebenen (Wissen, Verstehen, Urteilen) finden Berücksichtigung. Es können auch Lehrplaninhalte angesprochen werden, die im Kontext des gewählten Themenbereichs liegen. Im Mittelpunkt des Gesprächs stehen v. a. zwei Anliegen: Zum einen wird der „Erst-Eindruck" der Präsentation überprüft (Abgleich des Kenntnis- und Abstraktionsniveaus), zum anderen geht es um eine inhaltliche Erweiterung des thematischen Umfelds (Nachweis der Breite und nicht der Tiefe des Gelernten).

Mit folgenden Fragen ist demnach zu rechnen:
- Fragen zur kognitiven Verarbeitungstiefe (Verständnisfragen)
- Fragen zur Informationsbeschaffung (Quellen)
- Fragen zur Transferfähigkeit (Querverbindungen, Anwendungen etc.)
- Fragen zum methodischen Vorgehen (Methodenbegründung, mgl. Alternativen)
- Fragen zu einzelnen Gestaltungselementen (Grafik, Bilder etc.)
- Fragen zur personalen Kompetenz (Kritikfähigkeit, Hinterfragen des eigenen Standpunkts, Wertereflexion etc.)

Beurteilungskriterien

Vier Kategorien finden fachübergreifend Anwendung:
⇒ Inhalt
⇒ Methoden/Medieneinsatz
⇒ Aufbau/Gliederung
⇒ Personale Kompetenzen

Mündliches Abitur – Präsentationsprüfung

Fach: .... **Name:** ....
Thema: ....

☐ Im Unterricht behandelt ☐ Unterrichtsnahe Thematik ☐ Nicht behandelt

	15/14/13	12/11/10	9/8/7	6/5/4	3/2/1
Inhaltlicher Bereich					
Informationsgehalt (angemessene Komplexität, inhaltliche Breite und Tiefe)					
Sachliche Richtigkeit					
Begrifflichkeit/Fachsprache/Verständlichkeit					
Beschränkung auf das Wesentliche (Auswahl, exemplarische Darstellung, Elementarisierung)					
Quellen: Herkunft, Qualität, Authentizität, Quellenkritik					
Aufbau/Gliederung					
Inhaltsübersicht am Anfang					
Gliederung/Struktur (Logik, Problemstellung, Leitfrage)					
Einstieg (Kreativität)					
Schluss (Quintessenz)					
Methodischer Bereich					
Medieneinsatz (sinnvoll/angemessen/ökonomisch)					
Veranschaulichung (Bilder, Grafiken)					
Foliengestaltung (Lesbarkeit, Sprache, Textmenge, Folientext/gesprochenes Wort)					
Personale Kompetenz					
Freie Rede (Verständlichkeit, Tempo, Lautstärke)					
Körpersprache (Gestik, Mimik, Blickkontakt)					
Zeitmanagement					
Urteils-/Reflexionsvermögen (Inhalt, Methoden)					
Dialog-/Kritikfähigkeit (Hinterfragen des eigenen Standpunkts)					

Besondere Schwächen: ....
Besondere Stärken: ....
Notenvorschlag Fachlehrer:
        Protokollführer: **Ergebnis:**   **NP**
        Vorsitz:

Quelle: Hans Gaffal – Theodor-Heuss-Gymnasium Esslingen 2004

Schriftliche Abiturprüfung Wirtschaft (Baden-Württemberg)
Übungsaufgabe 1: Wirtschaftliches Handeln im Sektor Unternehmen

Mit dem rasanten Wachstum des Internethandels sieht sich der klassische Einzelhandel einer immer stärkeren Konkurrenz ausgesetzt. Während die Umsätze des stationären Handels seit einigen Jahren stagnieren, wachsen die Onlinehändler z. T. zweistellig. Auch die Schuhbranche steht durch Anbieter wie Zalando unter einem immer stärkeren Wettbewerbsdruck.

Bei der Bearbeitung der folgenden Aufgaben sind geeignete Materialien in Abhängigkeit von der Aufgabenstellung einzubeziehen und zu belegen.

Aufgaben:

1. Stellen Sie die Situation des deutschen Schuhmarkts dar. 10 VP

2. Analysieren Sie mithilfe einer SWOT-Analyse die Strategie des Schuhhändlers Dielmann (M 3)
   oder
   die Strategie von Görtz (M 4). 16 VP

3. Beurteilen Sie die Entscheidung des Fachhändlers Dielmann, kein Onlineangebot zu erstellen (vgl. M 3, Z. 24 f.). 14 VP

4. Der Schuhhändler Reindl möchte im Rahmen einer Produktdiversifikation Accessoires einführen. Gestalten Sie eine entsprechende Marketingstrategie. 20 VP

60 VP

**M 1 Monatliche Umsatzentwicklung Schuhfacheinzelhandel
Januar–Dezember 2013**

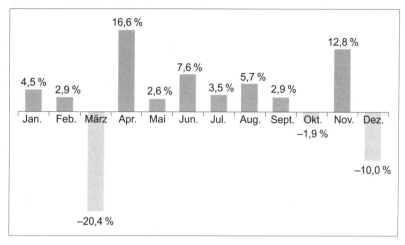

*Nach: Bundesverband des Deutschen Schuheinzelhandels e. V.,
www.bdse.org/bdse/Zahlen-und-Daten/index.php*

M 2 Nominale Umsatzentwicklung in % zum Vorjahreszeitraum

	2008	2009	2010	2011	2012	2013
Einzelhandel gesamt	+2,3	−3,7	+2,5	+2,7	+2,0	+1,5
darunter:						
Stationärer Einzelhandel mit überwiegend Schuhen	+2,0	+3,5	+6,5	−0,5	+0,2	+2,3
Kauf- und Warenhäuser	−3,3	−9,8	+0,7	+0,5	−6,1	−1,1
Versandhandel mit Textilien, Bekleidung, Schuhen, Lederwaren	+0,5	+4,0	+9,6	+3,2	+12,0	+12,5

*Nach: Bundesverband des Deutschen Schuheinzelhandels e. V.,
www.bdse.org/bdse/Zahlen-und-Daten/index.php*

M 3 Steffen Gerth: Jenseits von Zalando

Es gibt noch stationäre Schuhhändler, die sich trotz der Onlinekonkurrenz behaupten. Dielmann in Darmstadt und Reindl in Rosenheim sind gute Beispiele dafür.
Wenn stationäre Händler über die Onlinekonkurrenz sprechen, dann klagen sie: über Umsätze, die ins Web wandern, oder über den Preiskampf, den die virtuelle Konkurrenz befeuert. Doch wenn der Schuhhändler Karl-Georg Reindl etwa über Zalando spricht, dann ist keine Klage zu vernehmen.
Im Gegenteil. „Zalando hat uns geholfen", sagt der Inhaber von Schuh-Reindl in Rosenheim und kommt aus dem Schwärmen über den Konkurrenten im Schuhhandel nicht heraus. Die TV-Kampagnen des Onlinehändlers „sind die pfiffigsten, die es seit Langem gegeben hat", lobt Reindl.
Denn Zalando setzt nicht auf „geile Preise" – sondern emotionalisiert ausschließlich das Produkt. Der Schuh ist geil, sozusagen. Reindl interpretiert deswegen die schrägen Werbespots, in denen Leute vor Glück schreien, als Imagekampagnen für den gesamten Schuhhandel.
Tatsächlich scheint es, als ob das Produkt neuerdings wieder stark in Mode ist – trotz der Krise bei Görtz und Leiser. Das Kaufhaus Breuninger eröffnet in Stuttgart eine Schuhwelt auf 2 000 Quadratmetern. Genauso groß ist die neue Luxus-Schuhfläche im Berliner KaDeWe.
Auch Mittelständler expandieren: Dielmann aus Darmstadt hat Anfang Oktober in Gelnhausen gar seine 25. Filiale bezogen. [...] Markus Dielmann, der mit seinem Bruder Thomas das Familienunternehmen führt, hält es wie sein bayerischer Kollege Reindl: „Zalando hat uns keine Umsätze weggenommen."
Dielmann und Reindl eint noch eine Ansicht: Beide Unternehmen verzichten auf Onlineshops, nur das stationäre Geschäft zählt. Vor vier Jahren erwogen die Darmstädter den Gang ins Internet und befanden, „dass wir hier mittelfristig nicht den Erfolg haben werden, den wir im stationären Handel haben", wie es Markus Dielmann formuliert.
Einerseits war für ihn die Wirtschaftlichkeit des Webshops nicht planbar, andererseits hätte Dielmann hierfür zu viel Kompetenz an Dienstleister auslagern müssen – und das behagt dem Schuhhaus generell nicht. Dielmann hat sogar den Vertrag mit einer Reinigungsfirma gekündigt und putzt nun die Filialen wieder selbst, weil man dann sicher war, dass alles sauber wurde.
Reindl setzt auf die Identität eines 200 Jahre alten Familienbetriebes. Auch für Markus Dielmann wäre es ausgeschlossen, das Schuhhaus, das er und sein Bruder in der dritten Generation führen, in Investorenhände zu geben. Es ist schon ein spezieller Geist, mit dem die Brüder ihr Unternehmen führen. Ja, man sei konservativ, gibt Markus Dielmann zu. Entscheidungen werden nur dann getroffen, wenn deren Ergebnisse zu überblicken sind.
Dazu passt, dass Dielmann nur im Umkreis von 150 Kilometern um Darmstadt expandiert – jeder Standort ist von den Geschäftsführern in maximal anderthalb Autostunden erreichbar. Dielmann will sich nicht verzetteln oder vom

Kerngeschäft ablenken lassen. Die Brüder treten in Darmstadt beispielsweise so gut wie nie als Sponsoren oder öffentliche Personen in Erscheinung.

45 [...] Auch Reindl fährt bei seinen zwei Filialen in Rosenheim auf Sicht. Auch für ihn ist das Internet zu unübersichtlich, die Lagerhaltung zu aufwendig, die Retourenabwicklung für einen Betrieb seiner Größe zu kompliziert. Stattdessen optimiert der oberbayerische Händler seine Läden, wo es nur geht. Er sagt, dass der Textilhändler P & C Düsseldorf vormacht, wie heute Ladenbau zu sein
50 hat. „Daran müssen wir uns messen lassen."

Reindl hat seine Filialen allein in den vergangenen zehn Jahren dreimal umgestaltet und weiß, dass diese Intervalle immer kürzer werden. Der Kunde müsse heute beispielsweise ein gut klimatisiertes Geschäft geboten bekommen, ansprechende Beleuchtung sowie alle Arten von Zahlungsmöglichkeiten.

55 Markus Dielmann treibt noch ein anderer Anspruch für den stationären Schuhhandel um: die intensivere Zusammenarbeit mit der Industrie. „Wir müssen in der Lage sein, Marken aufzubauen. Der Textilhandel hat uns das vorgemacht." Dabei geht es vor allem um den Ausbau von Eigenmarken, die bei Dielmann bereits 30 Prozent des Sortiments ausmachen.

In: Der Handel 11/2012 © Deutscher Fachverlag GmbH

M 4 **Kristina Läsker:**
Erleichterter Patriarch – Schuhhändler Ludwig Görtz findet einen Retter

[...] Der Finanzinvestor Afinum aus München beteiligt sich mit 40 Prozent an der 1875 gegründeten Firma und versorgt sie mit frischem Kapital. Im Norden sind sie darüber erleichtert. „Mit Afinum haben wir einen Partner gewonnen, der das Geschäftsmodell von Görtz nicht nur versteht, sondern auch ganz
5 besonders schätzt", sagt Ludwig Görtz. Bis heute gehört Deutschlands drittgrößte Schuhkette komplett der Familie Görtz. [...] Zuletzt war [diese] stark gefordert. Görtz war in eine Krise geraten und machte zwei Jahre lang hohe Verluste. Die Branche steckte im Umbruch, Online-Rivalen wie Zalando jagen den drei Marktführern Deichmann, HR Group (Reno) und Görtz die Kunden
10 ab. Görtz hatte sich zudem verzettelt mit seiner modischen Linie Görtz 17. Die Familie zog die Notbremse, schmiss den Geschäftsführer raus und leitete einen Sparkurs ein. Läden machten dicht, Tochterfirmen wurden abgestoßen. Von einst 4 000 Beschäftigten sind nur noch 3 200 im Haus. Die Zahl der Geschäfte sank von 240 auf 170. Der Umsatz schrumpfte 2013 auf 365 Millionen Euro.
15 Gesellschafter Görtz hält diese Einschnitte für richtig: „Die Geschäftsführung hat im vergangenen Jahr die richtigen Weichen gestellt." Was ihn aufatmen lässt: Mit Afinum kommt Kapital in die Firma – doch sie gehört weiterhin überwiegend der Familie. [...] Afinum beteilige sich an Mittelständlern mit starken Marken und wolle diese zum Wachsen bringen, sagt Partner Jochen
20 Martin. „Wir bleiben typischerweise vier bis acht Jahre." Die Zeit des Sparens

sei vorbei: „Der Turnaround ist geschafft und wir reden nicht mehr über Stellenabbau." Gemeinsam wollen Investor und Mittelständler daran feilen, wie sie den Online-Anbietern trotzen können. Dazu sollen die Schuhverkäufe in den Läden, im Internet und per Smartphone besser verzahnt werden.

In: Süddeutsche Zeitung, 15. 4. 2014

M 5 Simon Frost: Warum Zalando so erfolgreich ist

Schuhe, Schuhe, Kleidung, Accessoires. Das ist in Kurzform die Geschäftsbilanz des Berliner Internetversands Zalando für das abgelaufene Geschäftsjahr. Erstmals legte das 2008 gegründete Unternehmen am Donnerstag Umsatzzahlen vor. Der Erlös von 510 Millionen Euro (Vorjahr 150 Millionen)
5 verteile sich zur Hälfte auf das Kerngeschäft mit Schuhen sowie den Absatz der hinzugekommenen Sortimente, in der Masse Bekleidung und Accessoires, sagte Geschäftsführer Robert Gentz. Ob von der halben Milliarde Euro unter dem Strich etwas übrig bleibt, sagte er nicht. […]
Mehr als 100 000 Artikel hat Zalando im Sortiment. Die bestellte Ware wird in
10 Deutschland aus zwei Logistikzentren in Brieselang und Großbeeren bei Berlin verschickt. Anfang kommenden Jahres öffnet ein weiteres, 100 Millionen Euro teures Lager in Erfurt. In zwölf europäischen Ländern hat das Unternehmen inzwischen Online-Shops eröffnet, weitere sollen noch dieses Jahr folgen. Geschäftsführer Gentz spricht von einem „nachhaltig angelegten Aufbau". Kri-
15 tiker bezweifeln genau das. Die Expansion gehe zu schnell, aufwändige Werbung koste viel Geld, ebenso die geschätzt 70-prozentige Retourenquote. Laut dem im Bundesanzeiger veröffentlichten Jahresabschluss 2010 lag der Fehlbetrag damals bei 20 Millionen Euro.
Versand- und Modeexperte Heinick will sich an Spekulationen über die Wirt-
20 schaftlichkeit nicht beteiligen. Das Umsatzwachstum bei Zalando sei in dieser Stärke und Geschwindigkeit zwar erstaunlich. Die Ursachen dafür könnten aber durchaus mit dem Versandhandelsmarkt selbst zusammenhängen. „Ausgerechnet im Modebereich, wo es vor Jahren noch sehr wichtig war, die Sachen vor Ort anzuprobieren, funktioniert der Versandhandel über das Internet", er-
25 läutert Heinick. Nach Berechnungen des IFH wurden in Deutschland im vergangenen Jahr Modeartikel im Volumen von 7,3 Milliarden Euro im Internet umgesetzt. Verglichen mit 2010 ist das ein Plus von mehr als einem Viertel. Der Internetumsatz entspricht den Angaben zufolge rund 14 Prozent aller Modemärkte Deutschlands.
30 Das Berliner Versandhaus stößt mit seinen Produkten in eine Marktlücke. Zalando spreche eine junge, urbane Zielgruppe an, sagt der Handelsexperte. Das entspricht nicht eben der Klientel der klassischen Versandhäuser. Schließlich hätten einige Wettbewerber das Internet-Unternehmen, das der Firmenlegende nach in einem Berliner Keller seinen Ursprung hat, wohl zu lange un-

terschätzt. Die einen hätten nicht folgen wollen, die anderen nicht folgen können: „Versandhändler mit reinem Fokus auf den Internetvertrieb sind flexibler und schneller", sagt der Experte. [...]
Für stationäre Händler sei ein Online-Shop inzwischen ein Muss, sagt Heinick. Zalando kontert: Im April eröffnete ein Outlet in Berlin.

In: Der Tagesspiegel, 21. 7. 2012

M 6 Umsatz und Verlust von Zalando 2009–2013 (in Mio. €)

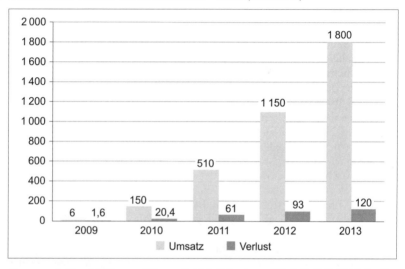

Daten nach *Handelsblatt* und Hagen Seidel: *Schrei vor Glück*, S. 7. © 2013 Orell-Füsli-Verlag AG, Zürich.

Lösungsvorschlag

1. Der Operator „darstellen" verlangt hier von Ihnen, die Strukturen des deutschen Schuhmarkts zu beschreiben. Sinnvoll ist es, die von Ihnen ausgewählten Quellen zu Beginn der Ausführungen kurz zu charakterisieren.

Die Materialien M 1 bis M 6 beschäftigen sich mit der **Situation des deutschen Schuhhandels**. M 1 und M 2, herausgegeben vom Bundesverband des Deutschen Schuheinzelhandels, zeigen die Umsätze des Einzelhandels und des Schuhfacheinzelhandels von 2008 bis 2013. In M 1 ist die monatliche Umsatzentwicklung für das Jahr 2013 dargestellt. Die Texte M 3, erschienen im November 2012 in der Zeitschrift „Der Handel", und M 4, erschienen am 15. 4. 2014 in der Süddeutschen Zeitung, beschäftigen sich mit drei ausgewählten Schuhhandelsunternehmen. M 5 und M 6 befassen sich mit dem Onlinehändler Zalando. Der im Tagesspiegel am 21. 7. 2012 veröffentlichte Text (M 5) stellt die Strategie des Unternehmens dar, während in M 6 die Umsatz- und Verlustentwicklung des Unternehmens von 2009 bis 2013 dargestellt ist.

In M 2 ist erkennbar, dass der stationäre Schuhhandel im Zeitraum 2008 bis 2013 jährliche Wachstumsraten zwischen −0,5 % und 6,5 % ausweist, während sich der gesamte Einzelhandel zwischen −3,7 % und 2,7 % bewegt. Die **Wachstumsraten des Versandhandels** hingegen, sieht man vom Jahr 2008 ab, **liegen deutlich über denen des Einzelhandels:** 2012 lagen sie um das 6-fache, 2013 sogar um mehr als das 8-fache höher.

Dies zeigt sich auch in der Umsatzentwicklung von Zalando (vgl. M 5 und M 6): Von 2009 bis 2013 nahm der Umsatz von 6 Mio. auf 1,8 Mrd. € zu. Entsprechend veränderte sich auch die Wettbewerbssituation auf dem Markt. So geriet mit Görtz der drittgrößte Filialist in Deutschland in **wirtschaftliche Schwierigkeiten** und konnte nur durch die Beteiligungsfinanzierung eines Investors am Markt bleiben (vgl. M 4). Andererseits gibt es, wie in M 3 beschrieben, auch Beispiele von Unternehmen, die trotz **veränderter Marktsituation** wirtschaftlich erfolgreich sind. Die Quellen lassen keinen Schluss darüber zu, wie das Wachstum des Onlinehandels weitergehen bzw. ob es sich konsolidieren wird.

2. *Bevor eines der beiden Unternehmen systematisch und gezielt untersucht wird, soll kurz die SWOT-Methode erläutert werden. Achten Sie bei der Textarbeit auf die korrekte Zitierweise. Die Auswahl des Unternehmens muss nicht begründet werden. Bei der Analyse dürfen alle Quellen verwendet werden.*
In der Lösung sollen Sie nur eines der Unternehmen untersuchen; zu Übungszwecken werden hier für Sie jedoch beide Möglichkeiten dargestellt.

Die **SWOT-Analyse** ist ein Instrument, mit dessen Hilfe die Stärken (Strengths), Schwächen (Weaknesses), Chancen (Opportunities) und Risiken (Threats) eines Unternehmens oder Produkts ermittelt und bewertet werden können. Dabei wird sowohl die interne (Stärken, Schwächen) als auch die externe Situation betrachtet (Chancen, Risiken). Diese Methode findet grundsätzlich im **strategischen Management** aber auch in der Produktpolitik Verwendung.

SWOT-Analyse Dielmann (M 3)
Stärken: Dielmann ist ein familiengeführtes mittelständisches Unternehmen aus Darmstadt mit inzwischen 25 Filialen (vgl. Z. 21). Dem Unternehmen ist ein überschaubares Wachstum wichtig und daher will es „sich nicht verzetteln oder vom Kerngeschäft ablenken lassen" (Z. 42 f.). Aus diesem Grund liegen alle Geschäfte in einem „Umkreis von 150 Kilometern um Darmstadt" (Z. 40). Das Unternehmen legt viel Wert auf Wirtschaftlichkeit und Planbarkeit und hat daher auf die Eröffnung eines Webshops verzichtet (vgl. Z. 24 ff.). Hingegen intensiviert es die Zusammenarbeit mit der Industrie und baut den Anteil an Eigenmarken aus (vgl. Z. 55 ff.).

Schwächen: Es lässt sich eine geringe Bereitschaft feststellen, ein Risiko einzugehen und sich auf etwas Neues einzulassen. Die Beschränkung auf ein Vertriebsmodell kann sich mittel- bis langfristig als Fehlentscheidung herausstellen.
Chancen: Die Onlinekonkurrenz sorgt für einen Imagegewinn des Produkts Schuh, von dem auch der stationäre Einzelhandel profitiert. Das Konzept eines inhabergeführten, klassischen Einzelhandelsgeschäfts ggf. mit dem Ziel, durch Einkaufsambiente und Beratung die Qualitätsführerschaft zu erreichen, kann zum erfolgreichen Besetzen einer Nische führen. Der Ausbau der Eigenmarken kann ein wichtiges zweites Standbein sein.
Risiken: Generell ist die Branche unter Druck geraten (vgl. M 4, Z. 8). Die Wachstumsraten (vgl. M 1, M 2 und M 6) deuten darauf hin, dass weitere Marktanteile ins Internet abwandern und langfristig nur die Unternehmen am Markt bestehen werden, die hier ein Angebot vorweisen können. Zudem gibt es mit den großen Filialisten wie Deichmann, Reno oder Görtz weiterhin starke Mitbewerber, die ebenfalls versuchen, ihren Marktanteil auszubauen.
Das Unternehmen sollte seine **Stärken beibehalten und ausbauen**. Sinnvoll ist es aber, die **Haltung zum Onlinehandel zu überdenken**, schließlich weist dieser Bereich große Wachstumsraten auf. Möglich wäre es, hier eine Multichannel-Strategie anzuwenden, bei der mehrere Vertriebskanäle bedient werden. So ist es denkbar, Schuhe im Internet auszuwählen und zu bestellen und dann vor Ort in der Filiale anzuprobieren.

SWOT-Analyse Görtz (M 4)
Stärken: Görtz ist ein mittelständisches Unternehmen mit 140-jähriger Erfahrung und aktuell drittgrößte Schuhkette in Deutschland (vgl. Z. 5 f.). Mit den Filialen, der Linie Görtz 17 und dem Onlinegeschäft verfügt sie über verschiedene Vertriebskanäle. Die Firma ist bereit, tiefgreifende Strukturveränderungen durchzuführen und durch die Aufnahme eines Investors die Besitzverhältnisse im Unternehmen zu ändern (vgl. Z. 1 f.).
Schwächen: Strategische Fehlentscheidungen führten zu einer Krise mit hohen Verlusten (vgl. Z. 10 ff.).
Chancen: Frisches Kapital durch einen strategischen Investor ermöglicht es, die notwendigen Strukturreformen durchzuführen und sich den geänderten Marktbedingungen anzupassen. Der Konsolidierungskurs ist abgeschlossen und nach Ansicht der Investoren ist der Turnaround geschafft (vgl. Z. 20 ff.). Durch den Plan, „die Schuhverkäufe in den Läden, im Internet und per Smartphone besser [zu] verzahn[en]" (Z. 23 f.), soll der Onlinekonkurrenz Paroli geboten werden.
Risiken: Es kann sein, dass die Kehrtwende nicht gelingt, weil die Kunden verstärkt im Internet bestellen bzw. mehr Wert auf eine individuelle Beratung in inhabergeführten Fachgeschäften suchen. Ähnlich wie die negative Entwicklung bei Kauf- und Warenhäusern (vgl. M 2) ist ein Rückgang bei großen Filialisten denkbar. Zudem könnte der Investor wieder aussteigen.

Das Unternehmen kann durch **Erfahrung** und eine **große Marktdurchdringung** punkten und ist bereit, nachhaltige Veränderungen durchzuführen. Allerdings bleibt abzuwarten, ob die Neuaufstellung genügt, um gegen die Konkurrenz des On- und Offlinehandels zu bestehen.

3. *Bei dieser Aufgabe sollen stichhaltige Argumente, die für bzw. gegen die Einrichtung eines Onlineshops sprechen, gegenübergestellt und ein daraus resultierendes Fazit formuliert werden. Hilfreich ist es, wenn Bezug zu den Materialien genommen wird.*

Markus und Thomas Dielmann wollen keinen Onlineshop betreiben. Ihrer Ansicht nach ist dessen **Wirtschaftlichkeit nicht planbar** (vgl. M 3, Z. 29) und nicht mit der konservativen Art des Unternehmens zu vereinbaren (vgl. M 3, Z. 37 ff.). Diese Argumente sind vor dem Hintergrund der Glaubwürdigkeit und Authentizität als inhabergeführtes Familienunternehmen nachvollziehbar. Eine unternehmerische Entscheidung kann nur dann erfolgreich sein, wenn die Inhaber hinter der Idee stehen und an deren Umsetzbarkeit und Erfolg glauben. Auch aus ökonomischer Sicht kann es bei der Größe der Firma fraglich sein, ob sich ein Webshop wirtschaftlich betreiben lässt. Insbesondere die mit dem Versandhandel verbundenen **hohen Retourquoten** können ein **unkalkulierbares Risiko** darstellen (vgl. M 3, Z. 46 f.; M 5, Z. 16). Konzentriert man sich auf den Bereich hoher Qualität mit einer ansprechenden Produktpräsentation und einer individuellen, kompetenten Beratung, kann dies als **erfolgreiche Nischenstrategie** funktionieren. Bestärkt wird Dielmann durch seine Umsatzentwicklung, die bislang von Zalando nicht beeinträchtigt wurde (vgl. M 3, Z. 23).

Andererseits zeigt die Marktentwicklung, dass der **Onlinehandel gegenwärtig überdurchschnittlich wächst** (vgl. M 2, M 6) und aktuell gibt es keine Anzeichen für eine Trendwende. So wurden Unternehmen wie Zalando laut Handelsexperten von einigen Wettbewerbern lange unterschätzt (vgl. M 5, Z. 32 ff.). Quelle oder Neckermann sind zwei prominente Beispiele von Traditionsunternehmen, die die Bedeutung des Internets zu spät erkannt haben und Insolvenz anmelden mussten. Viele Marktbeobachter sehen nur für diejenigen Unternehmen einen langfristigen Erfolg, denen es gelingt, eine **Multichannel-Strategie** umzusetzen, d. h. den Kunden unterschiedliche Kommunikations- und Vertriebswege anzubieten (vgl. M 5, Z. 38). Selbst Zalando verlässt sich nicht nur auf einen Absatzkanal und eröffnete bereits ein Outlet (vgl. M 5, Z. 39). Für Unternehmen wie Dielmann, die bislang selbst wenig Erfahrung im Internet haben, besteht die Möglichkeit, sich externes Know-how zu besorgen.

Insgesamt lässt sich sagen, dass die Haltung, auf ein Onlinegeschäft zu verzichten, nachvollziehbar ist und die (Nischen-)Strategie von Dielmann durchaus Erfolg haben kann. Allerdings geht das Wachstum des Onlinehandels weiter und es ist davon auszugehen, dass weitere Unternehmen, die ausschließlich auf den stationären Handel setzen, vom Markt verdrängt werden.

4. *Die Gestaltung einer Marketingstrategie orientiert sich idealerweise an den 4 Ps. Wichtig ist hier die Stimmigkeit und Realisierbarkeit Ihrer Darstellung. Achten Sie auf die korrekte Verwendung der Fachbegriffe.*

Der Schuhhändler Reindl ist ein traditionsreiches Familienunternehmen mit zwei Filialen in Rosenheim. Er möchte sein Angebot durch Accessoires erweitern, mit dem Ziel, den Umsatz zu steigern. Vor dem Hintergrund des Verzichts auf einen Webshop (vgl. M 3, Z. 45 ff.) und des verschärften Wettbewerbs in der Branche (vgl. M 2–M 6) ist eine Produktdiversifikation eine Möglichkeit, die Position im Markt zu sichern und auszubauen. Eine weitergehende Marktanalyse ist mit den vorliegenden Quellen nicht möglich.

Zur Erreichung des **Marketingziels** soll die Strategie mithilfe der Instrumente des **Marketingmix**, der sogenannten 4 Ps (Product, Place, Price, Promotion), umgesetzt werden.

Produktpolitik (Product): Es ist sinnvoll, Accessoires auszuwählen, die mit dem Produkt Schuh in enger Verbindung stehen. So bieten sich Taschen, Schals, Strümpfe/Socken, Modeschmuck für Damen, Gürtel, Socken und Lederwaren wie Geldbeutel oder Schlüsseletuis für Herren an. Dem Kunden kann beim Kauf von Schuhen gleich eine passende Tasche oder ein korrespondierender Gürtel angeboten werden. Wählt man mit Schuhen verwandte Produkte, kann man auf das vorhandene Beratungs- und Verkaufs-Know-how zurückgreifen. Möglicherweise lassen sich beim Einkauf auch Rabatte aushandeln. Art und Umfang der Accessoires sollten so gewählt werden, dass der Schuh bei der Warenpräsentation nach wie vor das dominierende Produkt ist und der Kunde weiß, wo die Kernkompetenz des Unternehmens liegt.

Preispolitik (Price): Bei der Preisgestaltung sollte man sich grundsätzlich im Rahmen des Preisniveaus des Schuhsortiments bewegen. Allerdings kann beispielsweise bei der Einführung zunächst eine **Penetrationsstrategie** angewandt werden, d. h., die Preise liegen anfangs niedrig, um die Kunden zum Kauf anzuregen. Später werden die Preise dann schrittweise erhöht. Denkbar ist es auch, die Accessoires im Rahmen der **Rabattpolitik** einzusetzen. Beispielsweise erhält man beim Kauf zweier Herrenschuhe gratis einen passenden Gürtel.

Distributionspolitik (Place): Da ein Onlinevertrieb keine Option ist, werden die Accessoires ebenso wie die Schuhe direkt über die Filialen vertrieben. Die Lagerlogistik ist mit der der Schuhe vergleichbar, kann also ohne weiteren Aufwand in den Betriebsablauf integriert werden.

Kommunikationspolitik (Promotion): Es empfiehlt sich, die Sortimentserweiterung an prominenter Stelle über die vom Unternehmen bislang verwendeten Kommunikationskanäle wie Prospekte, Onlineauftritt und Zeitungsanzeigen zu kommunizieren. Sinnvoll ist es, die Sortimentserweiterung bei der Laden- und Schaufenstergestaltung werbewirksam hervorzuheben. Hier kann man mit dem **AIDA-Modell** (Attention – Interest – Desire – Action) eine größere Aufmerksamkeit und einen entsprechend höheren Absatz anstreben. Es gilt zudem, die **Corporate Identity** zu stärken und die Angestellten mit den Accessoires auszustatten.

Schriftliche Abiturprüfung Wirtschaft (Baden-Württemberg)
Übungsaufgabe 2: Wirtschaftliches Handeln im Sektor Unternehmen

Für eine Volkswirtschaft ist das Unternehmertum von besonderer Bedeutung. Unternehmer schaffen Arbeitsplätze, sorgen für Wettbewerb und durch Innovationen für Fortschritt, Wachstum, Wohlstand und tragen letztendlich auch zur Stabilität des Systems bei. Daher hat der Staat ein besonderes Interesse, Existenzgründungen zu fördern.

Bei der Bearbeitung der folgenden Aufgaben sind geeignete Materialien in Abhängigkeit von der Aufgabenstellung einzubeziehen und zu belegen.

Aufgaben:

1. Charakterisieren Sie die Situation der Existenzgründer in Deutschland. 10 VP

2. Erstellen Sie eine Mindmap, die die zentralen Aspekte einer Unternehmensgründung berücksichtigt. 14 VP

3. Bewerten Sie ausgehend von M 6 das Crowdfunding als Methode der Gründungsfinanzierung. 16 VP

4. Die Bundesregierung möchte die Zahl der Existenzgründer erhöhen. Gestalten Sie eine Konzeption, um dieses Ziel zu erreichen. 20 VP

60 VP

M 1 Ausgewählte Merkmale der Gründer 2012 (Anteile in Prozent)

	Alle Gründer	Vollerwerb	Nebenerwerb	Bevölkerung
Frauen	38,7	31,9	43,7	49,4
Alter				
18 bis 24 Jahre	13,9	8,3	18,0	12,8
25 bis 34 Jahre	29,3	33,1	27,0	19,0
35 bis 44 Jahre	26,0	27,1	24,7	21,4
45 bis 54 Jahre	20,1	23,7	17,6	26,0
55 bis 64 Jahre	10,6	7,8	12,7	20,9
Staatsbürgerschaft				
schon immer deutsche Staatsbürgerschaft	81,0	81,0	81,2	82,1
eingebürgert oder Spätaussiedler	5,7	3,4	6,9	7,1
EU27-Ausländer	5,8	6,7	5,2	4,8
Nicht-EU-Ausländer	7,5	8,9	6,8	5,9
Berufsabschluss				
Universität	16,7	15,5	17,5	9,6
Fachhochschule, Berufsakademie u. Ä.	11,5	12,4	10,8	9,6
Fachschule, Meisterschule	6,3	8,8	4,6	5,3
Lehre, Berufsfachschule	49,1	51,4	47,9	52,1
kein Berufsabschluss	16,3	11,9	19,1	23,4
Ausbildungsinhalt				
Anteil Abschluss in einem MINT-Fach[1]	27,1	28,0	27,1	31,0
Anteil Technische Berufsausbildung	58,0	5,4	61,6	60,0
Erwerbsstatus				
angestellter Unternehmensleiter	4,8	8,7	2,4	3,0
leitender/hoch qualifizierter Angestellter	17,6	19,1	16,9	13,1

	Alle Gründer	Vollerwerb	Nebenerwerb	Bevölkerung
sonstiger Angestellter	23,5	17,2	27,6	29,0
Beamter	1,7	0,4	2,5	3,4
Facharbeiter	5,7	6,3	5,5	8,8
sonstiger Arbeiter	2,8	0,6	4,3	6,4
selbstständig	11,6	18,5	7,0	8,2
arbeitslos	10,4	14,7	6,7	5,8
Nichterwerbsperson	21,9	14,5	27,1	22,5
Hauptgrund Gründung (Gründungsmotiv)				
Ausnutzung Geschäftsidee	46,6	49,6	44,9	–
fehlende Erwerbsalternativen	30,4	30,9	29,8	–
sonstiger Hauptgrund	13,0	19,4	25,3	–
Wohnort Ostdeutschland	15,2	19,2	12,7	17,6
Gemeindegröße				
unter 5 000 Einwohner	13,5	14,0	13,4	14,0
5 000 bis unter 20 000 Einwohner	22,5	19,8	24,3	26,8
20 000 bis unter 100 000 Einwohner	24,9	24,2	25,2	27,6
100 000 bis unter 500 000 Einwohner	17,1	17,3	17,2	15,0
ab 500 000 Einwohner	22,1	24,7	19,9	16,5

Nach: *KfW Gründungsmonitor 2013. Autoren: Katrin Ullrich, Georg Metzger*

Anmerkung
1 MINT-Fächer: Mathematik, Informatik, Naturwissenschaft, Technik

M 2 Anzahl der Unternehmensgründungen und Liquidationen (in Tausend)

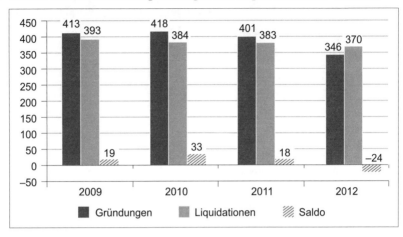

Nach: IfM, Bonn, 2013

M 3 Finanzbedarf aufgeschlüsselt nach Finanzmittel (in Prozent)

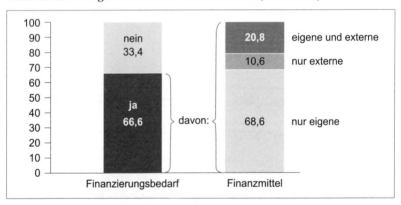

Nach: KfW Gründungsmonitor 2013. Autoren: Katrin Ullrich, Georg Metzger

M 4 Finanzbedarf für Existenzgründung (Angaben in Prozent)

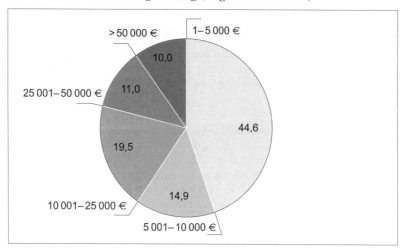

Nach: KfW Gründungsmonitor 2013. Autoren: Katrin Ullrich, Georg Metzger

M 5 **Interview mit Prof. Günter Faltin:
„Ein Jahr Bürokratiefreiheit für Gründer"**

Sie schreiben, dass jemand, der in Deutschland viel Zeit, Geld und Leidenschaft in die Gründung eines eigenen Unternehmens investiert, eigentlich verrückt sein müsste. Sind Sie auch verrückt?
Als Unternehmensgründer sollte man natürlich mutig sein, neuen und verrück-
5 ten Ideen zu folgen. Scheinbar muss man aber heutzutage als Gründer ein Alleskönner sein. Ich nenne ihn den „Extremsportler mit masochistischem Einschlag", den die konventionelle Gründungsberatung herzaubern möchte. Man muss aber kein Genie in BWL, Rechtsfragen und Marketing sein. Die The-Body-Shop-Gründerin Anita Roddick sagte einmal: „Wäre ich auf eine Busi-
10 ness-School gegangen, hätte ich das Unternehmen nie gegründet."
Ihr Vorschlag?
Erforderlich sind unternehmerische Konzepte, die auf die Probleme unserer Zeit antworten: mit ökonomischer, ökologischer und künstlerischer Fantasie. Alles fängt bei der Bildung an. Doch das deutsche Bildungssystem schreckt ab
15 und leitet lediglich zu Buchhaltung, Rechnungswesen und Bilanzierung an. Wir brauchen einen ökonomischen Aufklärungsunterricht, der uns die Welt des Geldes und des Marktes nicht vorenthält und die verschiedenen Möglichkeiten für Entrepreneurship vermittelt.

Was tun Sie, um dem Trend entgegenzuwirken?

20 Ich habe zum Beispiel das Labor für Entrepreneurship aufgebaut, um den Studenten dabei zu helfen, aus ihrer Anfangsidee ein ausgereiftes und in allen notwendigen Aspekten durchdachtes Entrepreneurial-Design zu entwickeln. Dort finden wir in einem systematischen Prozess heraus, was den Gründer wirklich bewegt. Die genauere Betrachtung der eigenen sowie der Kundenwünsche ist
25 meiner Erfahrung nach erfolgversprechender, als Trends und Marktanalysen hinterherzulaufen.

Was kann die Politik tun?

Politiker in Europa denken, sie müssten Entrepreneurship durch Subventionen fördern. Ich meine, das ist falsch, denn im Kern bedeutet Unternehmergeist ja,
30 Mittel selbst zu erwirtschaften. Wir brauchen eine unternehmerische Kultur, die in der Gesellschaft wächst und nicht durch bürokratische Richtlinien im Keim erstickt wird. Aus 30 Jahren Erfahrung mit dem Thema sage ich, es würde helfen, Gründer ein Jahr von bürokratischen Auflagen freizustellen. […]

Was macht einen erfolgreichen Gründer aus?

35 Sie müssen nicht zum Unternehmer geboren sein. Ich glaube, dass jeder das Zeug zum Gründer hat. Viele bleiben aber auf den ersten zehn Metern stehen, anstatt die nächsten 90 weiterzugehen – diese sind oft sehr anstrengend. Die wichtigste Eigenschaft eines Unternehmensgründers ist deshalb Beharrlichkeit.

In: Evonik-Magazin 1/2014, S. 10

M 6 Anwendungsfall „Crowdfinancing": Wie interaktive Netzwerke neue Möglichkeiten für die Gründungsförderung schaffen

Waren es früher einzig und allein die Bankkredite und öffentlichen Fördertöpfe, die eine Firmenneugründung möglich machten, hat hier eine echte Veränderung stattgefunden: Wer heute Geld für seine Unternehmensgründung benötigt, kann auch auf die Beteiligung von privaten Geldgebern hoffen. Dafür
5 stehen zum einen die Business Angels bereit, ein angelsächsisches Phänomen, das zunehmend auch in Deutschland die Finanzierung für Start-ups verbessert: Allein 1 400 Akteure sind in den 40 Regionalnetzwerken des Dachverbands Business Angels Netzwerk Deutschland (BAND) organisiert; 2008 waren es erst 1 000. Hinzu kommen nach BAND-Schätzungen 4 000 private Investoren,
10 die nicht organisiert sind. Zum anderen entwickelt sich nun eine blühende Gründungskultur durch das neue Phänomen der Internet-Finanzierungen. Hier schließen sich Nutzer für eine gewisse Zeit zusammen, um gemeinsam ein Projekt mit ihrem Geld anzuschieben. Je nach Ausrichtung erhoffen sie sich als Gegenwert eine symbolische Aufmerksamkeit oder aber eine handfeste Rendi-
15 te. In jedem Fall glauben sie an den Erfolg der Unternehmung und leben heute schon vor, wie morgen alle arbeiten werden: vernetzt, kreativ und selbstbestimmt. […]

Diese neue Netzwerk-Kultur hat auch das Finanzierungswesen gründlich verändert. Vernetzte Finanzierungen gibt es unter dem Namen Crowdfunding bereits in allen erdenklichen Formen. Es begann in den USA mit Finanzierungen von Musikproduktionen, Filmen und auch Büchern. Heute können sich die Nutzer auf einer Plattform Geld für den nächsten Urlaub oder einen neuen Auspuff besorgen. Die deutschsprachigen Plattformen heißen zum Beispiel Respekt.net, Startnext, Pling, My Sherpas, Inkubato oder Vision Bakery. [...]
Innerhalb weniger Stunden fanden sich Ende Dezember vergangenen Jahres per Crowdfunding eine Million Euro, um den Spielfilm zur erfolgreichen Fernsehserie „Stromberg" zu finanzieren. Mehr als 3 000 Investoren haben sich laut der Produktionsgesellschaft Brainpool gemeldet, jeder davon hat für mindestens 50 Euro Anteile an dem Film erworben. Kommen eine Million Menschen ins Kino, bekommen die Anleger ihr Geld zurück. Werden mehr Tickets verkauft, ist ihnen ein Bonus in Aussicht gestellt. [...]
Auch immer mehr Gründer in Deutschland setzen nun auf diese neue Form der Finanzierung, die es ihnen ermöglicht, schnell und flexibel auch an kleine Summen Risikokapital zu kommen. Umgekehrt bietet das Crowdfinancing Anlegern die Chance, sich mit kleinen Beträgen an vielversprechenden neuen Projekten zu beteiligen. Seedmatch aus Dresden, Companisto und Bergfürst aus Berlin sind drei Internetplattformen, die private Anleger und Gründer zusammenbringen.

Aus: Wie interaktive Netzwerke neue Möglichkeiten für Gründungsförderung schaffen. Gastbeitrag: Prof. Peter Wippermann. In: Bendig, Mirko et al.: Die Zukunft der Gründungsförderung – neue Trends und innovative Instrumente. Studie im Auftrag des Bundesministeriums für Wirtschaft und Technologie (BMWi), 18. 3. 2013, S. 10 f.

Lösungsvorschlag

1. *Bei dieser Aufgabe sollen zunächst die Materialien ausgewählt werden, die zur Beantwortung der Frage geeignet sind. Diese müssen nicht in der vorliegenden Reihenfolge bearbeitet werden. Die formalen Kriterien im Umgang mit Quellen sind einzuhalten.*

Das Schaubild M 2, herausgegeben vom Institut für Mittelstandsforschung (IfM, 2013), zeigt die **Anzahl der Unternehmensgründungen und Liquidationen** von 2009 bis 2012. Man kann erkennen, dass beide Werte insgesamt rückläufig sind. Die Zahl der Gründungen sank von 418 000 (2010) auf 346 000 (2012), die der Liquidationen von 393 000 (2009) auf 370 000 (2012). Im dargestellten Zeitraum wurden 2012 zum ersten Mal mehr Unternehmen aufgelöst als neu gegründet.

Die Tabelle M 1, herausgegeben von der Kreditanstalt für Wiederaufbau (KfW) 2013, zeigt **ausgewählte Merkmale** der Gründer 2012. Hier zeigt sich, dass Frauen bezogen auf den Bevölkerungsschnitt unterdurchschnittlich oft vertreten sind. Bezogen auf das Alter liegen die Gruppen der 25–34-Jährigen (+10,3 Prozentpunkte) und der 35–44-Jährigen (+4,6 Prozentpunkte) über dem Bundesdurchschnitt. Ältere Gründer hingegen sind unterdurchschnittlich vertreten. Bei den 25–54-Jährigen dominieren die Vollerwerbsgründungen, während bei den übrigen mehr Nebenerwerbsgründungen erfolgen.

Betrachtet man die Unternehmensgründungen nach Gemeindegrößen, stellt man fest, dass Gründungsaktivitäten in Großstädten, d. h. Städten mit mehr als 100 000 Einwohnern, überdurchschnittlich häufig vorkommen.

Bezogen auf die **Qualifikation** sind besser Ausgebildete bei den Existenzgründungen z. T. deutlich überproportional vertreten. Dies trifft sowohl auf den Berufsabschluss als auch auf den Erwerbsstatus zu. Eine Ausnahme bilden die Facharbeiter, die bei den Gründern mit 3,1 Prozentpunkten unter dem Bevölkerungsschnitt liegen. Bei der Gruppe der Arbeitslosen hingegen liegt die Quote unter den Existenzgründern fast doppelt so hoch wie der Anteil der Arbeitslosen an der Bevölkerung. Das erklärt sich, wenn man die Gründungsmotive betrachtet: Hier sind „fehlende Erwerbsalternativen" mit 30,4 % nach dem Motiv „Ausnutzung Geschäftsidee" (46,6 %) der zweitwichtigste Beweggrund, den Schritt in die Selbstständigkeit zu wagen.

Die Schaubilder M 3 und M 4, herausgegeben von der KfW im Jahr 2013, zeigen den **Finanzbedarf der Gründer**. So kommen nach M 3 rund ein Drittel der Existenzgründungen ohne finanzielle Mittel aus. Von denjenigen, die einen Finanzbedarf haben, verwenden 68,6 % nur eigene Finanzmittel. Betrachtet man die Höhe des Bedarfs, zeigt sich, dass fast die Hälfte der Unternehmensgründer mit weniger als 5 000 € auskommt. Lediglich 10 % benötigen mehr als 50 000 €.

Aussagen über Beschäftigungswirkung der Gründungen, Gründe des Scheiterns oder Angaben zu Gründungen nach Wirtschaftszweigen lassen sich nicht machen.

2. Die Aufgabenstellung erfordert lediglich das Erstellen einer Mindmap. Eine Erklärung oder Erläuterung ist nicht erforderlich. Vollständigkeit wird von Ihrer Lösung nicht erwartet.

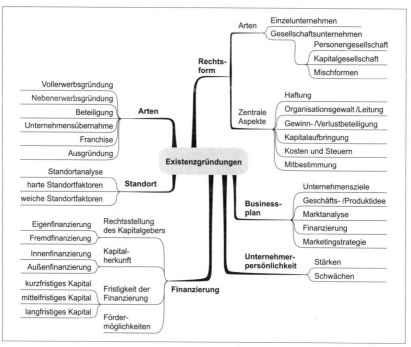

3. Der Operator „bewerten" verlangt hier von Ihnen, das Crowdfunding als Finanzierungsmöglichkeit zu beurteilen und eine persönliche Stellungnahme abzugeben. Achten Sie darauf, Ihre eigenen Wertmaßstäbe, z. B. Wirtschaftlichkeit, Effizienz, Leitung, Haftung, offenzulegen. Eine sehr gute Leistung berücksichtigt auch die Perspektive der Investoren.

Der Text M 6 befasst sich mit dem **Crowdfinancing**. Darunter versteht der Autor die **Professionalisierung des Crowdfundings** (vgl. Z. 19 f., Z. 32 ff.). Dabei wird Gründungskapital über das Internet gesucht. Kapitalgeber sind Internetnutzer, die sich oft mit kleineren Beträgen am Unternehmen beteiligen und so die Umsetzung einer Geschäftsidee ermöglichen. Mittlerweile gibt es in Deutschland eine Reihe von regionalen und überregionalen Plattformen (vgl. Z. 7 f., Z. 23 f., Z. 36 f.), die Start-ups zu Risikokapital verhelfen.

Für die **Existenzgründer** hat dies eine **Reihe von Vorteilen:** Sie können vergleichsweise **einfach und schnell an Kapital** kommen und zudem vor einem großen Personenkreis auf ihr Unternehmen bzw. Produkt aufmerksam machen. Es können auch Projekte finanziert werden, die über klassische Finanzierungsarten wie Bankkredite nicht oder nur zu ungünstigen Konditionen Kapital erhalten würden, da beispielsweise Erfahrungen oder Eigenkapital fehlen oder die Geschäftsidee die Entscheider bei den Banken nicht überzeugt. Zudem kann der Existenzgründer beim Crowdfunding oft die **Rückzahlungs- und Zinskonditionen mitbestimmen**. Da ein Großteil der Gründer nur einen geringen Finanzierungsbedarf hat (vgl. M 4), erhöht das die Chancen einer erfolgreichen Realisierung. Aber wie das Beispiel des Stromberg-Films zeigt (vgl. M 6, Z. 25 ff.) können bei einem entsprechenden Projekt auch größere Geldsummen zusammenkommen. Vor dem Hintergrund der Organisationsgewalt/Leitung bleibt die Unternehmensführung, anders als bei anderen Beteiligungsformen, in der Regel uneingeschränkt beim Existenzgründer.

Für die **Investoren** bietet das Crowdfunding ebenfalls **Vorteile**: Sie haben die Möglichkeit, sich auch mit kleinen Beträgen an interessanten und erfolgversprechenden Projekten zu beteiligen. In der Regel haben nur große institutionelle Anleger Zugang zum Markt für Beteiligungs- und Risikokapital. Außerdem kann die **Rendite** höher sein als bei anderen Anlageformen – allerdings kann auch das gesamte eingesetzte Kapital verloren gehen.

Es gibt jedoch auch **Nachteile**: So ist zunächst die **Umsetzung eines Projekts ungewiss**. Kommt das erforderliche Beteiligungskapital nicht zusammen, schlägt die Finanzierung fehl. Auch muss der Gründer sein Vorhaben ansprechend präsentieren. Das erfordert Aufwand und entsprechendes Know-how. Fehlt dieses und/oder ist die Unterstützung durch die Crowdfunding-Plattform nicht ausreichend, kann das Vorhaben scheitern, auch wenn es sich möglicherweise um eine sehr erfolgversprechende Geschäftsidee handelt. Problematisch kann es zudem sein, das **Geschäftsmodell vor dessen Umsetzung im Internet zu veröffentlichen**.

Das Crowdfunding ist für einen Existenzgründer eine effiziente Möglichkeit, an Investitionskapital zu kommen, das er möglicherweise sonst nicht bekäme. Grundsätzlich sollte er aber verschiedene Finanzierungs- und Fördermöglichkeiten prüfen und dann die für sich und das Unternehmen passende Finanzierung auswählen.

4. *Bei dieser Aufgabe soll rollenorientiert – aus Sicht der Bundesregierung – eine Konzeption vorgestellt werden. Dabei sollen sinnvolle Maßnahmen dargestellt und mögliche Chancen und Risiken abgewogen werden. Die zur Umsetzung benötigten Ressourcen sollten angesprochen werden.*

Existenzgründer spielen eine **wichtige Rolle in der Marktwirtschaft**. Sie schaffen Arbeitsplätze und sorgen für Wettbewerb, Fortschritt und Wachstum. Daher ist es für die Bundesregierung ein zentrales Anliegen, gute Rahmenbedingungen für erfolgreiche Unternehmensgründungen zu schaffen. Insbesondere vor dem Hintergrund rückläufiger Gründungszahlen und steigender Unternehmensliquidationen (vgl. M 2) ist der Staat gefordert.

Die Bundesregierung unterstützt mit verschiedenen Maßnahmen Existenzgründer. So werden im Rahmen der Möglichkeiten des Bundeshaushalts **finanzielle Subventionen**, beispielsweise durch zinsgünstige Darlehen, Zuschüsse oder Steuervergünstigungen, gewährt. Allerdings werden – auch im Interesse der Steuerzahler – nur realisierbare und erfolgversprechende Unternehmensgründungen unterstützt. Daher ist dem Förderantrag ein ausgearbeiteter **Businessplan** beizulegen. Fachleute für Entrepreneurship wie Professor Faltin (vgl. M 5) fordern zu Recht, die **Unternehmerkultur in Deutschland zu stärken**. Hier wird die Bundesregierung unter der Federführung des Bundeswirtschaftsministeriums aktiv, indem sie bestehende Existenzgründerportale, Anbieter von Existenzgründerseminaren usw. mit Know-how und finanziellen Mitteln unterstützt. Auch das eigene Online- und Offlineangebot wird konsequent ausgebaut und weiterentwickelt.

Im **Bildungsbereich** soll die Qualität weiter gestärkt werden. Der Bund verbessert im Bereich der Hochschulen die Rahmenbedingungen und wirkt auf die Bundesländer ein, die **ökonomische Bildung** in ihren Bildungsplänen stärker zu verankern, um so den jungen Menschen das Unternehmertum näherzubringen. Aufgrund der Bildungshoheit der Länder ist es allerdings unwahrscheinlich, dass hier kurzfristig ein bundesweiter Standard etabliert wird. Allerdings wird der Bund stärker als Initiator und Schirmherr von ökonomischen Wettbewerben, Schülerfirmen und Bildungspartnerschaften auftreten.

Immer wieder wird auf die **vermeintlich hohen bürokratischen Hürden** hingewiesen (vgl. M 5, Z. 30 ff.), die der Entwicklung einer florierenden Gründerszene entgegenstünden. Hier vertritt die Bundesregierung die Ansicht, mit den bestehenden Regelungen, auch im internationalen Vergleich, keine gründungshemmenden Hürden zu haben. Die Standortqualität Deutschlands und die Stellung im internationalen Wettbewerb sprechen dafür. Die bürokratischen Regelungen sind nicht Selbstzweck, sondern haben die Aufgabe, den Wirtschaftsprozess für alle beteiligten Akteure möglichst optimal zu gestalten. Und so müssen auch die Interessen der Arbeitnehmer, der Verbraucher oder der Umwelt Berücksichtigung finden – auch wenn aus Unternehmersicht bestimmte Fragen möglicherweise anders gelöst werden müssten.

Die Bundesregierung ist sich des **Markteingriffs** bewusst, den eine Subvention von Existenzgründern bedeutet. Daher ist die oberste Maxime bei allen Maßnahmen, diese **möglichst marktkonform** auszugestalten und Wettbewerbsverzerrungen zu vermeiden.

Auch weiß die Bundesregierung, dass sie bestenfalls unterstützen und anregen kann, der Unternehmenserfolg aber von der Gründerpersönlichkeit und deren Geschäftsidee abhängt.

Schriftliche Abiturprüfung Wirtschaft (Baden-Württemberg)
Übungsaufgabe 3: Wirtschaftliches Handeln im Sektor Ausland

Die Gruppe der Schwellenländer, zu denen die BRICS-Staaten, aber auch Malaysia und die Türkei zählen, hat in der Vergangenheit große wirtschaftliche Fortschritte gemacht und wird als Beispiel für die positiven Effekte der Globalisierung gezählt. In jüngster Zeit werden die Wachstumsraten geringer, viele Schwellenländer geraten in Schwierigkeiten.

Bei der Bearbeitung der folgenden Aufgaben sind geeignete Materialien in Abhängigkeit von der Aufgabenstellung einzubeziehen und zu belegen.

Aufgaben:

1. Nennen Sie Gründe, die zum wirtschaftlichen Aufstieg der Schwellenländer geführt haben.
   10 VP

2. Erläutern Sie, weshalb man die Türkei als Schwellenland bezeichnen kann.
   14 VP

3. Erklären Sie mithilfe eines Preis-Mengen-Diagramms, wie Finanzspekulanten mit Wechselkursschwankungen einen Gewinn erzielen können (vgl. M 6, Z. 17 ff.).
   16 VP

4. Beurteilen Sie die Forderung nach der Einführung einer Kapitalverkehrskontrolle zur Stabilisierung des ökonomischen Systems der Türkei (vgl. M 6, Z. 44).

   oder

   Beurteilen Sie die Wettbewerbsfähigkeit der Türkei.
   <u>20 VP</u>
   60 VP

M 1 Entwicklung ausgewählter Währungen von Schwellenländern 2012–2014 (prozentuale Veränderung zum Basisjahr)

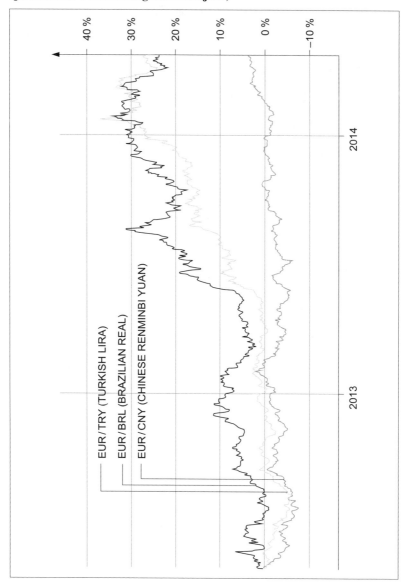

Nach: www.finanzen.net/charttool

M 2 Entwicklung der Aktienindizes ausgewählter Schwellenländer 2011–2014

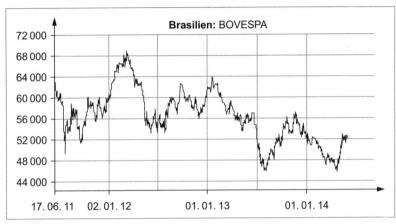

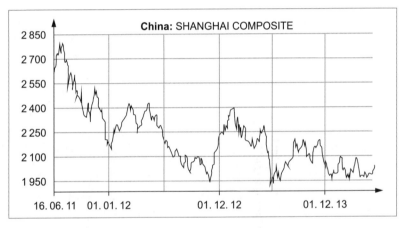

Nach: www.finanzen.net

M 3 Außenhandel der Türkei 2010–2012 (in Mrd. USD)

	2010	%	2011	%	2012	%
Einfuhr	185,5	31,7	240,8	29,8	236,5	−1,8
Ausfuhr	114,0	11,7	134,9	18,3	152,5	13,0
Saldo	−71,5		−105,9		−84,0	

Nach: http://ahk.de/fileadmin/ahk_ahk/GTaI/tuerkei.pdf

M 4 Bruttoinlandsprodukt der Türkei 2010–2014 (Veränderung in %, real, 2013+2014 Schätzung bzw. Prognose)

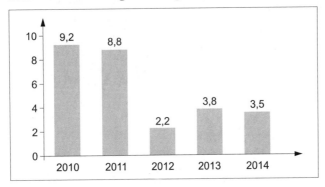

Nach: http://ahk.de/fileadmin/ahk_ahk/GTaI/tuerkei.pdf

M 5 Bruttoinlandsprodukt/Kopf (in USD) ausgewählter Länder 2013

Land	BIP/Kopf
Brasilien	10 958
China	6 569
Indien	1 414
Russland	14 973
Türkei	10 745
Deutschland	43 952

Daten nach: Schätzungen des IWF

M 6 David McWilliams: Vom Star zum Klassendeppen

Die Türkei […] ist durch politische Turbulenzen und Massendemonstrationen erschüttert worden, die ohne Weiteres in dem Albtraumszenario der Ukraine hätten enden können.
Die Lage hat sich aber erst einmal beruhigt – sowohl dank der Demonstranten
5 wie auch dank der Regierung. Das aber heißt nicht, dass die Probleme verschwunden sind. Aber beide Seiten haben sich erst einmal vom Abgrund wegbewegt.
Auf lange Sicht ist diese gewaltige Regionalmacht mit ihren 80 Millionen Menschen klar auf dem Weg nach oben. Noch vor ein paar Jahren hatte die
10 Türkei so wenig Selbstbewusstsein, dass sie sich bei ihrer Bewerbung um den

EU-Beitritt von zweitrangigen europäischen Politikern maßregeln ließ. Heute scheint das EU-Thema von der Agenda verschwunden zu sein, die Türken haben keine besondere Lust mehr darauf.

Ihre Wirtschaft ist ein Jahrzehnt lang stark gewachsen, die Ungleichheit verringerte sich, Unternehmen wurden regionale Kraftzentren.

Das Problem ist, dass die Türkei mit anderen Schwellenländern plötzlich vom Star der Saison zum Klassendeppen geworden ist: Spekulatives Hot Money, das hereingeströmt war, fließt wieder ab, weil kurzfristig orientierte Hedgefonds gegen das Land wetten. Ähnliches geschieht in Südafrika, Brasilien und – in geringerem Umfang – in Mexiko.

Wenn das Weltfinanzsystem der geopolitischen Stabilität dienen soll, dann müssen wir es so reformieren, dass solche Bewegungen nicht die Regel werden. Denn was wir derzeit sehen, ist eine Finanzkrise, die von den Märkten produziert wird. Und einmal mehr reichen die Verursacher dieser Erschütterungen die Rechnung an andere durch.

Ohne eine Form von Kapitalverkehrskontrollen, die verhindern, dass Gelder mal rasant in Länder hinein- und dann wieder ebenso rasant hinausfließen, wird die Welt auch künftig von einer Finanzkrise zur nächsten springen – getrieben von Gier, Angst und Moden.

Wenn die Zukunft so unklar ist wie jetzt in der Türkei, dann ist es entscheidend, die großen Linien richtig einzuschätzen und sich nicht in Details […] zu verlieren […].

Der Kern dieser Krise am Bosporus sind zu hohe Schulden, die ständig refinanziert werden müssen. Wer kauft schon Lira-Bonds, wenn er weiß, dass Ankaras Zentralbank nur 40 Mrd. Dollar Reserven hat, aber allein dieses Jahr 210 Mrd. Dollar zu refinanzieren sind? Das Leistungsbilanzdefizit von 70 Mrd. Dollar wird bislang von Offshore-Spekulanten abgedeckt, die sich nun in den sicheren Dollar zurückziehen.

Im Fall meiner Heimat Irland haben wir erlebt, was passiert, wenn ein jahrelanger Kreditboom abreißt: Viele, viele Firmen gehen pleite.

Rein ökonomisch hat die Türkei letztlich dieselben Probleme wie alle anderen Schwellenländer. Und es steht dort viel zu viel auf dem Spiel, als dass man entscheidende Machthebel in den Händen einiger gieriger Hedgefonds belassen darf. Kapitalverkehrskontrollen sind eine offenkundige Lösung für die Zukunft.

In: Capital, Heft 2/2014, S. 91

M 7 SWOT-Analyse der Türkei

Strenghts (Stärken)	Weaknesses (Schwächen)
– Großer, dynamischer Markt. – Gegenüber neuen Produkten aufgeschlossene junge Bevölkerung. – Geografische und kulturelle Mittlerposition zwischen Europa, Nahost und Zentralasien. – Gut entwickelte Industriebasis. – Motivierte Arbeitnehmerschaft.	– Hohes Leistungsbilanzdefizit. – Schwächen in der Berufsausbildung. – Innenpolitische und regionale Konflikte. – Schwerfällige Bürokratie. – Hohe Importabhängigkeit bei Energieträgern.
Opportunities (Chancen)	**Threats (Risiken)**
– Mögliche Rolle als regionale Energiedrehscheibe. – Fertigung hochwertiger Waren. – Massiver Ausbau der Verkehrsinfrastruktur. – Steigendes Interesse an erneuerbaren Energien und Energieeffizienz.	– Abhängigkeit von spekulativen Kapitaleinfuhren. – Drohende Energieengpässe. – Währungsinstabilität. – Einbruch von Exportmärkten.

In: www.gtai.de/GTAI/Navigation/DE/Trade/maerkte,did=927484.html,
© Germany Trade & Invest, 2014, www.gtai.de

M 8 Markus Zydra: Tückische Zinserhöhung

Manchmal lohnt sich der Blick zurück in die jüngere Geschichte. Es war im September 1992, da stand die schwedische Krone massiv unter Verkaufsdruck. Deshalb griff die schwedische Zentralbank beherzt ein und erhöhte den Leitzins auf sagenhafte 500 Prozent. Das Land wollte die Stabilität seiner Währung
5 erzwingen. Doch es half nichts. Die Finanzmärkte waren stärker. Die Schwedenkrone büßte 25 Prozent an Wert ein.
Die Zeiten haben sich geändert, doch wenn der Devisenmarkt in Turbulenzen gerät, greifen Notenbanker gerne in den alten Werkzeugkoffer. Zuletzt hat die Türkei ihren Leitzins auf zehn Prozent erhöht. Wie die schwedischen Kollegen
10 damals möchten die Notenbanker die Nachfrage nach der eigenen Währung stärken. Ausländer sollen Geld zurück ins Land bringen. Inländer sollen aufhören, die Währung in Dollar zu tauschen.
Das Problem der Türkei ist beispielhaft für einige andere Schwellenländer, deren Währungen in den vergangenen Tagen massiv an Wert verloren haben.
15 Doch hohe Zinssätze allein helfen nicht viel. Die türkische Lira stand auch am Donnerstag unter Druck. Investoren wissen, dass der hohe Zins nicht die möglichen Verluste aufwiegt, sollte die Währung weiter fallen. Zudem schwächt

der hohe Leitzins das Wachstum in der Türkei. Und am Ende geht es den meisten Anlegern immer um Wachstum.

Preisschwankungen gehören an den internationalen Devisenmärkten zum Alltag. Sie sind wichtig, denn so kann sich der Außenwert einer Währung täglich am Markt verlässlich einpendeln. In einem System fester Wechselkurse baut sich mitunter gefährlicher Abwertungsdruck auf, der in aller Hektik abgelassen werden muss. So war es in Schweden. In einem System flexibler Wechselkurse wird es gefährlich, wenn der Devisenpreis stark und erratisch[1] schwankt, wie es in einigen Schwellenländern zu beobachten ist. Dann können Unternehmen kaum noch planen. Gleichzeitig steigen ihre Kosten für Geschäfte, um die Währungsrisiken zu versichern.

Man spricht ja gern von „den" Schwellenländern. Doch diese Gruppe ist alles andere als homogen. Brasilien, Indien, Indonesien, die Türkei und Südafrika haben die größten Probleme. Hier handelt es sich meist um eine Gemengelage aus Leistungsbilanzdefizit – man importiert mehr als man exportiert, Korruption, Überhitzung von Teilmärkten und innenpolitischer Antriebslosigkeit.

Diese Probleme kamen nicht über Nacht. Doch viele Investoren ignorierten sie, weil es in Europa und den USA nach Ausbruch der Finanzkrise nur niedrige Zinsen und kein Wachstum gab. Deshalb schoben Fonds und Pensionskassen ab 2009 ihre Milliarden in die Türkei und Co. Es gehörte zum guten Ton, in den Schwellenländern zu investieren. Der Herdentrieb konnte sich entfalten.

Die meisten Geldprofis dürften geahnt haben, dass sich der Wind auch wieder drehen würde, und zwar spätestens, wenn es in den USA und Europa wirtschaftlich wieder aufwärts geht. Dieser Moment ist gekommen. Investoren kaufen amerikanische Staatsanleihen und europäische Aktien. Die Profis rechnen dort mit höheren Profiten bei weniger Verlustrisiko. Sie holen ihr Geld nach Hause und hinterlassen Schwellenländer im Ungleichgewicht.

Wenn Anleger sehr schnell sehr viel Kapital abziehen, entsteht Unruhe. Inländische Firmen und Verbraucher spüren die Knappheit direkt. Sie verlieren das Vertrauen in die Währung und beginnen Dollar oder Euro zu horten. Man möchte die Zeit aussitzen, bis ein neues wirtschaftliches Gleichgewicht gefunden ist. Währungskurse sind Ausdruck von wirtschaftlicher Stärke, die in den Schwellenländern tendenziell abnimmt. Einst waren es durchschnittlich acht Prozent Wachstum, künftig sind es jährlich knapp fünf Prozent. Das ist im Vergleich zu Europa immer noch sehr viel – aber eben weniger als früher. Dieser Rückgang wird nun in den Wechselkurs eingepreist.

Die türkische Regierung hat jetzt ein Konjunkturpaket angekündigt. So soll Vertrauen aufgebaut werden. Man muss die Details abwarten, aber es ist das richtige Signal. Auch die Regierungen anderer Schwellenländer müssen die Wirtschaftspolitik ändern. Der Druck von den Devisenmärkten erhöht die Wahrscheinlichkeit, dass die Reformen zügig umgesetzt werden.

In: Süddeutsche Zeitung, 31. 1. 2014

Anmerkung
1 erratisch: heftig schwankend, sich im Schlingerkurs befindend

Lösungsvorschlag

1. Hier sind zentrale Aspekte anzuführen, wobei auf Besonderheiten einzelner Schwellenländer nicht eingegangen werden muss.

   Der Aufstieg der Schwellenländer ist eng verbunden mit der **Globalisierung**. Dabei sind verschiedene Ursachen zu nennen. Einmal sind es **externe Faktoren**, die für den wirtschaftlichen Aufschwung sorgen. Hierzu zählt die Liberalisierung und Deregulierung des internationalen Handels, die Senkung der Kommunikations- und Transportkosten und die zunehmende Bedeutung der Auslandsdirektinvestitionen (ADI) durch transnationale Konzerne, die neue Märkte erschließen und/oder Vorteile der internationalen Arbeitsteilung nutzen wollen.
   Daneben gibt es eine Reihe von **internen Faktoren**. So verfügen die BRICS-Staaten (Brasilien, Russland, Indien, China und Südafrika) oft über einen großen Binnenmarkt mit einer entsprechenden Nachfrage, der die Länder für ADIs attraktiv macht und so Kapital und Know-how ins Land holt. Hinzu kommen wirtschaftspolitische Weichenstellungen, die dem Wirtschaftswachstum Priorität einräumen. Beispielsweise wird die Bildung gefördert, Unternehmen werden stark subventioniert oder es wird durch eine expansive Geldpolitik der Notenbanken für Wachstumsimpulse gesorgt.

2. Ausgehend von einer Definition des Begriffs „Schwellenland" sollen Sie mit geeigneten Belegen erklären, weshalb man die Türkei zu dieser Gruppe rechnet. Beziehen Sie hierbei die Materialien mit ein.

   Schwellenländer sind Staaten, deren Entwicklungsstufe **zwischen den Entwicklungs- und den Industriestaaten** einzuordnen ist. Sie weisen **hohe Wachstumsraten** und eine **Zunahme des industriellen Sektors** auf und haben gleichzeitig nicht selten ein Leistungsbilanzdefizit. Die gesellschaftliche und soziale Entwicklung hält oft mit der ökonomischen nicht Schritt. **Große Gegensätze zwischen Arm und Reich** sowie **politisch instabile Verhältnisse** sind häufig festzustellen. Neben den BRICS-Staaten werden beispielsweise Mexiko, Malaysia und die Philippinen zu dieser Gruppe gezählt. Allerdings gibt es **keine einheitliche, international anerkannte Definition**.
   Betrachtet man die Türkei, kann man feststellen, dass diese **typische Merkmale eines Schwellenlandes** aufweist.
   In M 4, das die Entwicklung des Bruttoinlandsprodukts (BIP) der Türkei von 2010 bis 2014 darstellt, kann man die im Vergleich zu Industrieländern **hohen Wachstumsraten** erkennen. Auch in den Jahren 2012–2014, die gegenüber den Vorjahren stark abfallen, liegen die Zuwächse über denen von beispielsweise Deutschland. M 5 zeigt das BIP/Kopf 2013. Hier bewegt sich die Türkei mit 10 745 US-$ auf dem Niveau anderer Schwellenländer wie Russland und Brasilien, bleibt aber noch deutlich unter den Werten des Industrielands Deutschland zurück.

Auch der Außenhandel zeigt das für Schwellenländer typische Bild. Die von den Deutschen Außenhandelskammern (AHK) herausgegebenen Zahlen (vgl. M 3) zeigen ein **hohes Außenhandelsdefizit**. 2011 wurden fast doppelt so viele Güter importiert wie exportiert. Der Wechselkurs der türkischen Lira (vgl. M 1) zeigt einen Verlauf, der mit dem von Währungen anderer Schwellenländer vergleichbar ist. Ähnliches gilt auch für den Aktienindex. Während der EURO STOXX 50 mit kleinen Schwankungen einen klaren Aufwärtstrend hat, zeigen die Indizes der Schwellenländer größere Schwankungen. Insbesondere China und Brasilien zeigen insgesamt eine deutliche Bewegung nach unten, während der türkische Index nach einem großen Einbruch etwa ab dem Frühjahr 2013 wieder ansteigt.

Über die sozialen und politischen Verhältnisse lassen sich keine Aussagen machen.

3. Bei dieser Aufgabe sollen zunächst mithilfe eines Preis-Mengen-Diagramms die Mechanismen von Wechselkursschwankungen erläutert werden. Auf dieser Grundlage sollen die Möglichkeiten dargestellt werden, wie Spekulanten von Veränderungen des Devisenkurses profitieren können. Auf Termingeschäfte und Wechselkursmanipulationen muss nicht eingegangen werden.

In einem **System mit flexiblen Wechselkursen** bildet sich der Preis (= Wechselkurs) aus Angebot und Nachfrage. Wird eine Währung stark nachgefragt, steigt der Kurs, im umgekehrten Fall sinkt er. Wechselkursschwankungen können ihre **Ursachen** beispielsweise in Inflationsraten, im Zinsniveau, in der Staatsverschuldung und in Zahlungsbilanzdefiziten bzw. -überschüssen der einzelnen Länder haben.

In einem Preis-Mengen-Diagramm ergeben sich Veränderungen des Wechselkurses durch Verschiebungen der Angebots- und/oder der Nachfragekurve.

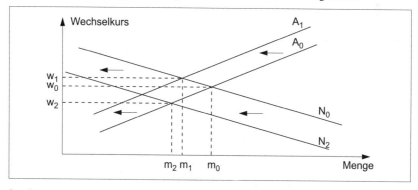

In dieser Darstellung führt eine Verknappung des Angebots zu einer Linksverschiebung der Angebotskurve von A_0 nach A_1 und einer **Aufwertung**, also Verteuerung, der Währung. Bei einem Nachfragerückgang, d. h. einer Linksverschiebung der Nachfragekurve von N_0 nach N_2, kommt es zu einer **Abwertung** der Währung. Möglich sind auch Verschiebungen von Angebots- und Nachfragekurve nach rechts mit entsprechenden Auswirkungen auf den Wechselkurs.

Für einen Finanzspekulanten gibt es **verschiedene Möglichkeiten**, von Wechselkursschwankungen zu profitieren. So kauft er, wenn er mit **steigenden Kursen** rechnet, beispielsweise türkische Lira. Steigt der Kurs, etwa durch eine Verknappung des Währungsangebots (s. o.), ist die Differenz $w_1 - w_0$ sein Gewinn.
Er kann auch von **fallenden Kursen profitieren**. Geht er davon aus, die türkische Lira sei überbewertet und es werde in Kürze zu einer Kurskorrektur kommen, verschuldet er sich in dieser Währung beispielsweise mit 150 000 Lira. Diese tauscht er dann in eine Währung um, von der er keine Kursschwankungen erwartet, beispielsweise den Euro. Bei einem Kurs von 3 Lira/€ erhält er also 50 000 €. Fällt die türkische Währung, erfolgen der Rücktausch und die Tilgung der Schulden. Im Beispiel: Die Lira fällt auf einen Kurs von 4 Lira/€, der Spekulant erhält also jetzt für seine 50 000 € 200 000 Lira. Es bleiben ihm, wenn er seinen Kredit in Höhe von 150 000 Lira zurückbezahlt, 50 000 Lira bzw. 12 500 € Gewinn.
Selbstverständlich kann der Spekulant, wenn die Kursentwicklung entgegen den Erwartungen verläuft, auch Verluste erleiden.

4. *Die Beurteilung bei der ersten Option dieser Aufgabe erfordert, den Vorschlag, Kapitalverkehrskontrollen in der Türkei einzuführen, auf dessen Angemessenheit hin zu überprüfen und zu einem begründeten Fazit zu kommen. Geeignete Quellen können zur Unterstützung der Argumentation herangezogen werden. Achten Sie in diesem Fall auf die Einhaltung der Zitierregeln.*

Beurteilung der Forderung nach Einführung einer Kapitalverkehrskontrolle
Zur **Stabilisierung** der türkischen Volkswirtschaft sollen **Kapitalverkehrskontrollen eingeführt** werden. So kann die Ein- und Ausfuhr von Kapital besteuert werden und Mengenbegrenzungen sowie Melde- und Genehmigungspflichten können eingeführt werden.
Die türkische Wirtschaft bzw. das Wirtschaftswachstum entwickelt sich rückläufig (vgl. M 1, M 4). Eine Folge davon ist der **Abzug von sogenanntem „Hot Money"** (M 6, Z. 17), also kurzfristigem Spekulationskapital, mit negativen Auswirkungen auf inländische Unternehmen und Verbraucher (vgl. M 8, Z. 45 f.). Aus diesem Grund ist es nachvollziehbar, dass die Regierung über geeignete Maßnahmen nachdenkt, diesen Missstand zu beenden.
Kapitalverkehrskontrollen können hier eine Möglichkeit sein. Durch die Begrenzung der Kapitalausfuhrmenge oder der Genehmigungspflicht von Kapitaltransfers ins Ausland kann ein schnelles Abfließen von Kapital verhindert werden.
Allerdings ist **fraglich, ob diese Maßnahme geeignet ist**, nachhaltig die Wirtschaft zu stabilisieren, denn es ist zu erwarten, dass Finanzinvestoren deshalb das Land meiden und Kapital in anderen Märkten anlegen. Das würde die Kapitalkosten nach oben treiben und so das **Wachstum behindern**. Hinzu kommt, dass die Türkei wegen ihrer negativen Außenhandelsbilanz (vgl. M 3) und der Staatsverschuldung (vgl. M 6, Z. 33) **dauernd auf neue Kapitalflüsse angewiesen ist**.
Andere Möglichkeiten, Einfluss auf die Finanzmärkte zu nehmen, sind beispielsweise eine **Veränderung des Leitzinses** oder **Interventionen auf den Devisen-**

märkten durch den An- und Verkauf von Währungen. Allerdings ist auch hier fraglich, ob solche Maßnahmen der türkischen Wirtschaft langfristig nutzen. Der Kurs einer Währung spiegelt die wirtschaftliche Leistungsfähigkeit eines Landes wider (vgl. M 8, Z. 49). Es ist zwar notwendig, den Einfluss „einiger gieriger Hedgefonds" (M 6, Z. 43) zu begrenzen; dies entbindet die Türkei aber nicht von der Aufgabe, **durch eine angepasste Wirtschaftspolitik die strukturellen Mängel zu beseitigen** und so für ein stetiges Wachstum und stabile Wechselkurse zu sorgen (vgl. M 8, Z. 54 ff.).

Um **künftige Erschütterungen des Weltfinanzsystems zu verhindern**, reicht es auch nicht aus, wenn einzelne Länder Maßnahmen beschließen – egal ob es sich um Zinserhöhungen oder Kapitalverkehrskontrollen handelt. Hier sind **alle Länder gefordert**, sich beispielsweise innerhalb der WTO oder unter der Federführung der G20 auf Regulierungsmaßnahmen zu verständigen.

Bei der zweiten Option der Aufgabe soll nach einer einführenden Definition von „Wettbewerbsfähigkeit" mithilfe geeigneter Materialien die Türkei analysiert und deren Wettbewerbsfähigkeit beurteilt werden. Wichtig ist hierbei, die für das Urteil relevanten Kriterien zu nennen.

Beurteilung der Wettbewerbsfähigkeit der Türkei
Unter Wettbewerbsfähigkeit versteht man die **Summe der Faktoren**, die das Produktivitätsniveau, das Wirtschaftswachstum und damit den **Lebensstandard eines Landes beeinflussen**. Hierzu zählen beispielsweise die Infrastruktur, makroökonomische Rahmenbedingungen, die Entwicklung des Finanzmarkts oder die Leistungsfähigkeit der Gütermärkte.

Möchte man die Wettbewerbsfähigkeit der Türkei beurteilen, ist es sinnvoll, sich an einer Volkswirtschaft mit einem **ähnlichen wirtschaftlichen Entwicklungsstand** zu orientieren, also einen Vergleich zur Leistungsfähigkeit anderer Schwellenländer und nicht zu hoch entwickelten Ländern wie Deutschland zu ziehen. Betrachtet man die Entwicklung des Wirtschaftswachstums (vgl. M 4) sowie den Devisen- und teilweise den Aktienkurs (vgl. M 1, M 2), kann man feststellen, dass die Türkei hier mit anderen Schwellenländern wie Brasilien vergleichbare Kennzahlen aufweist.

Allerdings müssen eine Reihe **fundamentaler Wirtschaftsdaten negativ bewertet** werden: das rückläufige Wirtschaftswachstum (vgl. M 4), der dauerhaft negative Leistungsbilanzsaldo (vgl. M 3), die Kursverluste der türkischen Lira (vgl. M 1), der Abfluss ausländischen Kapitals und eine hohe Staatsverschuldung (vgl. M 6, M 8). Hinzu kommen innenpolitische und regionale Konflikte (vgl. M 7), die sich in „politische[n] Turbulenzen und Massendemonstrationen" (M 6, Z. 1 f.) zeigen, sowie eine schwerfällige Bürokratie (vgl. M 7).

Dem gegenüber stehen, wie die SWOT-Analyse in M 7 zeigt, eine Reihe von **Stärken**: So ist die Türkei ein **großer, dynamischer Markt** mit einem hohen Anteil junger Menschen. Mit einer Bevölkerung von rund 80 Mio. Einwohnern (vgl. M 6, Z. 8) verfügt sie über einen großen Binnenmarkt. Geografisch liegt sie zwischen Europa, dem Nahen Osten und Zentralasien und nimmt hier eine

wichtige Schlüsselposition im ökonomischen aber auch im kulturellen Austausch zwischen den Wirtschaftsregionen ein. Zudem verfügt das Land über eine **gut entwickelte industrielle Basis**. Informationen über die Branchenstruktur oder wichtige Exportgüter lassen sich den Quellen nicht entnehmen.

Die Stärken können **Grundlage für einen nachhaltigen wirtschaftlichen Aufschwung** darstellen, wenn es gelingt, die Schwächen zu beseitigen. Für die Wettbewerbsfähigkeit ist die **Einbindung in den internationalen Handel von Bedeutung**. Daher ist das gegenwärtig gering ausgeprägte Interesse an einem EU-Beitritt (vgl. M 6, Z. 11 ff.) negativ zu sehen. Eine stärkere Zusammenarbeit kann helfen, gemeinsame Strategien zur Stabilisierung der Finanzmärkte zu entwickeln.

Zusammenfassend kann man sagen, dass die Türkei, die gegenwärtig wie die anderen Schwellenländer in einer Krise steckt, durchaus das Potenzial zu einem wirtschaftlichen Aufschwung und einer Verbesserung der Wettbewerbsfähigkeit hat.

Schriftliche Abiturprüfung Wirtschaft (Baden-Württemberg)
Übungsaufgabe 4: Wirtschaftliches Handeln im Sektor Ausland

Nach liberaler Wirtschaftsauffassung führt der internationale Handel zu einer Wohlstandsmehrung bei den beteiligten Volkswirtschaften. In der Realität zeigt sich aber, dass nicht alle Länder gleichermaßen von der Globalisierung profitieren. Kritiker werfen den Industrieländern vor, bei der Gestaltung des Globalisierungsprozesses die Interessen der Entwicklungsländer nicht ausreichend zu berücksichtigen.

Bei der Bearbeitung der folgenden Aufgaben sind geeignete Materialien in Abhängigkeit von der Aufgabenstellung einzubeziehen und zu belegen.

Aufgaben:

1. Erläutern Sie die Auswirkungen der Globalisierung.   20 VP

2. Überprüfen Sie die Aussage einer der Karikaturen:
   M 2
   oder
   M 3.   20 VP

3. Erstellen Sie eine Grafik, die das Zustandekommen des Schuldenkreislaufs der Globalisierung zeigt (vgl. M 4, Z. 41).

   oder

   Erörtern Sie, ob es sinnvoll ist, dass sich Kenia mit Handelsschranken vom Weltmarkt abkoppelt.   20 VP

       60 VP

M 1 Wohlstand, Entwicklung und Vermögensverteilung in den wichtigsten Industrie- und Schwellenländern 2010/11

	Wirtschafts-leistung in US-Dollar pro Kopf nach Kaufkraft	Index der menschlichen Entwicklung (Human Development Index, HDI)[1]	Ungleichheit der Vermögens-verteilung (Gini-Koeffizient)[2]	Bevölkerung in Millionen
INDONESIEN	4 700	0,62	0,34	238
ARGENTINIEN	17 500	0,80	0,51	41
MEXIKO	14 600	0,77	0,46	110
BRASILIEN	11 800	0,72	0,57	196
INDIEN	3 700	0,55	0,37	1 148
GROSSBRITANNIEN	36 100	0,86	0,36	61
TÜRKEI	14 500	0,70	0,44	75
JAPAN	34 700	0,90	0,25	127
DEUTSCHLAND	37 900	0,91	0,28	82
FRANKREICH	35 200	0,88	0,33	64
ITALIEN	30 500	0,87	0,36	60
SAUDI-ARABIEN	24 200	0,77	0,41	28
CHINA	8 400	0,69	0,47	1 330
SÜDKOREA	31 700	0,90	0,32	48
KANADA	40 500	0,91	0,33	33
AUSTRALIEN	40 200	0,93	0,35	21
USA	48 400	0,91	0,41	304
RUSSLAND	16 700	0,76	0,40	141
SÜDAFRIKA	11 000	0,62	0,58	49

[1] je höher, desto besser   [2] je höher, desto schlechter

Daten nach: CIA World Factbook 2012, HDR by UNDP 2012, Institut für Entwicklungsökonomie der Universität der Vereinten Nationen

M 2 Globalisierung in voller Fahrt

© Murschetz, Süddeutsche Zeitung

M 3 Das wird ihnen wieder auf die Beine helfen

© Gerhard Mester

M 4 Silvia Liebrich: Die Unersättlichen: Notstand im globalen Supermarkt

Global haben sich die Preise für Nahrungsmittel seit der Jahrtausendwende mehr als verdoppelt. [...] Es herrscht Notstand im globalen Supermarkt. Beispiel Kenia. Ein Land, das nach afrikanischen Maßstäben durchaus als relativ wohlhabend gilt. Noch in den achtziger Jahren bauten die Bauern [...] genug
5 an, um den heimischen Bedarf zu decken. Heute muss Kenia knapp zwei Millionen Tonnen Weizen, Reis und Mais pro Jahr [...] zukaufen, weil die heimischen Produzenten nicht genug liefern. [...]
Für diese Entwicklungen sind die Wohlstandsnationen mitverantwortlich. Die Globalisierung, die auch den Lebensmittelsektor fest im Griff hat, wirft lange
10 Schatten, vor allem in den Regionen der Erde, in denen es nicht viel zu verteilen gibt. Zugeben mag das in der westlichen Welt kaum jemand. Denn das käme einem Schuldgeständnis gleich. Industrieländer und Organisationen wie die Weltbank werden nicht müde, die Vorzüge der Globalisierung zu preisen.
Die einen sollen das produzieren, was die anderen brauchen. Getreide aus
15 Europa und Amerika im Tausch gegen Luxusgüter wie Kaffee, Kakao oder Tropenfrüchte aus Entwicklungsländern. Die weltweite Arbeitsteilung schaffe Synergieeffekte, senke die Kosten. Der Abbau von Handelsschranken erleichtere den Warenaustausch und schaffe Wohlstand, heißt es. Und wir haben uns längst daran gewöhnt [...].
20 Dass für den reich gedeckten Tisch hierzulande andernorts Wälder gerodet, Menschen von ihrem Land vertrieben, Böden und Grundwasser vergiftet und Arbeitskräfte mit Hungerlöhnen ausgebeutet werden, wollen wir lieber nicht so genau wissen. Doch es gibt sie, die Verlierer der Globalisierung, und die Reichen dieser Welt haben sie dazu gemacht. [...]
25 Zurück zum Beispiel Kenia: Während die Nahrungsmittelpreise für die Kenianer in den vergangenen Jahren stark stiegen, wuchsen die Löhne kaum mit. Dafür liefert das Land jetzt große Mengen Rosen in die ganze Welt. Herangezogen werden sie in riesigen Plantagen, mit Hilfe giftiger Pestizide und unter Arbeitsbedingungen, die manche Kritiker als moderne Sklaverei bezeichnen.
30 Doch wie ist es dazu gekommen? Vor 30 Jahren erzeugte Kenia noch genug Nahrungsmittel, dafür schob das Land einen Berg Schulden vor sich her. Der Internationale Währungsfonds und andere boten Kredite an, forderten dafür aber, dass das Land seine Agrarmärkte öffnet und Beihilfen für seine Bauern streicht. So kamen die Rosen ins Spiel. Große Plantagen sollten Kenia helfen,
35 seine Schulden bei internationalen Geldgebern abzutragen. Doch seit den achtziger Jahren ist Kenias Schuldenberg um das Dreifache gewachsen. Die Blumen haben Kenia die Globalisierung gebracht, aber nicht mehr Wohlstand. Dafür können wir nun im Supermarkt um die Ecke mitten im Winter ein Bündel Rosen ab drei Euro erstehen.
40 Beispiele wie diese gibt es unzählige, auch auf anderen Kontinenten. Viele Entwicklungsländer sind gefangen im Schuldenkreislauf der Globalisierung. Und die nächste Welle rollt bereits. Finanzinvestoren stürzen sich auf Agrarrohstoffe, schließen Wetten auf Mais, Weizen oder Zucker ab – und verschär-

fen so das Auf und Ab der Notierungen. In den Entwicklungsländern sichern
45 sich internationale Anleger billiges Ackerland. Auch dies geschieht mit freundlicher Unterstützung von IWF und Weltbank. […]
[D]ie Heilsversprechen der Globalisierung sind trügerisch. Es sind vor allem die reichen Länder, die profitieren. […] Wenn ein Kilo Bananen in einem deutschen Supermarkt 70 Cent kostet, zahlt irgendwo jemand drauf. Solche Preise
50 lassen sich nur erzielen, wenn etwa ein Plantagenbesitzer in Ecuador Niedriglöhne zahlt und keine Sozial- und Umweltstandards einhält.

In: Süddeutsche Zeitung, 28. 12. 2013

M 5 Afrika dominiert

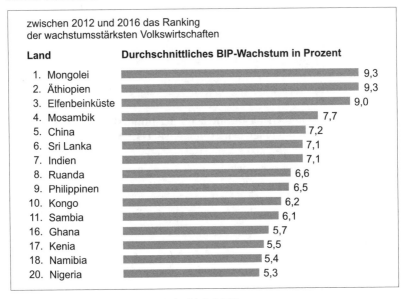

Daten nach: Fitch Ratings. Die Welt, 26. 3. 2015

M 6 Wirtschaftswachstum Kenia

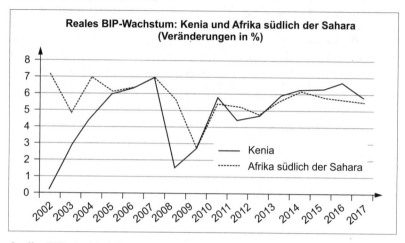

Quelle: IWF, Ausblick für die Weltwirtschaft, April 2013

M 7 Günter Nooke: Afrika-Beauftragter der Bundeskanzlerin kritisiert Freihandelsabkommen der EU mit Afrika (EPA)

Der Afrika-Beauftragte der Bundeskanzlerin, Günter Nooke (CDU), hat sich kritisch zu dem Freihandelsabkommen zwischen der EU und zahlreichen afrikanischen Ländern geäußert. [...]
„Wenn man viel Steuergeld mit verschiedenen Entwicklungsprogrammen nach Afrika bringt, dann sollte man nicht mit den Wirtschaftsverhandlungen kaputt machen, was man auf der anderen Seite als Entwicklungsministerium versucht aufzubauen."
Das Freihandelsabkommen legt fest, dass die afrikanischen Länder ihre Märkte bis zu 83 % für europäische Importe öffnen und hierbei schrittweise Zölle und Gebühren abschaffen müssen. Im Gegenzug wird ihnen weiterhin zollfreier Zugang zum europäischen Markt gewährt. Weil viele afrikanische Regierungen das Abkommen in den vergangenen Jahren nicht unterzeichnen wollten, hat die EU zum 01. Oktober 2014 Einfuhrzölle auf mehrere Produkte aus Afrika verhängt. Nach Recherchen [...] hat das bereits zu Entlassungen z. B. in Kenia geführt. Ein Keniabohnen-Exporteur in Nairobi sagte: „Wir werden unsere Ware nicht mehr los, durch den EU-Zoll ist sie zu teuer. Wir mussten 20 Leute entlassen, andere Exporteure haben das Gleiche getan. Das ist Erpressung. Die EU übt Druck auf uns aus, damit unsere Regierung das Freihandelsabkommen unterschreibt."
Tatsächlich haben die ostafrikanischen Länder, darunter Kenia, kurz nach Inkrafttreten der EU-Zölle das Abkommen unterschrieben.

Der zuständige UN-Wirtschaftsexperte für Ostafrika, Andrew Mold, sieht durch das Abkommen die afrikanische Wirtschaft langfristig bedroht. „Die afrikanischen Länder können mit einer Wirtschaft wie der deutschen nicht kon-
25 kurrieren. Das führt dazu, dass durch den Freihandel und die EU-Importe bestehende Industrien gefährdet werden und zukünftige Industrien gar nicht erst entstehen, weil sie dem Wettbewerb mit der EU ausgesetzt sind." […]

www.swr.de/report/ruecksichtsloses-abkommen-wie-die-eu-ihre-wirtschaftlichen-interessen-gegenueber-afrika-durchsetzt/04/-/id=233454/did=14245872/ mpdid=14467964/nid=233454/16m8q4s/index.html, 04. 11. 2014

M 8 Nando Sommerfeldt, Holger Zschäpitz: Die nächste Werkbank der Welt

Ein Jahr nach dem Ausbruch der Ebola-Epidemie scheint die Region südlich der Sahara das Problem in den Griff zu bekommen und neue Kraft zu sammeln, um die Bühne der Weltwirtschaft zu betreten. Nach Jahrzehnten des Chaos', der Kriege, der Armut und der Misswirtschaft gibt es erstmals berech-
5 tigte Hoffnung, dass sich Schwarzafrika zu einer ökonomischen Erfolgsgeschichte entwickeln könnte. Damit würde auch der letzte weiße Fleck auf der Weltkarte der Globalisierung verschwinden.

Anders als es die westliche Welt durch die täglichen Nachrichten vermittelt bekommt, ist das Subsahara nicht nur ein Hort von Seuchen wie Ebola, Terror
10 wie im Norden Nigerias oder Hungerkatastrophen wie im Südsudan. Natürlich existieren diese dramatischen Probleme – doch ein zweiter Blick auf die Subsahara-Region offenbart auch ihr Potenzial.

Unter den 20 wachstumsstärksten Ländern der Welt der vergangenen fünf Jahre finden sich nicht weniger als zehn afrikanische Staaten. Sie wachsen
15 zwar von einem niedrigen Grundniveau aus, aber für die kommenden Jahre prophezeien alle wichtigen öffentlichen und privaten Institutionen wie Weltbank oder Ratingagenturen eine Fortsetzung des Trends. Sie verweisen darauf, dass die meisten Afrikaner inzwischen in demokratischen Verhältnissen leben. „Afrika befindet sich heute an dem Punkt, an dem Asien vor etwa zehn Jahren
20 stand", sagt Mark Mobius, Chefstratege der Investmentgesellschaft Templeton. Könnte die Region also schon bald einer der Motoren der globalen Wirtschaft sein? Für dieses Szenario spricht: In der westlichen Welt sind mit hohen Pro-Kopf-Einkommen und Demografieproblemen keine großen Wachstumssprünge mehr möglich. Auch Asien kann nicht auf ewig die Konjunkturlokomotive
25 sein – mit zunehmender wirtschaftlicher Reife sind die Zeiten hoher Zuwachsraten vorbei. Schon heute zeigt sich das in China: Statt zweistellige Steigerungen des Bruttoinlandsproduktes anzustreben, ist die Regierung schon mit sieben Prozent zufrieden. In zehn Jahren wird das Niveau noch einmal deutlich niedriger sein. Dann könnte Afrika den Stab von Asien übernehmen.
30 Dabei steht nicht länger nur der Rohstoffreichtum im Fokus, der die wirtschaftliche Entwicklung bisher stark beeinflusste. Denkbar ist auch, dass der Kontinent China oder andere asiatische oder auch lateinamerikanische Staaten als wichtigsten Produktionsstandort ablöst. Das würde in die Wirtschaftsge-

schichte passen: Seit Beginn der industriellen Revolution zog die Fertigung stets weiter in Länder, die Kostenvorteile aufgrund niedriger Löhne und ein großes Reservoir an Arbeitskräften hatten.

George Friedmann, Chef der US-Denkfabrik Stratfor, traut einigen Ländern am ehesten zu, sich als Werkbank der Welt zu etablieren und zu globalen Wachstumschampions aufzusteigen. Darunter sind afrikanische Staaten wie Tansania, Uganda, Kenia oder Äthiopien. So liegt beispielsweise der durchschnittliche Monatslohn für einen gering qualifizierten äthiopischen Fabrikarbeiter laut Weltbank-Zahlen bei 25 Prozent dessen, was eine vergleichbare Arbeitskraft in China bekommt. [...]

Wenn Afrika heute mehr Chancen hat als je zuvor, liegt das auch an der digitalen Revolution: Sie begünstigt Länder und Regionen, die praktisch bei null starten. Dank Technologien wie dem mobilen Internet und elektronischem Banking braucht niemand mehr Hunderte Kilometer an Kabeln zu verlegen oder ein Netz von Bankfilialen aufzubauen. Mehr noch: Eine schwache Infrastruktur kann im digitalen Zeitalter gar zur Stärke werden. Wo kein dichtes Banken- oder Telefonnetz existiert, fehlen Beharrungskräfte, die Innovationen im Wege stehen. Das mobile Bezahlsystem M-Pesa konnte in Kenia nur entstehen und sich über ganz Afrika ausbreiten, weil es dort an Geldautomaten und generell an Banken mangelte. In Deutschland etwa steckt das mobile Bezahlen dagegen noch immer im Anfangsstadium fest. [...]

In: Die Welt, 26. 03. 2015

Lösungsvorschlag

1. *Bei dieser Aufgabe sollen Sie die Materialien auswählen, mit denen die Auswirkungen der Globalisierung anschaulich erklärt werden. Die verwendeten Materialien sind kurz zu charakterisieren.*

   In ihrem Artikel „Die Unersättlichen", der am 28. 12. 2013 in der Süddeutschen Zeitung erschienen ist (M 4), befasst sich Silvia Liebrich mit den **Auswirkungen der Globalisierung**. Globalisierung und internationale Arbeitsteilung sollen mehr Wohlstand schaffen (vgl. M 4, Z. 17 f.). Allerdings gebe es auf allen Kontinenten viele Beispiele für Länder, die zu den Verlierern der Globalisierung zu zählen seien (vgl. M 4, Z. 23 f., Z. 40). In M 1 ist zu erkennen, wie groß die Unterschiede bei Wohlstand, Entwicklung und Vermögensverteilung zwischen den einzelnen Ländern sind. Viele Länder stecken laut Liebrich in einem **Schuldenkreislauf** fest (vgl. M 4, Z. 40 f.), wofür die reichen Länder mitverantwortlich seien (vgl. M 4, Z. 8 ff., Z. 23 f.; M 7, Z. 15 ff.).
   Wie Nando Sommerfeldt und Holger Zschäpitz in ihrem am 26. 3. 2015 in der „Welt" erschienenen Artikel „Die nächste Werkbank der Welt" darstellen, führe die zunehmende wirtschaftliche Verflechtung jedoch ebenfalls dazu, dass auch periphere Regionen wie Afrika Wachstumssprünge vollziehen und zunehmend **Wohlstandsgewinne** verzeichnen (vgl. M 8, Z. 13 f., Z. 40 ff.).
   Die Karikaturen (M 2, M 3) weisen wiederum pointiert darauf hin, dass Industrie- und Entwicklungsländer unterschiedlich von der Globalisierung profitieren. Und die Entwicklung scheint weiterzugehen, wenn Finanzinvestoren billiges Ackerland in den Entwicklungsländern kaufen und agrarische Rohstoffe zum Spekulationsobjekt werden (vgl. M 4, Z. 42 ff.).
   Die **ökonomischen Auswirkungen** der Globalisierung sind eng mit den **sozialen** und **ökologischen** Folgen verbunden. So haben sich die Nahrungsmittelpreise stark erhöht (vgl. M 4, Z. 1 f.); Niedriglöhne und fehlende Sozial- und Umweltstandards sind eher die Regel als die Ausnahme (vgl. M 4, Z. 49 ff.).

2. *Der Operator „überprüfen" aus dem Anforderungsbereich III schließt die Operatoren der Bereiche I und II mit ein. Das bedeutet, dass die Karikaturen zunächst beschrieben und erläutert werden müssen. Idealerweise formulieren Sie deren Aussage prägnant und messen diese an konkreten Sachverhalten und innerer Stimmigkeit. Die weiteren Materialien können verwendet werden.*
   Auch wenn Sie nur eine der Karikaturen analysieren müssen, bietet der Lösungsvorschlag Ihnen hier zu Übungszwecken beide Varianten an.

   Karikatur M 2
   Die in der Süddeutschen Zeitung erschienene Karikatur von Murschetz zeigt ein großes Containerschiff mit der Bezeichnung „WTO", welches an drei einfachen Booten, von denen eines mit „Afrika" beschrieben ist, vorüberfährt. Die in den Booten sitzenden Personen bieten dem Containerschiff Früchte und Fische an. Eine Reaktion von diesem ist nicht erkennbar. Menschen sind auf dem Fracht-

schiff nicht zu sehen. In der Karikatur kommt eine **kritische Haltung zur WTO** zum Ausdruck: Die Welthandelsorganisation vertrete einseitig die Interessen der entwickelten Industriestaaten, die durch das Containerschiff symbolisiert werden. Das Anliegen der Entwicklungsländer, die **Liberalisierung der Agrarmärkte**, bleibe unberücksichtigt. Zudem hätten die Entwicklungsländer **keine Möglichkeit, den Kurs der WTO zu beeinflussen**.
Die WTO ist eine internationale Organisation mit 161 Mitgliedstaaten, deren Ziele die **Liberalisierung** des Welthandels, der **Abbau von Handelshemmnissen** und die **Schlichtung von Handelsstreitigkeiten** ist. In der Tat wird der Welthandel gegenwärtig von den Industrieländern dominiert. Ein Großteil des Welthandels wird zwischen den **Triaderegionen** EU, Nordamerika und Südostasien abgewickelt. Und während sich die Industrieländer für den Abbau von Handelshemmnissen einsetzen, bleibt der Agrarsektor immer noch weitgehend vom freien Handel ausgenommen. So können, wie in der Karikatur angedeutet, afrikanische Bauern kaum mit den landwirtschaftlichen Produkten der **hochsubventionierten europäischen oder nordamerikanischen Landwirte** konkurrieren. Auch werden immer mehr **Handelsabkommen außerhalb der WTO** geschlossen, wie beispielsweise das geplante Freihandelsabkommen (TTIP) zwischen der EU und den USA. Hier bleiben die anderen Länder von Vorteilen ausgeschlossen.
Auch wenn die Industriestaaten in der WTO in der Minderzahl sind und jedes Land das gleiche Stimm- sowie ein Vetorecht hat, haben die **Industrieländer de facto die größere Verhandlungsmacht**. Die nötige Einstimmigkeit bei Abstimmungen führt dazu, dass sich die WTO-Verhandlungsrunden immer mehr in die Länge ziehen und oftmals mit Kompromissen enden, die die **Situation der Entwicklungsländer nicht verbessern** (vgl. M 4). Hinzu kommt, dass die WTO für **Zollunionen und Freihandelszonen Sonderregelungen** festgelegt hat. Hier gilt das Prinzip der Nichtdiskriminierung nicht. So müssen z. B. Vorteile, die EU-Länder im Binnenmarkt genießen, anderen WTO-Mitgliedern nicht gewährt werden.
Allerdings profitieren die Entwicklungsländer auch von der WTO. Für sie gibt es z. B. **Sonderregelungen und Unterstützung durch das WTO-Sekretariat**. Der Umstand, dass rund zwei Drittel der WTO-Mitglieder Entwicklungsländer sind, kann auch genutzt werden, um gemeinsame Interessen zu formulieren und den Druck auf die Industrieländer zu erhöhen. Durch die Abstimmungsmodalitäten ist außerdem **kein Land gezwungen, gegen seinen Willen einer nachteiligen Regelung zuzustimmen** oder Handelshemmnisse abzubauen. Zudem: Gäbe es die WTO nicht, müssten die Staaten, die Güter in die Industrieländer exportieren wollen, die Verhandlungen einzeln führen und sähen sich hier vermutlich noch größeren Ungleichgewichten ausgesetzt.
Im Grundsatz kann der Kernaussage der Karikatur zugestimmt werden. Auch wenn einzelne positive Aspekte der WTO ausgeblendet werden, ist es gegenwärtig so, dass eine zu große Anzahl von Ländern nicht ausreichend vom globalen Handels- und Wirtschaftsregime profitiert.

Karikatur M 3

Die Karikatur in M 3 von Gerhard Mester zeigt einen ärmlich gekleideten Farbigen, der am Boden sitzt und ein T-Shirt mit der Aufschrift „3. Welt" trägt. Ein weißer, gut genährter Mann mit Anzug und einem G8-Button am Revers reicht ihm mit den Worten „Das wird ihnen wieder auf die Beine helfen" eine Flasche mit der Aufschrift „Globalisierung". Weitere Flaschen finden sich am Boden. Offensichtlich hat deren Inhalt die Situation des Mannes bisher nicht verbessert. Es drängt sich die Assoziation eines alkoholkranken Obdachlosen auf. Kurzfristig mag ihm der Inhalt der Flaschen Linderung verschaffen, die Situation verbessert sich dadurch aber nicht. Im Gegenteil: Es **droht eine Abhängigkeit, gleichzeitig verringert sich die Chance, dem Elend zu entfliehen.** Der Anzugträger weiß zwar um die negativen Auswirkungen, gibt dem „Abhängigen" aber Nachschub.

Nach Meinung des Karikaturisten **profitieren nur die Industrieländer von der Globalisierung**, während die sogenannte Dritte Welt zu den Verlierern zählt. Die entwickelten Länder unternähmen keine wirkungsvollen Anstrengungen, um die Situation der Entwicklungsländer zu verbessern. Sie wollten vielmehr in der **weiteren Liberalisierung des Welthandels** den Status quo zementieren.

Dass es Gewinner und Verlierer der Globalisierung gibt, leugnen mittlerweile nicht einmal mehr Globalisierungsbefürworter. Wie in M 1 erkennbar, gibt es nach wie vor sehr große Unterschiede, was den Wohlstand, die Entwicklung und die Vermögensverteilung anbelangt.

Es gibt viele Beispiele von Ländern wie Kenia (vgl. M 4), deren **wirtschaftliche Situation sich in den letzten Jahrzehnten sogar verschlechtert** hat. Und auch wenn es mit der WTO und dem IWF internationale Organisationen gibt, in denen die Entwicklungsländer Sitz und Stimme haben, dominieren hier de facto die Industrieländer. So wird dem IWF vorgehalten, Kreditvergaben an Auflagen geknüpft zu haben, die die Situation der betroffenen Länder verschlechterten. Diese Strukturanpassungsprogramme, die nach den Leitlinien des **Washingtoner Konsenses** umgesetzt wurden, konnten weder die lateinamerikanische Schuldenkrise in den 1980er-Jahren noch die Asienkrise 1997/98 nachhaltig lösen.

Andererseits gibt es auch Länder, die **von einer zunehmenden wirtschaftlichen Liberalisierung und Verflechtung profitiert** haben, wie die osteuropäischen Transformationsländer. Auch gibt es Bemühungen der Entwicklungsländer, dem Einfluss der Industrieländer etwas entgegenzusetzen. So gibt es **verschiedene Freihandelsabkommen**, in denen die Interessen der weniger entwickelten Länder verwirklicht werden sollen. Zudem bemühen sich die Entwicklungsländer in der WTO, ihre Interessen gegenüber den Industrieländern deutlich zu machen und einer Lösung, von der sie nicht profitieren, nicht zuzustimmen – ein Grund weshalb sich die aktuelle Verhandlungsrunde (Doha-Runde) bereits seit mehr als zehn Jahren hinzieht. Und schließlich gibt es seitens der entwickelten Länder eine Reihe von Maßnahmen, die darauf abzielen, die Situation der Dritten Welt zu verbessern, wie die **UN-Millenniumsziele**.

Die Karikatur spricht das Ungleichgewicht zwischen den Industrie- und Entwicklungsländern an, weist aber nicht auf die durchaus vorhandenen positiven Aspekte der Globalisierung für alle Regionen der Welt hin (vgl. M 8).

3. *Grafik: Die Aufgabenstellung schreibt keinen bestimmten Grafiktyp vor. Um der Komplexität des Schuldenkreislaufs gerecht zu werden, bietet sich hier aber v. a. ein Fließschema, besser noch ein Wirkungsgefüge, an. Achten Sie bei der Erstellung auf eine klare Strukturierung und eine kausale Verknüpfung der Ursachen und Folgen. Vollständigkeit wird nicht erwartet.*

Grafik zum Zustandekommen des Schuldenkreislaufs der Globalisierung

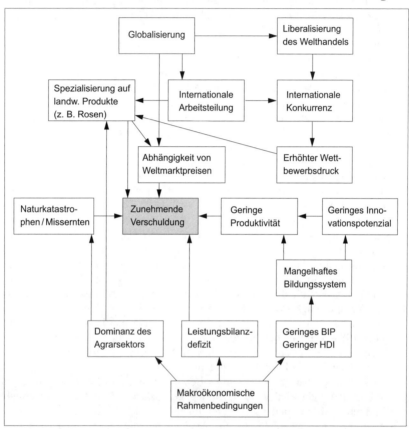

Erörterung: Wägen Sie anhand des Fallbeispiels Kenia ab, ob die Abkehr vom Freihandel und die Einführung protektionistischer Maßnahmen helfen, die Situation des afrikanischen Landes zu verbessern. Gehen Sie dabei auch kurz auf tarifäre und nicht tarifäre Handelshemmnisse ein.

Erörterung: Abkopplung Kenias vom Weltmarkt durch Handelsschranken
In Kenia hat die Globalisierung eine Reihe von negativen Folgen (vgl. M 4, Z. 25 f., Z. 37). Daher ist es naheliegend zu fordern, sich von den Weltmärkten abzukoppeln, um eine unbeeinflusste Entwicklung zu nehmen. Dazu können ver-

schiedene **tarifäre und nicht tarifäre Handelshemmnisse** eingesetzt werden. Bei tarifären Handelshemmnissen handelt es sich um Zölle, bei nicht tarifären etwa um Ein- und Ausfuhrverbote sowie Quoten und Beschränkungen.
Sich vom Weltmarkt abzukoppeln hätte zunächst den Vorteil, dass sich die kenianische **Wirtschaft ohne den Druck des Weltmarkts entwickeln** könnte und Unternehmer und Landwirte nicht mit der technologisch und finanziell besser ausgestatteten Konkurrenz in Wettbewerb treten müssten. Insbesondere wenn die technischen oder finanziellen Möglichkeiten sehr unterschiedlich sind, wie im Vergleich von Entwicklungs- und Industriestaaten der Fall, besteht beim Freihandel die Gefahr, dass die Nachteile für ein Entwicklungsland größer sind als die Vorteile. So können Handelsschranken für die (Wieder-)Herstellung eines **fairen Wettbewerbs** sorgen. In vielen Fällen haben sich ausländische Unternehmen dank ihrer finanziellen Möglichkeiten und/oder ihres technischen Vorsprungs Märkte oder Zugang zu Rohstoffen gesichert und inländische Betriebe verdrängt (vgl. M 7, Z. 25 ff.). Dieses sogenannte **Infant-Industry-Argument** wird auch, wenn es temporär gedacht ist, von den Anhängern einer liberalen Außenhandelspolitik akzeptiert.
Allerdings sind mit einer Abschottung vom Weltmarkt große Risiken bzw. Nachteile verbunden. Zum einen, wie schon Adam Smith und David Ricardo im 18. Jahrhundert festgestellt haben, können Länder von einer **internationalen Arbeitsteilung profitieren**. Viele Beispiele belegen, dass eine Marktöffnung zum **Wohlstandsgewinn** in den beteiligten Staaten führen kann. Freihandel vergrößert die Absatzmärkte, fördert mit Innovationen den Wettbewerb, bringt Know-how ins Land und erhöht die Wahrscheinlichkeit eines friedfertigen Konfliktaustrags. Die Wachstumsraten Kenias (vgl. M 5, M 6) liegen weit über den Zuwächsen in den Industrieländern. Technische und demografische Entwicklungen führen in Zukunft dazu, dass insbesondere **Afrika von der globalen wirtschaftlichen Entwicklung profitieren** wird (vgl. M 8). Würde Kenia sich durch die Einführung von Handelshemmnissen isolieren, würde sein Wirtschaftswachstum künftig wohl nicht mehr über der Wachstumsrate der anderen Länder Afrikas südlich der Sahara (vgl. M 6) liegen.
Zum anderen ist bei einer Abschottung davon auszugehen, dass die anderen **Handelspartner ihrerseits Handelsbeschränkungen einführen** (vgl. M 7, Z. 11 ff.). Fällt dann der Hauptabsatzmarkt weg, hat dies negative Folgen für die Zahlungsbilanz des Landes. Im Falle Kenias könnte etwa der Absatz von Rosen einbrechen. Auch ist mit einer Verschlechterung der Lebensqualität zu rechnen, da eine ganze Reihe von industriellen Gütern nicht in Kenia produziert und stattdessen eingeführt wird.
Vor diesem Hintergrund scheint eine Abkopplung vom Weltmarkt **keine erfolgversprechende Strategie** zu sein. Kurz- bis mittelfristig werden wohl die Nachteile überwiegen. Sinnvoller scheint es beispielsweise, mit anderen Entwicklungsländern etwa in der WTO auf eine faire Ausgestaltung des Welthandels zu drängen. Auch der Auf- und Ausbau einer Wirtschaftsunion nach europäischem Vorbild könnte helfen, die Verhandlungsposition gegenüber den Industrieländern zu stärken.

Schriftliche Abiturprüfung Wirtschaft (Baden-Württemberg)
Übungsaufgabe 5: Wirtschaftliches Handeln im Sektor Unternehmen

Mit dem Begriff Industrie 4.0 wird die zunehmende Vernetzung im Produktionsprozess zwischen Menschen, Maschinen und Produkten über das Internet verstanden. Die zunehmende Digitalisierung der Wirtschaft wird nach Expertenmeinung die industrielle Produktion in den nächsten Jahren grundlegend verändern. Damit soll auch ein tief greifender Wandel der Berufs- und Arbeitswelt verbunden sein.

Bei der Bearbeitung der folgenden Aufgaben sind geeignete Materialien in Abhängigkeit von der Aufgabenstellung einzubeziehen und zu belegen.

Aufgaben:

1. Beschreiben Sie, was man unter Industrie 4.0 versteht.   10 VP

2. Erläutern Sie die mit der Industrie 4.0 verbundenen Veränderungen für die privaten Haushalte.   14 VP

3. Stellen Sie dar, welche Auswirkungen sich durch die Industrie 4.0 für das Personalwesen in Unternehmen ergeben.   18 VP

4. Erörtern Sie, inwieweit die digitale Revolution zu einer nachhaltigen Wirtschaft führt (vgl. M 2, Z. 26).   <u>18 VP</u>
   60 VP

M 1 Von der Dampfmaschine zur Industrie 4.0

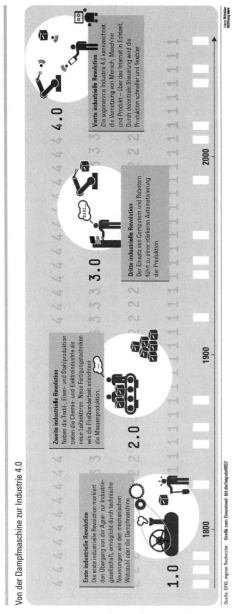

Hirsch-Kreinsen, Hartmut; Niehaus, Jonathan; Ittermann, Peter: Böckler Impuls 14/2015

M 2 Horst Wildemann: Deutschlands digitale Chance – Wider die Mär von den untergehenden Industrien in Zeiten des Internets

Seit geraumer Zeit gilt die Gleichung: Digitalisierung bedeutet Disruption, der vollständige Umbruch bewährter Industrien im Zeichen vernetzten Wirtschaftens. Bezeichnenderweise wird der Abgesang auf vermeintlich unbewegliche Traditionsfirmen besonders gern von Spitzenmanagern ebendieser Unternehmen aus der Automobilindustrie oder dem Maschinenbau angestimmt. Vergangene Woche gesellte sich zu diesem Chor auch Telekom-Chef Timotheus Höttges. Doch was ist wirklich dran an der sogenannten disruptiven Innovation, die plötzlich dafür sorgen soll, dass die stete Verbesserung „alter Techniken" nicht mehr ausreicht, um an der Weltspitze zu bleiben? Antwort: Für die meisten Unternehmen und Branchen wird es diesen großen Umsturz nicht geben. Die Digitalisierung kann im Gegenteil dazu beitragen, die Stärken der deutschen Wirtschaft – Individualisierung, Service und Modularisierung – mit dem größten Problem der Fertigung überhaupt, der nachhaltigen Produktion, zu versöhnen.

Wer heute Internet sagt, denkt zuvorderst als Konsument, er lässt sich über Nacht von Amazon beliefern, ist Teil einer großen Gemeinschaft (Facebook) und Fragender vor dem Orakel Google. Daraus erwachsen Global Player, die monopolartig diese Märkte beherrschen. Doch so muss es nicht für das Gros der deutschen Industrie laufen. Und es sieht auch nicht danach aus. Die Digitalisierung ist längst der größte Treiber unserer Wirtschaft. Nichts geht mehr ohne die intelligente Vernetzung sonst dummer Dinge. Was aber haben wir davon? Logistiker mögen sich daran berauschen, den Weg jedes Bauteils haarklein nachverfolgen und sofort einbauen zu können, was wiederum den Controller freut. Der eigentliche Gewinn aber steckt in der Analyse an sich banaler Einzeldaten, die eine Heerschar sensorbestückter Objekte über den Globus spannt. Sie schaffen eine schlankere, nachhaltigere Wirtschaft. Das Öl unserer Zeit sind tatsächlich die Daten, und zwar zunehmend die der Produktion und der Logistik. Die Kunst besteht nun darin, durch kluge Fragen Muster zu erkennen. Ein gutes Beispiel liefert der Straßenverkehr. Ein Laster rollt im Schnitt 18 Stunden über Autobahnen und Landstraßen. Wer die Sensoren all dieser Fahrzeuge anzapft und vernetzt, verwandelt sie in Tausende rollender Wetterstationen. Aufgrund ihrer Messdaten ließen sich minutengenaue Klimabilder und Vorhersagen im Bereich von 100 Metern erstellen. Das wäre höchst interessant für Bauern, die den optimalen Zeitpunkt der Ernte bestimmen könnten. Im Digital Farming kommen heute schon Maschinen immer dort zum Einsatz, wo sich die Ernte wirklich lohnt. Das ist effizient und ressourcenschonend. Genau darum geht es bei Industrie 4.0 – genau jene Traditionen der Optimierung fortzuführen, die Europa auszeichnen. Natürlich hat das Auswirkungen auf die Arbeitsplätze. Gerade ziehen Industrieroboter mit Fühlfingern, also quasi mit Sinnesorganen, in die Fabriken ein. Sie können die Güte eines Werkstücks umgehend prüfen, und man kann diese Roboter aus ihrem Käfig entlassen und zum direkten Partner in der Fertigung machen, womit die deutsche Industrie schlagartig wettbewerbsfähig wird mit ganz Osteuropa – und sogar mit China. Die Rechnung ist einfach: Ein Roboter arbeitet mit einem Arbeiter zusammen, der, sagen wir, 40 Euro die Stunde verdient. Der Blechkollege schlägt mit gerade acht Euro pro Stunde zu Buche, zusammen arbeiten die beiden also für im Schnitt 24 Euro.

Die gewonnene Zeit müssen wir in eine nochmals effizientere Logistik und Fertigung investieren, aber auch in ein Nachdenken darüber, Fair Play auch sicherzustellen. Dieses Fair Play brauchen wir innerhalb der Industrien. Digitalisierung verändert die Wertschöpfungsketten, es steigen die Erpressungspotenziale. So wächst die Abhängigkeit der Zulieferindustrie gegenüber Systemanbietern rapide, da sie sich beständig in bestimmte Schnittstellen einklinken müssen. Industrie 4.0 verlangt ein Miteinander, Fair Play eben, das nicht von wenigen globalen Giganten bestimmt werden darf. [...]

Wildemann, Horst: DIE ZEIT Nr. 2/2016
http://www.zeit.de/2016/02/digitalisierung-chance-industrie-entwicklung

M 3 Interview mit Philipp Jennings, Generalsekretär des Internationalen Gewerkschaftsverbundes

WirtschaftsWoche: Herr Jennings, das Weltwirtschaftsforum hat vor dem Jahrestreffen in Davos eine Studie veröffentlicht, wonach die digitale Revolution schon in den nächsten Jahren sieben Millionen Jobs in Industrieländern vernichten wird. Ist das nicht etwas Panikmache oder geht Ihnen als Gewerkschaft wirklich die Zielgruppe verloren?

Philipp Jennings: Ich denke, dass die Zahl realistisch ist. Das ist ein Weckruf. Wir müssen aus der digitalen Revolution endlich Konsequenzen für den Arbeitsmarkt ziehen. Die Zahlen sind sehr substanziell.

Was meinen Sie denn mit Weckruf? Die Digitalisierung lässt sich ja nicht einfach stoppen, nur weil Sie schreien.

Aber wir nehmen das Szenario schon zum Anlass, nun auf allen Ebenen Lärm zu schlage[n]. Der Wandel, der da auf uns zukommt, wird dramatisch. Es droht die Kannibalisierung von Jobs und Jobinhalten. Es gibt da viel zu tun.

Naja. Bisher hat jeder technische Fortschritt für mehr statt weniger Arbeit gesorgt.

Das stimmt. Es gibt Leute, die das auch dieses Mal annehmen, dass es eine Art Digi-Doppel gibt: Also mehr und bessere Jobs durch Technik. Wir glauben aber, diesmal ist es anders.

Anders muss nicht schlechter sein.

Es werden neue Jobs entstehen, natürlich. Aber nicht in der Zahl und Art wie die, die wegfallen. Darauf müssen wir schauen. Leute, die nicht arbeiten, konsumieren auch nicht. Der Ökonom Josef Stiglitz nennt es die große Seuche der Weltwirtschaft, dass Nachfrage wegbricht. Ich habe heute Morgen einen Konzernchef gesprochen, der sagt: Ich habe keinen Markt mehr, weil keine Nachfrage da ist.

Eigentlich nicht das Problem von Politik.
Letzte Woche haben wir in Paris als Gewerkschaften im OECD-Kreis mit Organisationen, Unternehmern und Arbeitsministern zusammengesessen und die Herausforderung diskutiert. Wir waren uns einig: Es ist ein Sturm, der auf unser Arbeitsmodell zukommt. Was ist der politische Rahmen dafür? Was heißt es für Gesellschaften? Arbeit ist zentral für Menschen, die Qualität der Arbeit ist zentral. [...]
Wie könnte eine politische Antwort [...] aussehen?
Wir wollen wissen: Wo und wie entstehen Jobs und sind es qualitativ hochwertige Jobs. Es gibt eine Tendenz zum Lohn-Prekariat in Tech-Jobs. Das wollen wir nicht. Ich sehe eine neue Bereitschaft, sich damit auseinanderzusetzen. Die zweite Frage ist, wie kriegen wir Leute dazu, sich weiterzubilden. Wir brauchen da aber ein ganz anderes Niveau als bei bisheriger Weiterbildung. Die OECD-Minister sagen, dass 50 Prozent der westlichen Arbeitnehmer jetzt schon von IT überfordert sind. Das geht nicht.
Das klingt vor allem erstmal danach, als wollten sie [Geld] der öffentlichen Hand [...] dafür.
Wir haben auch ein Verteilungsproblem. Wir müssen die digitale Revolution so gestalten, dass nicht nur wenige profitieren. Stephen Hawking sagt, wenn nur Kapitalbesitzer gewinnen, dann wird die Welt schlechter. Also müssen wir Steuerpolitik, Einkommensverteilung, Arbeitsmarktpolitik gestalten. Die Nadellas und Zuckerbergs dieser Welt reden da nicht gerne drüber, deswegen sollten wir das tun. [...]
Führen Sie nicht die falsche Debatte. Müsste man nicht eher Bezahlung sichern, nicht klassische Jobs?
Klassische Jobs sind doch nicht altmodisch. Leute sagen: Wir beenden das Zeitalter der Vollbeschäftigung. Das ist doch Quatsch. Wenn digitale Wirtschaft heißt, dass du morgens nicht weißt, wo du nachmittags arbeitest oder morgen Deinen Kaffee bezahlst, ist das sicher keine Zukunft. Es gibt diese Tendenz bei den Firmen, die sich nur als Plattformen sehen und Arbeitsbedingungen verschlechtern. Aber diese Gig-Wirtschaft ist keine Lösung.[...]

Jennings, Philipp; Prange, Sven: Wirtschaftswoche vom 21.01.2016
http://www.wiwo.de/politik/konjunktur/philipp-jennings-auf-unser-arbeitsmodell-kommt-ein-sturm-zu/12860222-all.html

M 4 Dienstleistungen werden wichtiger

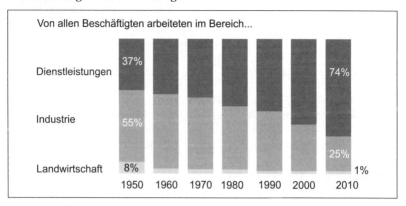

Daten nach: Ergebnisse der Erwerbstätigenrechnung im Rahmen der Volkswirtschaftlichen Gesamtrechnungen (VGR). Statistisches Bundesamt, Wiesbaden.

M 5 Die Roboter kommen – mit welcher Wahrscheinlichkeit Berufe automatisiert werden

Beruf	Wahrscheinlichkeit der Automatisierung
Kassierer im Einzelhandel	98 %
Kaufmännischer Angestellter	96 %
Metzger	96 %
Empfangspersonal	96 %
Postangestellter	95 %
Bauer	87 %
Lagerist	85 %
Elektromonteur	81 %
Lastwagenfahrer	79 %
Bauarbeiter	71 %
Hausmeister	66 %
Frisör	11 %
Erzieher	8 %
Informatiker	4 %
Anwalt	4 %

Beruf	Wahrscheinlichkeit der Automatisierung
Arzt	2 %
Architekt	2 %
Krankenschwester	1 %

Daten nach: Carl Benedikt Frey/Michael A. Osborne: The Future of Employment. How susceptible are Jobs to Computerisation? University of Oxford, September 17, 2013.
Bundesamt für Statistik (BFS): Schweizer Berufsnomenklatur 2000

M 6 Karikatur: Automatisierung

Tomaschoff/toonpool.com

Lösungsvorschlag

1. *Ausgehend von geeigneten Materialien sollen Sie zusammenhängend und schlüssig wiedergeben, was unter Industrie 4.0 zu verstehen ist.*

Industrie 4.0 bezeichnet den **aktuellen Entwicklungsstand** im industriellen Produktionsprozess. Der industrielle Sektor geht im Zuge des als Tertiärisierung bezeichneten Strukturwandels zurück (vgl. M 4) und ist gleichzeitig einem tief greifenden Wandlungsprozess unterworfen. Eine besondere Rolle spielt hier das Internet. Es **vernetzt in Echtzeit „Mensch, Maschine und Produkt"** (M 1). Durch die Digitalisierung lassen sich eine Vielzahl unterschiedlicher Daten gewinnen. In seinem Artikel über die **Chancen der Digitalisierung für Deutschland**, der 2016 in der „ZEIT" erschienen ist, geht Wildemann darauf ein, dass nicht nur die Produktion verbessert wird, sondern auch die Wirtschaft insgesamt optimiert wird (vgl. M 2, Z. 23 ff.) und so ein gesellschaftlicher Mehrwert geschaffen wird.

Mit dem Ausdruck „4.0", der an die Versionen-Bezeichnung einer Software erinnert, wird die sogenannte **vierte industrielle Revolution** beschrieben. Die erste industrielle Revolution stellt der durch Technisierung und Mechanisierung hervorgerufene Wandel von der Agrar- zur Industriegesellschaft dar. Um die Wende zum 19. Jahrhundert folgte mit der Einführung der **Fließbandarbeit**, die die **Massenproduktion** erleichterte, der nächste Entwicklungsschritt. Die zunehmende **Automatisierung** durch die Einführung von Computern und Robotern wird als dritte industrielle Revolution bezeichnet (vgl. M 1). Sie beginnt mit den 1950er-Jahren. Der nächste Schritt, die Version 4.0, umfasst nun die „Vernetzung sonst dummer Dinge" (M 2, Z. 21). Durch das Internet „wird die Produktion schneller und flexibler" (vgl. M 1).

2. *Der Operator „erläutern" verlangt die Nennung von Beispielen. Diese können sowohl den Materialien entnommen werden als auch eigenen Kenntnissen entstammen. Beachten Sie, dass die privaten Haushalte sowohl als Konsumenten als auch als Arbeitnehmer betrachtet werden müssen.*

Das Internet und die Digitalisierung bieten **vor allem den Verbrauchern** auf den ersten Blick **viele Vorteile** (vgl. M 2, Z 15 f.). Sie können sich über Produkte informieren, Angebote vergleichen, rund um die Uhr einkaufen und über die sozialen Netzwerke Erfahrungen austauschen. Durch die Analyse der Daten, z. B. über das Such- und Kaufverhalten im Internet, bieten Unternehmen dem Kunden individualisierte und (vermeintlich) passgenaue Angebote an. Sogar Autos, die miteinander kommunizieren und Staus verhindern, sind keine reine Fantasie mehr, und wenn Landwirte über immer genauere Wetterdaten verfügen, können sie auch immer optimalere Dünge- und Pestizidmengen ausbringen (vgl. M 2, Z. 33 ff.). Das alles führt dazu, dass **Ressourcen effizienter und damit nachhaltiger eingesetzt werden** können (vgl. M 2, Z. 36 f.). Produkte sind damit nicht nur individueller auf den Verbraucher zugeschnitten, sondern oftmals auch günstiger. Die zunehmende Technisierung kann aber **auch zu Nachteilen** für die **Kunden füh-**

ren. Wie in der Karikatur (vgl. M 6) dargestellt, ersetzen Computer Service-Mitarbeiter. Automaten sind gegenwärtig nicht mehr wegzudenken, egal ob beim Fahrkartenkauf oder bei der Erledigung von Bankgeschäften. Einzelhandelsgeschäfte erproben zunehmend Kassen, bei denen der Kunde seine Ware selbst einscannt und bezahlt. Dies kann beispielsweise bei älteren Kunden, die nicht computer-affin sind, oder bei Käufern, die einen speziellen Beratungsbedarf haben, zu Problemen führen. Auch lassen sich technische Schwierigkeiten nicht ausschließen. Und nicht zu Unrecht wird darauf hingewiesen, dass der Kunde damit Personal ersetzt und dem Unternehmen hilft, Kosten einzusparen.

Aus Sicht der **Arbeitnehmer** kann die zunehmende Vernetzung **Erleichterungen** und Entlastungen bedeuten. Zudem werden im IT-Bereich neue Arbeitsplätze geschaffen. Auch für Existenzgründer bietet sich hier ein breites Beschäftigungsfeld. Kritiker verweisen aber auf die mit der **Digitalisierung verbundenen Veränderung der Arbeitswelt**: Im Interview der WirtschaftsWoche mit Philipp Jennings wird die Angst davor thematisiert, dass viele Jobs wegfallen (vgl. M 3, Z 3 f.). Laut Angaben der University of Oxford ist es wahrscheinlich, dass Arbeitskräfte in einzelnen Branchen fast vollständig durch Computer ersetzt werden (vgl. M 5). Zwar entstünden auch neue Jobs, diese ersetzten jedoch diejenigen, die wegfallen, weder quantitativ noch qualitativ (vgl. M 3, Z. 20 ff.) Hinzu komme, dass mit der zunehmenden Digitalisierung immer mehr Arbeitnehmer im Beruf überfordert seien (vgl. M 3, Z. 40). Der Druck auf die Arbeitnehmer erhöht sich. Wer sich den technischen Neuerungen verschließt und sich nicht permanent fort- und weiterbildet, läuft Gefahr, den Anschluss zu verlieren. Gerade Berufseinsteiger müssen entsprechende Qualifikationen vorweisen. Wer keine informationstechnischen Grundkenntnisse besitzt, wird sich auf dem Arbeitsmarkt zunehmend schwertun.

3. *Für die zentralen Bereiche des Personalwesens, v. a. für die Personalbeschaffung und die Personalführung, sollen die mit der Industrie 4.0 einhergehenden Auswirkungen beschrieben werden. Stützen Sie Ihre Darstellung mit geeigneten Belegen aus den Materialien.*

Das Personalwesen ist ein **wesentlicher Bereich in einem Unternehmen**. Es befasst sich mit allen mitarbeiterbezogenen Angelegenheiten, die für den Leistungsprozess notwendig sind. Hierzu zählen: Beschaffung, Einsatz, Verwaltung, Führung, Beurteilung und Entwicklung des Personals. Veränderungen in der Berufs- und Arbeitswelt werden hier besonders deutlich. Das zeigt sich schon beim **Bewerbungsverfahren**: Bewerbungsunterlagen werden online eingereicht, Auswahlverfahren laufen über das Internet, für viele Tätigkeitsfelder sind **IT-Kenntnisse notwendig** (vgl. M 3, Z. 36 ff.). Auch in klassischen Handwerksberufen ist der sichere Umgang mit Computern heutzutage eine Selbstverständlichkeit. Entsprechend muss bei der **Personalbeschaffung** darauf geachtet werden, dass die nötigen Kenntnisse vorhanden sind. In der Regel geben Schulzeugnisse wenig Auskunft über tatsächlich vorhandene Fertigkeiten. Daher muss beim Bewerbungsgespräch und den etwaigen Auswahlverfahren geprüft werden, ob die Bewerber über die notwendigen informationstechnischen Kenntnisse verfügen.

Bei der **Suche nach geeignetem Personal** müssen Unternehmen ihrerseits die neuen Medien nutzen. Vielfach reicht eine klassische Zeitungsanzeige nicht mehr, um qualifizierte Kandidaten zu finden. Unternehmen müssen im **Internet und in den sozialen Netzwerken präsent sein**. Für gut und hoch qualifizierte Bewerber müssen attraktive Bedingungen geboten werden, da auf dem Arbeitsmarkt bei Fachkräften die Nachfrage oft das Angebot übersteigt. Dies kann sowohl die Entlohnung als auch die Arbeitsbedingungen betreffen. Letzteres spielt bei Berufseinsteigern eine immer größere Rolle. Die sogenannte Work-Life-Balance, bei der versucht wird, Arbeits- und Privatleben in Einklang zu bringen, gewinnt grundsätzlich an Bedeutung. Durch die zunehmende Vernetzung werden außerdem Arbeitsplätze zu Hause und Home-office-Tage in manchen Branchen immer beliebter und nachgefragt. In sehr technik-affinen und digitalen Berufen spielen zudem Fragen der gebotenen Ausstattung eine Rolle. Die Bewerber interessieren sich zunehmend dafür, mit welchen Programmen sie arbeiten sollen und welche Hardware Ihnen zur Verfügung gestellt wird. Ist ein Unternehmen in diesem Punkt veraltet, wird es schwierig. So bekommen diejenigen Unternehmen die fähigsten Kräfte, die das überzeugendste Angebot liefern.

Beim **Personaleinsatz** muss darauf geachtet werden, dass die Mitarbeiter entsprechend ihrer Qualifikation eingesetzt werden. Wichtig ist auch eine betriebsinterne **Fort- und Weiterbildung** (vgl. M 3, Z. 37 f.). Gerade im IT-Bereich verläuft der technische Fortschritt sehr rasch. Wer sich hier nicht ständig weiterbildet, hat schnell den Anschluss an die aktuellen Entwicklungen verloren.

Bei der **Personalführung** spielt der Begriff der **Lean Production** eine große Rolle. Hierunter wird nicht nur eine schlanke Produktion, sondern auch flache Hierarchien verstanden. Arbeit in Teams mit gleichberechtigten Mitarbeitern, die ihre Arbeitsabläufe selbstständig organisieren, werden Modellen vorgezogen, bei denen ein Vorgesetzter die einzelnen Arbeitsschritte delegiert und sich mit seinen Untergebenen nicht austauscht. Bei der Industrie 4.0 kommt es durch einen höheren Grad an Vernetzung zu mehr Transparenz, was dem Gedanken der Lean Production entspricht.

Ein weiterer Punkt ist, dass die typische Erwerbsbiografie des vorangegangenen Jahrhunderts, bei der ein Arbeitnehmer mehr oder weniger sein ganzes Berufsleben bei einem Arbeitgeber verbringt, heute eher die Ausnahme ist. Arbeitnehmer bleiben für einige Jahre, teilweise sogar nur für bestimmte Projekte, bei einem Arbeitgeber und orientieren sich dann wieder neu, um weitere Erfahrungen zu sammeln. Auf der einen Seite ist die zunehmende Vernetzung und Transparenz hier für Arbeitnehmer und Arbeitgeber hilfreich, da im Idealfall eine schnellere Einarbeitung durch z. B. betriebsinterne Wikis möglich ist. Auf der anderen Seite erleichtern die vielen Online-Angebote aber auch die Möglichkeiten der Arbeitnehmer sich umzuorientieren, und eine hohe Fluktuation ist aus Unternehmersicht nicht wünschenswert. Immer neues Personal zu rekrutieren und einzuarbeiten, ist zeit- und kostenaufwendig. Zudem besteht die Gefahr, dass ehemalige Mitarbeiter ihre Kenntnisse bei Mitbewerbern einbringen. Daher sind die Arbeitsbedingungen so zu gestalten, dass eine hohe Mitarbeiterzufriedenheit entsteht und die Arbeitnehmer dem Unternehmen möglichst lange treu bleiben.

4. *Der Operator „erörtern" verlangt, Pro- und Kontra-Argumente gegenüberzustellen und ein begründetes Urteil zu fällen. Achten Sie auf eine stringente und schlüssige Argumentation.*

Horst Wildemann vertritt in M 2 die These, die digitale Revolution würde zu einer **nachhaltigeren Wirtschaft** führen. Er nennt als **Beispiel den Straßenverkehr**, bei dem vernetzte Kraftfahrzeuge Daten sammeln und beispielsweise der Landwirtschaft zur Verfügung stellen (vgl. M 2, Z 29 ff.), damit diese über Klima- und Wetterdaten den Einsatz ihrer Maschinen optimieren. Das „Digital Farming" (M 2, Z. 35) sei sehr „effizient und ressourcenschonend" (M 2, Z. 36 f.). Weitere Beispiele lassen sich anführen: Intelligente Netzwerke können Strom effizient nutzen. Gerade bei erneuerbaren Energiequellen wird die Energie sehr unregelmäßig zur Verfügung gestellt. Gibt es z. B. viel Wind, liefern die Windräder viel Strom, unabhängig davon, ob dieser gerade gebraucht wird. Hier könnte die Vernetzung helfen: Speisen Wind- oder Sonnenkraftwerke Energie ins System ein, werden Abnehmer zugeschaltet. Der Wäschetrockner geht in Betrieb oder das Elektroauto wird geladen. Überlegungen gehen sogar so weit, dass Elektroautos als Puffer eingesetzt werden. Bei einem Überschuss werden die Batterien geladen, fehlt der Wind und/oder die Sonne, speisen die Batterien ihren Strom ins Netz ein. Ein weiteres Beispiel ist das sogenannte Smart Home („intelligentes Haus"), in dem technische Geräte vernetzt sind. So schaltet sich beispielsweise das Licht nur in den Räumen ein, wo sich Personen aufhalten, oder es wird nur geheizt, wenn tatsächlich Bewohner anwesend sind. Im Produktionsprozess kann die Vernetzung helfen, die **Just-in-Time-** bzw. **Just-in-Sequenze-Produktion** zu optimieren. Wenn jedes Teil „weiß", wo es ist bzw. hinmuss, können Lager- und Transportkosten gesenkt werden (vgl. M 2. Z. 22 ff.).

Auf der anderen Seite kann aber gerade die **zunehmende Vernetzung auch zu einem höheren Ressourcenverbrauch führen**. Im Zusammenhang mit der Globalisierung und der internationalen Arbeitsteilung werden Güter dort produziert, wo es am günstigsten ist. Lassen sich einzelne Produktionsschritte über das Internet besser koordinieren, werden möglicherweise die globalen Produktionsnetzwerke ausgeweitet, was zu einem höheren Transportaufwand führen kann.

Außerdem umfasst **Nachhaltigkeit** neben der ökonomischen und der ökologischen auch die **soziale Dimension**. Durch die Digitalisierung können zahlreiche Arbeitsplätze wegfallen (vgl. M 3, Z. 3, M 5). Bewahrheiten sich Prognosen, wird beispielsweise die Kassiererin im Supermarkt verschwinden (vgl. M 5).

Werden die Möglichkeiten, die die Digitalisierung bietet, konsequent genutzt, kann die Volkswirtschaft meines Erachtens **insgesamt profitieren**. In der Vergangenheit gab es immer Einschnitte und Veränderungen (z. B. Strukturwandel in der Kohle- und Stahlindustrie), in deren Folge einzelne Branchen und deren Beschäftigte unter Druck gerieten. Insgesamt nahm das BIP in Deutschland aber zu und es wurden neue Arbeitsplätze geschaffen. Zudem konnte in der Vergangenheit durch eine effiziente Ressourcennutzung ein Wirtschaftswachstum erzielt werden, ohne dass der Energieverbrauch entsprechend gestiegen ist. Die Digitalisierung bietet die Chancen, in dieser Richtung weitere Fortschritte zu erzielen.

Schriftliche Abiturprüfung Wirtschaft (Baden-Württemberg) 2012
Aufgabe I: Wirtschaftliches Handeln im Sektor Unternehmen

Aufgaben:

1. Arbeiten Sie aus M 1 heraus, wie der Autor die Marktentwicklung für Discounter sieht. — 8 VP

2. Unternehmen verwenden bei der strategischen Marketingplanung ihrer Produkte verschiedene Analysemethoden. Beschreiben Sie die Portfolio-Analyse. — 8 VP

3. Analysieren Sie anhand von M 2 – M 4 den Markt für Biolebensmittel. — 12 VP

4. Gestalten Sie ausgehend von M 1 eine Marketingstrategie für einen Discounter mit dem Ziel, Marktanteile zu steigern. — 12 VP

5. Erläutern Sie, wie der Karikaturist in M 5 die Strategie der Discounter in Bezug auf Biolebensmittel sieht. — 8 VP

6. Unternehmen sollen auch ökologische und soziale Verantwortung übernehmen.
Bewerten Sie, ob Unternehmen dieser Forderung gerecht werden. — 12 VP

60 VP

M 1 Klaus Wieking: Einzelhandel – Krieg der Discounter

Aldi, Lidl und die anderen Billigheimer stehen gehörig unter Druck. Etwa Schlecker: Kürzlich verkündete das Drogerie-Imperium aus Ehingen einen radikalen Wandel seiner Geschäftspolitik. Viele Jahre hatte Gründer Anton Schlecker auf ungehemmte Expansion, Mini-Läden, rigides Kostenmanagement und Dumpinglöhne gesetzt. Inzwischen gilt Schlecker als renditeschwacher Sanierungsfall mit miserablem Ruf, der weit hinter Konkurrenten wie dm oder Rossmann zurückgefallen ist. [...]
Jahrzehntelang zeigte die Erfolgskurve der Discounter nur himmelwärts. Nach und nach eroberten sie auf Kosten von Rewe, Edeka und anderen den Markt. Inzwischen werden rund 45 Prozent der Flächen im Lebensmitteleinzelhandel von Discountern betrieben. Ihr Rezept war so einfach wie wirkungsvoll: schlichtes Ladenambiente, begrenztes Sortiment aus eigenen Marken, knallhartes Kostencontrolling und ebensolche Preise. Deutschland wurde zum einig Discountland, inzwischen überzieht ein Netz aus knapp 16 000 Billigläden die Republik (Stand: 1. 1. 2010).
Mit ihrer aggressiven Expansionspolitik sind die Billigläden inzwischen aber an ihre Grenzen gestoßen. In den ersten zehn Monaten dieses Jahres, so der aktuelle Konsumklimaindex des Marktforschungsinstituts GfK, legten die Discounter umsatzmäßig um 0,8 Prozent zu – das ist nicht einmal die Hälfte des

Wachstums von Vollsortimentern à la Rewe. Vor allem Aldis Bilanz fällt sparsam aus. Für das ablaufende Jahr prognostizieren die Konsumforscher Aldi Marktanteilsverluste. Schon 2009 verlor der Branchenprimus, der mit 43 Milliarden Euro Umsatz immer noch so viel verdiente wie alle anderen Discounter zusammen, laut GfK-Rechnung ein Prozentpunkt Marktanteil – Alarmstufe Rot für König Aldi, zumal der verhasste Kronprinz Lidl zulegen konnte.
Die Schwäche der Billigketten resultiert nicht nur aus der Endlichkeit ihres Geschäftsmodells, sondern auch aus dem Wiedererstarken der Vollsortimenter. Vor allem Edeka und Rewe setzen ihnen mit einer Doppelstrategie zu. Auf der einen Seite spielen sie verstärkt ihre natürlichen Vorteile wie Frische, Vielfalt und Service aus. Gleichzeitig setzen sie die Waffen ihrer Gegner ein, bauen das eigene Billigsortiment aus und produzieren selbst preiswerte Handelsmarken. [...] Da den Discountern Wachstum auf Kosten anderer Vertriebsformen vorerst verwehrt bleibt, fallen sie übereinander her. „Der Wettbewerb unter den Discountern ist viel härter geworden", analysiert der GfK-Forscher Wolfgang Twardawa. Um seinen Nimbus, immer der Billigste zu sein, zu verteidigen, senkte Aldi fortlaufend die Preise und zog das ganze Segment nach unten. Nach dem Discounter Plus, der in der zur Edeka gehörenden Marke Netto aufging, könnte Penny das nächste Opfer des gnadenlosen Konkurrenzkampfes sein. [...] Um sich vom Wettbewerb abzugrenzen, müssten die Billigheimer in neue Sortimente, Kommunikationsformen und Vertriebswege, etwa ins Internet, investieren, erklärt der Berater Markus Eicher von der PR-Agentur wbpr, die Lidl zu ihren Kunden zählt. Es seien „Qualitätsbotschaften auf allen Ebenen" gefragt, so Eicher weiter.

In: Süddeutsche Zeitung vom 28. 10. 2010

M 2 Umsätze im Einzelhandel (Index 2000 = 100)

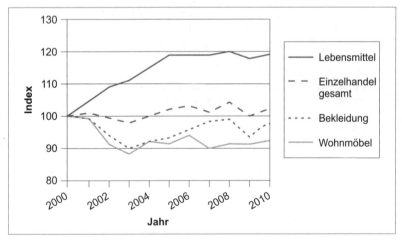

Nach: Destatis 2011

M 3 Bevorzugte Einkaufsorte für Bio-Lebensmittel (in %)*
Basis: Käufer von Bio-Lebensmitteln

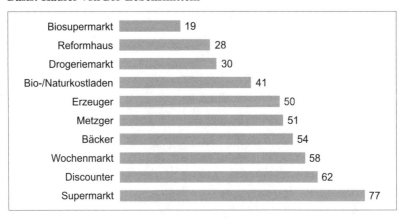

* Mehrfachnennungen möglich

Nach: Pleon Ökobarometer 2008

M 4 Faktoren des Umsatzwachstums von Bio-Lebensmitteln
(Veränderungen in Prozent gegenüber dem Vorjahr)

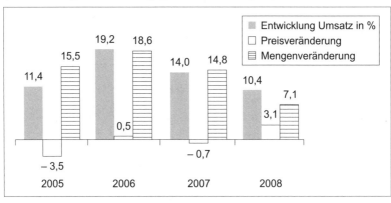

Nach: Universität Kassel und Agromilagro 2009

M 5 Karikatur von Burkhard Fritsche

© Burkhard Fritsche. In: Sonntag Aktuell vom 10. 01. 2010

Lösungsvorschlag

1. *Der Operator „herausarbeiten" verlangt bei dieser Aufgabe, dass Sie aus dem Text Informationen entnehmen, anhand derer der Autor die Marktentwicklung für Discounter aufzeigt. Achten Sie bei der Beantwortung der Aufgabe auf die Einhaltung der formalen Kriterien (Zitierregeln).*

Klaus Wieking beschreibt in seinem Artikel „Einzelhandel – Krieg der Discounter", der am 28. 10. 2010 in der Süddeutschen Zeitung erschienen ist, die Marktentwicklung für Discounter.
Der Autor schreibt, dass **Discounter** wie Aldi, Lidl und Schlecker nach jahrzehntelangem Erfolg (vgl. Z. 8) „gehörig unter Druck" (Z. 1) stünden. Erfolgreich seien sie mit einer „aggressiven Expansionspolitik" (Z. 16) gewesen. So hätten sie ein Filialnetz von knapp 16 000 Geschäften (vgl. Z. 14) errichtet und verfügten damit über „rund 45 Prozent der Flächen im Lebensmitteleinzelhandel" (Z. 10). Der **Wettbewerb** mit **Vollsortimentern** wie Rewe und Edeka, die eine „Doppelstrategie" (Z. 28) verfolgten, indem sie neben ihren bisherigen Vorteilen auch ein eigenes Billigsortiment anböten und ausbauten (vgl. Z. 28 ff.), werde verstärkt. Eben-

falls sei der Wettbewerb unter den Discountern selbst viel härter geworden (vgl. Z. 32 f.). So sei die **Wachstumsrate** beim Umsatz der Discounter inzwischen sehr gering (vgl. Z. 17 ff.). Discounter wie Plus verschwänden vom Markt und gingen in anderen Discountern auf (vgl. Z. 36 ff.). Der Autor zitiert den Berater Markus Eicher, der neue **Marketingstrategien** für die Discounter vorschlägt: Sie sollten „in neue Sortimente, Kommunikationsformen und Vertriebswege […] investieren" (Z. 39 ff.).

2. *Bei dieser Aufgabenstellung sollen Sie aus eigenen Kenntnissen wesentliche Informationen der Portfolio-Analyse zusammenhängend und schlüssig wiedergeben. Dabei sollten Sie die Koordinaten und Felder der Matrix darlegen, um daraus Schlüsse für den Produktgruppen-Mix ziehen zu können. Zur Unterstützung Ihrer Beschreibung können Sie auch eine Skizze der Matrix anfertigen. Eine Darstellung mit Bildern ist nicht erforderlich.*

Die **Portfolio-Analyse** ist ein Instrument, das Unternehmen für ihre **strategische Marketingplanung** verwenden können und um zu erkennen, ob sie mit ihren Produkten zukunftsfähig sind. Es liefert Informationen über die Wettbewerbssituation eines Produkts oder eines Produktgruppen-Mixes. Chancen und Risiken, Kosten und Gewinnpotenzial können hier veranschaulicht werden.

Dazu wird eine Matrix in vier Felder gegliedert. Die horizontale Achse kennzeichnet den prozentualen **Marktanteil** der Produkte bzw. Produktgruppen, die vertikale Achse zeigt das **Marktwachstum**. Die Achsen werden in die Intensitätsgrade „niedrig" und „hoch" unterteilt.

Im Feld mit einem niedrigen Marktanteil, aber einem hohen Marktwachstum befinden sich die Nachwuchsprodukte mit einem **Fragezeichen**, englisch „**question mark**". Anfangs verursachen sie hohe Kosten und erwirtschaften bei einem geringen Marktanteil noch keinen oder nur einen geringen Gewinn. Da Wachstumschancen bestehen, sollten diese Produkte beobachtet und gefördert werden, damit ihr Marktanteil erhöht werden kann. Ist die Marktsituation aussichtslos, sollte das Produkt zurückgezogen werden.

Das Feld der **Sterne**, englisch „**stars**", ist durch einen hohen Marktanteil und ein hohes Marktwachstum gekennzeichnet. Dort befinden sich Zukunftsprodukte. In diesem Bereich sollten hohe Investitionen getätigt werden, damit der Marktanteil gehalten oder weiter ausgebaut werden kann, um das Unternehmenswachstum zu sichern.

Sog. **Milchkühe**, englisch „**cash cows**", sind durch Produkte gekennzeichnet, die einen großen Marktanteil besitzen, aber deren Marktwachstum stagniert. Die Unternehmen können hier einen verlässlichen Gewinn kalkulieren und sollten deshalb versuchen, den Marktanteil zu halten und die Ertragsquellen zu „melken".

Das vierte Feld beinhaltet die **armen Hunde**, englisch „**poor dogs**". Diese Produkte befinden sich am Ende des **Produktlebenszyklus** und haben nur noch einen geringen Marktanteil sowie niedrige Wachstumsraten. Die Unternehmen sollten diese Produkte unauffällig vom Markt nehmen.

Unternehmen sollten mithilfe der Portfolio-Matrix überprüfen, ob die Felder gleichmäßig besetzt sind. Dadurch können sie erkennen, ob sie in der Lage sind, Wachstum zu generieren, und ob ein **Risikoausgleich** besteht. Wenn dies nicht der Fall ist, müssen Unternehmen reagieren, da sie sonst gefährdet sind.

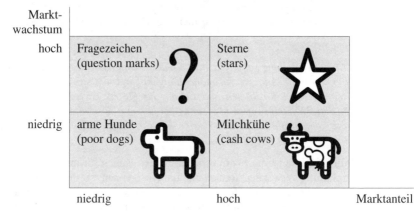

3. *Sie sollen bei dieser Aufgabe die Schaubilder M 2–M 4 systematisch und gezielt untersuchen. Die Materialien sollen alle formal vorgestellt werden. Achten Sie darauf, welche Zahlen (Index, Prozent) jeweils verwendet werden. Denken Sie bei Ihren Ausführungen auch an den Unterschied zwischen „Prozent" und „Prozentpunkten". Die Ergebnisse Ihrer Analyse sollen auf den Markt für Biolebensmittel bezogen werden.*

In M 2 wird in einem Kurvendiagramm nach Daten von Destatis aus dem Jahr 2011 die Entwicklung der Umsätze im Einzelhandel mit Index-Zahlen in den Jahren 2000 bis 2010 dargestellt. Basisjahr ist 2000. Gegliedert ist das Schaubild in „Lebensmittel", „Einzelhandel gesamt", „Bekleidung" und „Wohnmöbel". Auffällig ist, dass der Umsatz bei den Lebensmitteln im Gegensatz zu den anderen Bereichen vom Jahr 2000 bis 2005 kontinuierlich auf einen Index-Wert von knapp 120 steigt und bis zum Jahr 2010 ungefähr auf diesem Niveau bleibt. Aus dem Schaubild kann allerdings nicht herausgelesen werden, welchen **Anteil die Biolebensmittel an der Steigerung** haben. Die Umsatzkurve im Einzelhandel verläuft knapp oberhalb des Index-Wertes 100, außer zwischen den Jahren 2002 und 2004, wo sie knapp darunter verläuft. Bei der Bekleidung fällt die Umsatzkurve bis zum Minimalwert 90 im Jahr 2003. Sie steigt bis zum Jahr 2008 auf den Index-Wert von knapp 100 und schwankt bis 2010 unterhalb dieses Wertes. Der größte Rückgang beim Umsatz ist bei den Wohnmöbeln zu erkennen. Im Jahr 2003 wird der Minimalwert mit einem Index-Wert von knapp unter 90 erreicht. Anschließend verläuft die Kurve leicht schwankend oberhalb von 90.

Im Schaubild in M 3 werden in einem Balkendiagramm die zehn bevorzugten Einkaufsorte für Biolebensmittel aufgeführt. Als Basis dienen die Käufer von Biolebensmitteln und die Angaben werden prozentual gemacht. Mehrfachnennungen waren möglich. Das Schaubild wurde nach den Daten von Pleon Ökobarometer aus dem Jahr 2008 erstellt. Auffällig ist, dass die Käufer von Biolebensmitteln **am wenigsten den Biosupermarkt bevorzugen**, der genannte Wert liegt bei 19 %. Ebenfalls wird der Bio-/Naturkostladen, der sich auch in der Produktpalette auf Bio-Waren spezialisiert hat, nur mit 41 % aufgeführt. Dazwischen liegen das Reformhaus mit 28 % und der Drogeriemarkt mit 30 %. Der **Supermarkt** ist mit 77 % der **am häufigsten besuchte Einkaufsort**, direkt gefolgt von den Discountern mit 62 %. Im Mittelfeld der bevorzugten Einkaufsorte liegen die Erzeuger (50 %), die Metzger (51 %), die Bäcker (54 %) und die Wochenmärkte (58 %).

Das letzte Schaubild in M 4 zeigt in einem Säulendiagramm die Faktoren des Umsatzwachstums von Biolebensmitteln, wobei es sich bei den Angaben um Veränderungen in Prozent gegenüber dem Vorjahr handelt. Als Quelle dienten die Universität Kassel und Agromilagro mit Daten von 2009. Der Zeitraum umfasst die Jahre 2005 bis 2008. Pro Jahr werden Daten in jeweils einer Säule für die Umsatzentwicklung, die Preisveränderung und die Mengenveränderung angegeben. Es ist zu erkennen, dass in allen vier Jahren der Umsatz von Biolebensmitteln steigt. Der Höhepunkt liegt im Jahr 2006 mit + 19,2 % gegenüber dem Vorjahr. Vergleicht man das Umsatzwachstum im Jahr 2008 hiermit, so sinkt dieses um 8,8 Prozentpunkte und stellt in diesem Schaubild den niedrigsten Wert zum Umsatzwachstum dar. Aus der Mengenveränderung lässt sich schließen, dass das Umsatzwachstum hauptsächlich durch die **Steigerung der verkauften Menge** von Biolebensmitteln zu begründen ist. Der Höhepunkt der Mengenveränderung ist ebenfalls im Jahr 2006 zu verzeichnen, bei 18,6 %. Die geringste Mengenveränderung zum Vorjahr gibt es im Jahr 2008 mit 7,1 %. Während in den Jahren 2005 und 2007 ein Preisrückgang mit 3,5 % bzw. 0,7 % gegenüber dem Vorjahr zu verzeichnen und im Jahr 2006 nur ein minimaler **Preisanstieg** um 0,5 % zu erkennen ist – diese Veränderungen **sorgen für die große Mengenveränderung** –, führt die Preissteigerung im Jahr 2008 um 3,1 % gegenüber dem Vorjahr zu einem geringeren Mengenanstieg der verkauften Biolebensmittel.

Wenn man die Ergebnisse der drei Schaubilder M 2–M 4 zusammenfassend betrachtet, ist festzustellen, dass trotz **stagnierender Entwicklung** seit dem Jahr 2005 im gesamten Lebensmittelbereich die Biolebensmittel ihren Anteil beim **Umsatz** und ihre **Menge steigern** konnten. Da die Supermärkte und die Discounter die bevorzugten Einkaufsorte sind, werden sie am meisten von der positiven Entwicklung der Biolebensmittel **profitiert** haben.

4. *Diese Aufgabe verlangt von Ihnen, eine Marketingstrategie auf der Grundlage der Informationen aus M 1 zu entwickeln. Sie können aber auch Informationen aus M 2–M 4 heranziehen. Die Strategie soll für einen Discounter gestaltet werden. Das Ziel besteht darin, Marktanteile hinzuzugewinnen.*

Als **Unternehmensziel** für einen Discounter wird die Steigerung der **Marktanteile** festgelegt. Die **Marketingstrategie** soll ein langfristig konzipiertes Vorgehen zur Erreichung dieses Zieles liefern. Dazu erfolgt eine Analyse, wie das Unternehmen gegenüber der Konkurrenz und den Kunden aufgestellt ist.

M 1 verdeutlicht, dass die Discounter untereinander und mit den Vollsortimentern in einem harten Konkurrenzkampf stehen. Das **Umsatzwachstum** ist sehr stark zurückgegangen. Die Vollsortimenter haben eine Doppelstrategie entwickelt, die unter anderem den Ausbau des Billigsortiments beinhaltet, mit dem die Discounter bisher erfolgreich waren. Als Folge ergibt sich ein verändertes **Kundenverhalten**. Über die Rückgewinnung von Marktanteilen kann auch das Umsatzwachstum gesteigert werden.

Der **Marketing-Mix** bietet mit den Bereichen der **Preispolitik, Produktpolitik, Kommunikationspolitik** und **Distributionspolitik** verschiedene Instrumente, um das gesteckte Ziel zu erreichen.

Bei der **Preispolitik** sollte der Discounter sich markt-/konkurrenzorientiert verhalten. Er sollte die Preise so festlegen, dass diese unter den Preisen der Vollsortimenter liegen und nicht höher als bei anderen Discountern sind.

Im Bereich der **Produktpolitik** kann der Discounter auf Veränderungen des Kundenverhaltens reagieren. Da die Kunden in den letzten Jahren zunehmend Bio-Produkte gekauft haben, sollte der Discounter eine größere Vielfalt an Biolebensmitteln und frischen Produkten anbieten. Außerdem kann er durch wöchentliche Sonderangebote saisonal oder auf Feste bezogen (Weihnachten, Ostern) seine Produktpalette erweitern und zeitlich begrenzen. Er kann z. B. Luxusartikel wie Hummer und Champagner verkaufen. Eine weitere Möglichkeit besteht darin, das Angebot im Non-Food-Bereich zu erweitern und technische Geräte wie z. B. eine Version der Tablet-PCs anzubieten, die aktuell eine sehr hohe Nachfrage haben.

Die **Kommunikationspolitik** sollte der Discounter so gestalten, dass er vielfältige Medien verwendet. So sollte er nicht nur auf Anzeigen in regionalen Zeitungen setzen, sondern die Möglichkeiten des Internets nutzen. Auf einer eigenen Homepage können aktuelle Waren angepriesen werden, sie kann aber auch als Plattform dienen, um direkt mit dem Kunden in Kontakt zu treten: Sei es, dass es eine Möglichkeit für Reklamationen oder eine Online-Unterstützung für den Gebrauch technischer Geräte gibt oder dass Rezeptvorschläge gemacht werden können, die mit Produkten aus dem Discounter umzusetzen sind. Ein Prominenter (Testimonial) sollte gewonnen werden, der für die Produkte Werbung macht. Für Lebensmittel bieten sich Köche oder Sportler an, die auf sehr gute Produkte viel Wert legen. Während sportlicher Großveranstaltungen, z. B. einer Fußballweltmeisterschaft, sollte der Discounter zeitlich begrenzte Anreize setzen, damit die Kunden häufiger in die Filialen kommen. So könnte der Kunde über Sammelmarken, die ab einem festgelegten Einkaufswert vergeben werden, einen bestimmten Fanartikel bekommen.

Die **Distribution** hat ihre Grundlage in einem weit verzweigten Filialnetz. Die Läden sollten verkehrsgünstig liegen und genügend Parkplätze bieten, damit auch große Einkäufe erledigt werden können. Das Ambiente der Verkaufsorte sollte freundlich gestaltet sein, damit sich die Kunden wohlfühlen. Auch hier kann das Internet ein wertvolles Instrument (im Bereich des E-Commerce) sein. Waren können über das Internet vorbestellt werden und entweder in der Filiale abholbereit zusammengestellt oder mit einem Lieferservice zum Käufer nach Hause gebracht werden. Der Lieferservice bietet sich insbesondere für sperrige Waren aus dem Sonderangebot an, die von den Kunden nicht so einfach transportiert werden können. Darüber hinaus können Kunden auch angezogen werden, indem sie mehrere Einkäufe am selben Ort erledigen können. Der Discounter sollte einen Metzger und einen Bäcker in den Laden integrieren (Shop-in-Shop-Prinzip), die eine erweiterte Auswahl an frischen Wurst- und Backwaren anbieten können.

5. *„Erläutern" bedeutet hier, dass Sie zuerst mit der Beschreibung der Karikatur beginnen und anschließend erklären, was der Karikaturist zur Strategie der Discounter für Biolebensmittel zum Ausdruck bringen will. Beachten Sie auch die formalen Kriterien.*

Die vorliegende Karikatur von Burkhard Fritsche mit dem Titel „Grenzen des Bio-Wachstums" wurde am 10. 1. 2010 in „Sonntag Aktuell" veröffentlicht. Ihr Thema ist der **Strategiewechsel** der Discounter im Bereich der Biolebensmittel.

In der Karikatur sind zwei Mitarbeiter eines Discounters abgebildet. Sie stehen zwischen Lebensmittelregalen und einer Palette, die mit Produkten beladen ist. In der Bildmitte füllt die Angestellte gerade ein Regal auf. Auf diesem ist ein Schild mit der Aufschrift „Bio" angebracht. Die Frau schaut nach rechts zu dem Mitarbeiter, der ein Schild mit der Aufschrift „Billig" in seinen Händen hält. In seiner Sprechblase steht: „Das Bio-Schild zieht nicht mehr so richtig. Wir kehren zurück zu unseren Discounterwurzeln!" Die beiden Schilder sind ähnlich gestaltet.

Mit der Karikatur wird zum Ausdruck gebracht, dass ein Strategiewechsel bei den Discountern stattfinde. Dies wird durch die Aussage des Mitarbeiters und durch den Titel unterstrichen. Das Umsatzwachstum bei den Bio-Produkten habe seine Grenzen erreicht und damit sei die besondere Präsentation der Bio-Waren im Laden nicht mehr sinnvoll. Das Kaufverhalten der Kunden habe sich geändert. Sie würden nicht mehr einen so großen Wert auf Biolebensmittel legen, sondern eher auf billige Preise. Die Discounter hatten mit ihren Angeboten von Bio-Waren auf eine Änderung der Produktvielfalt der Konkurrenz reagiert, um Marktanteile zu gewinnen. Die Kunden würden in den Filialen aber wegen der günstigen Preise einkaufen. Um dies hervorzuheben, wird das Schild „Billig" für das Schild „Bio" aufgestellt. Somit ist das Verhalten der Discounter durch **betriebswirtschaftliche Ziele** begründet. Sie verfolgen keine ökologischen Ziele. Eine weitere Erklärung für diesen Strategiewechsel wäre, dass die **Konsumentensouveränität** eingeschränkt werden soll. Denn durch den bloßen Austausch der Schilder und die Suggestion von billigen Preisen ließen sich auch Produkte mit höheren Preisen an die Kunden verkaufen.

6. *Bei der letzten Aufgabe wird durch den Operator „bewerten" von Ihnen erwartet, dass Sie das Handeln der Unternehmen beurteilen, eine persönliche Stellungnahme abgeben und die eigenen Wertmaßstäbe offenlegen.*

Unternehmen verfolgen verschiedene Ziele, die unterschiedlich zueinander in Beziehung stehen: Sie können miteinander harmonieren, in Konflikt miteinander stehen oder indifferent sein. Damit ein Unternehmen existieren kann, muss es **betriebswirtschaftliche Ziele** verfolgen. Es muss **gewinnorientiert** handeln. Im intensiver werdenden **globalen Wettbewerb** werden die Bedingungen dafür schwieriger. Die **Ressourcen** werden knapper, die **Standortbedingungen** ändern sich und der Druck auf die **Lohnkosten** steigt. Aber das Überleben eines Unternehmens hängt auch davon ab, inwieweit es **ökologische** und **soziale Ziele** verfolgt und damit Verantwortung übernimmt. Einerseits gibt es gesetzliche Vorschriften, die eingehalten werden müssen: So wird die ökologische Verantwortung durch Art. 20a des Grundgesetzes vorgeschrieben und im Bereich der sozialen Verantwortung gibt das Grundgesetz in Art. 14 die Sozialbindung des Eigentums vor. Andererseits haben auch **Stakeholder** wie Mitarbeiter, Kunden und Lieferanten durch ihr Verhalten Einfluss auf den Erfolg eines Unternehmens. So haben z. B. viele Konsumenten die Filialen der Dogeriemarktkette Schlecker gemieden, weil das Unternehmen lange seiner sozialen Verantwortung gegenüber den Mitarbeitern nicht vollständig nachgekommen ist.

Viele Unternehmen in Deutschland erfüllen ihre **rechtlichen Verpflichtungen**. Auch im Hinblick auf ihre **soziale Verantwortung** haben viele Unternehmen in Tarifverhandlungen gemeinsam mit Gewerkschaften soziale Standards gesetzt und diese über Jahrzehnte erweitert. Trotzdem gibt es aus den vergangenen Jahren auch Negativbeispiele. Der Bereich der **Leiharbeit** wurde ausgebaut. Oft hatten Leiharbeiter schlechtere Arbeits- und Lohnbedingungen als Festangestellte. Einige Unternehmen haben Gesetzeslücken ausgenutzt und sind ihrer sozialen Verantwortung nicht ausreichend nachgekommen. Viele Stakeholder haben darin eine Gerechtigkeitslücke erkannt.

Da sich die Unternehmen durch die Globalisierung zunehmend internationalisieren, müssen sie sich auch überlegen, wie sie ihrer ökologischen und sozialen Verantwortung global gerecht werden. Einige Unternehmen orientieren sich am **Global Compact**, einem Prinzipienkatalog der Vereinten Nationen zur Unterstützung von **Corporate Social Responsibility**. Die Prinzipien umfassen die Bereiche Menschenrechte, Arbeitsbedingungen, Umweltschutz und Anti-Korruption. Doch selbst wenn sich z. B. **transnationale Konzerne** dem Global Compact unterwerfen, tauchen immer wieder Schwierigkeiten bei der Umsetzung auf. Dies geschieht etwa dadurch, dass Aufträge an Subunternehmen vergeben werden, die sich nicht an die vorgegebenen Standards halten.

Viele Unternehmen haben aber erkannt, dass sie mit ökologischer und sozialer Verantwortung **Marketing** betreiben können und sich dies positiv auf ihre betriebswirtschaftlichen Ziele auswirkt. Automobilfirmen werben damit, dass der Verbrauch ihrer Motoren niedriger wird, ein hoher Anteil der Materialien recycelt werden kann und damit Umwelt und Ressourcen geschont werden können. Die Firma Trigema wirbt mit einer ausschließlichen Produktion in Deutschland und mit der Sicherung von Arbeitsplätzen.

Aber auch hier gilt es, aufmerksam zu sein und zu erkennen, ob ein Unternehmen nur „**Greenwashing**" betreibt und eigentlich keine ökologische Verantwortung wahrnimmt. Darüber hinaus sollen Unternehmen auch sozial verantwortlich handeln, indem sie sowohl ihre Steuern bezahlen und damit dem Staat ermöglichen, seinen Aufgaben nachzukommen, als auch Gewinne sinnvoll verteilen, etwa soziale Projekte unterstützen und dadurch den Staat entlasten.

Schriftliche Abiturprüfung Wirtschaft (Baden-Württemberg) 2012
Aufgabe II: Wirtschaftliches Handeln im Sektor Ausland

Aufgaben:

1. Arbeiten Sie aus M 1 heraus, welche Veränderungen des Welthandels der Autor beschreibt. 6 VP

2. Überprüfen Sie anhand von M 2, inwieweit Lamys Aussagen über den tiefgreifenden Wandel des Welthandels zutreffen. 12 VP

3. Charakterisieren Sie anhand von M 3 die global integrierte Produktionskette einer PC-Herstellung. 6 VP

4. Erläutern Sie mögliche Gründe für die Internationalisierung von Unternehmen. 10 VP

5. Begründen Sie mit Hilfe einer modernen Außenhandelstheorie, warum die „Vorstellungswelt von Adam Smith" (M 1, Z. 17) nicht der heutigen Wirklichkeit entspricht. 10 VP

6. Beschreiben Sie Auswirkungen, die die Internationalisierung von Wertschöpfungsketten auf Staaten hat. 6 VP

7. „Made in the World" (M 1, Z. 25) kommt allen zugute!
Beurteilen Sie diese These aus Ihrer Sicht als gegenwärtiger und zukünftiger Akteur in der Weltwirtschaft. <u>10 VP</u>

60 VP

M 1 Aus einer Rede von Pascal Lamy[1] im Welthandelsinstitut in Bern am 1. 10. 2010

Die Strukturen und das Erscheinungsbild des Welthandels haben sich im letzten Jahrzehnt tiefgreifend verändert – tiefgreifender, vermute ich, als wir bislang verstehen. [...] Ein Ergebnis dieses Wandels ist die andauernde und immer noch fortschreitende Globalisierung des Handels. Nicht alle Bereiche expandieren dabei mit gleicher Geschwindigkeit [...]. Ein weiteres Resultat ist die rapide Verschiebung ökonomischer Macht nach Osten und Süden, dadurch dass sich die Entwicklungsländer anschicken, die Globalisierung zu nutzen, um wirtschaftlich zum industrialisierten Westen aufzuschließen. [...]
Ein drittes Resultat des Welthandels ist die Ausbreitung global integrierter Produktionsketten – letztlich handelt es sich dabei um „globale Fabriken" – durch die global operierende Unternehmen und Konzerne die unterschiedlichen Produktionsschritte ihrer Produkte jeweils auf den kosteneffizientesten Märkten erledigen lassen. In diesem Prozess spiegeln sich enge Handelsverbindungen mit Entwicklungsländern in stärkeren (Direkt-)Investitionsbeziehungen wider: Das Wachstum des Handels befeuert Investitionen, und das Wachstum der Investitionen befeuert wiederum den Handel.
Wir denken immer noch in der Vorstellungswelt von Adam Smith an einen Handel zwischen Nationen. In Wirklichkeit findet der meiste Handel heute innerhalb der Netzwerke von multinationalen Unternehmen und ihren Zulieferern statt. Und dabei geht es nicht um den Wettbewerb zwischen China und den USA, sondern um einen Wettbewerb der Wertschöpfungsketten von Nokia und Samsung. Anstelle des Labels „Made in China" sollte angesichts japanischer Mikrochips, amerikanischen Designs, eines koreanischen Displays und der in China erfolgten Endmontage auf der Rückseite eines iPhones heute besser „Made in the World" stehen.

In: Wochenschau-Verlag (Hrsg.): Globalisierung. Wochenschau Sek. II, Heft 6/2010, S. 16 f. – Übersetzung von G. Weber

Anmerkung
1 Pascal Lamy: Generaldirektor der Welthandelsorganisation (WTO)

M 2a Warenexporte ausgewählter Länder und Ländergruppen in Milliarden US-Dollar

	1980	1990	2000	2005	2009
Welt	2 035,54	3 485,65	6 448,49	10 504,58	12 419,05
Afrika	121,88	110,67	149,38	317,93	383,63
Russland	–	–	105,57	243,80	303,39
China	18,10	62,10	249,20	761,95	1 201,79
Indien	8,59	17,97	42,38	99,62	162,62
USA	225,57	393,59	781,91	907,16	1 056,75
Europa	893,47	1 649,17	2 590,70	4 302,74	4 851,32

Quelle: UNCTAD, United Nations Conference on Trade and Development 2010

M 2b Zufluss von Direktinvestitionen in ausgewählte Länder und Ländergruppen in Milliarden US-Dollar

	1980	1990	2000	2005	2009
Welt	54,08	207,70	1 401,47	985,80	1 114,19
Afrika	0,4	2,85	9,83	38,20	58,57
Russland	–	–	2,71	12,89	38,72
China	0,06	3,49	40,72	72,41	95,00
Indien	0,08	0,24	3,59	7,62	34,61
USA	16,92	48,42	314,00	104,81	129,88
Europa	21,36	104,42	724,88	509,15	378,39

Nach: UNCTAD, United Nations Conference on Trade and Development 2010

M 3 Global integrierte Produktionskette einer PC-Herstellung

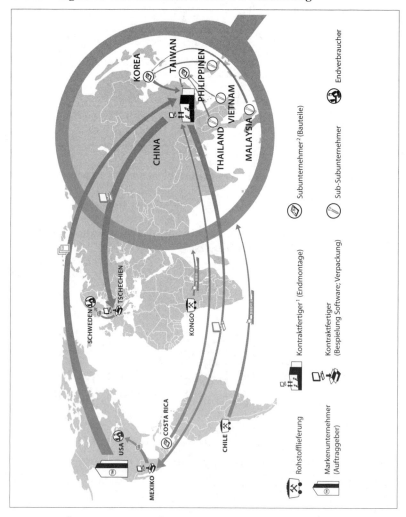

Nach: Weed[3] – Weltwirtschaft, Ökologie und Entwicklung e. V. (Hrsg.): Der Weg eines Computers – Von der globalen Produktion bis zur Verschrottung, 2. Auflage, Berlin 2011

Anmerkungen
1. Kontraktfertiger: Unternehmen mit internationalen Produktionsnetzwerken, die Fremd- oder Auftragsproduktion durchführen
2. Rechtlich selbstständige Unternehmen, die im Auftrag eines Hauptunternehmens produzieren
3. Weed: World Economy, Ecology & Development (Nichtregierungsorganisation)

Lösungsvorschlag

1. „Herausarbeiten" heißt, Informationen aus dem gegebenen Text unter einem bestimmten Gesichtspunkt zu entnehmen – hier, welche Veränderungen des Welthandels der Autor beschreibt. Beschränken Sie sich dabei unbedingt auf die Informationen aus dem Text selbst und greifen Sie nur die Aussagen auf, die für die Aufgabenstellung von Bedeutung sind. Beginnen Sie mit einem Einleitungssatz (<u>Wer</u> schreibt <u>wann</u> und <u>wo</u> <u>worüber</u>?), verwenden Sie den Konjunktiv, wenn Sie Aussagen des Autors wiedergeben, und beachten Sie die Anforderungen des direkten Zitierens.

Pascal Lamy, Generaldirektor der Welthandelsorganisation, hat am 1. 10. 2010 im Welthandelsinstitut in Bern über Entwicklungen des Welthandels gesprochen. In einer Übersetzung von G. Weber ist die Rede in Heft 6/2010 im Wochenschau-Verlag erschienen.

Lamy beschreibt als **Ergebnisse des Wandels** den fortwährenden Prozess der Globalisierung des Handels (vgl. Z. 3 f.), „die rapide Verschiebung ökonomischer Macht nach Osten und Süden" (Z. 5 f.), die Ausbreitung globaler Produktionsketten (vgl. Z. 9 f.) sowie den Wettbewerb transnationaler Unternehmen untereinander (vgl. Z. 18 ff.).

Somit finde der Handel heutzutage nicht mehr zwischen Nationen, sondern v. a. innerhalb der **Wertschöpfungskette** „globale[r] Fabriken" (Z. 10) statt, was sich auch „in stärkeren (Direkt-)Investitionsbeziehungen" (Z. 14) zeige.

2. Der Operator „überprüfen" verlangt hier, dass Sie die Aussagen des Autors von M 1 an den in M 2 dargestellten Sachverhalten messen und ein Ergebnis formulieren. Dazu müssen Sie zunächst das statistische Material formal analysieren (Thema, Erhebungszeitpunkt, Quelle, Darstellungsform usw.).

M 2a zeigt die Entwicklung der **Warenexporte** von sechs Ländern bzw. Ländergruppen sowie der Welt in Milliarden US-Dollar im Zeitraum von 1980 bis 2009 in unterschiedlichen Zeitabständen. In M 2b ist der Zufluss von **Direktinvestitionen** in dieselben Länder und Ländergruppen in denselben Jahren zu sehen. Beide Tabellen basieren auf Daten der UNCTAD von 2010.

In M 1 spricht der Autor als erstes von der **fortschreitenden Globalisierung des Handels** (vgl. Z. 3 f.). Eine mögliche Messgröße dafür ist das globale Exportvolumen, welches sich laut M 2a von 1980 bis 2009 auf 12,4 Billionen US-Dollar versechsfachte. Allein im letzten Jahrzehnt (2000–2009) gab es eine Verdopplung der weltweiten Warenexporte. Auch die Verzwanzigfachung des weltweiten Zuflusses an Direktinvestitionen im angegebenen Zeitraum laut M 2b ist als Beleg für die erste Aussage Lamys zu werten.

Die „**Verschiebung ökonomischer Macht nach Osten und Süden**" (M 1, Z. 6) kann ebenfalls mithilfe beider Materialien überprüft werden. Laut M 2a konnte China seinen Export von 1980 an um das 66-Fache auf 1,2 Billionen US-Dollar steigern; Indien steigerte seinen Export um das 19-Fache. Die Werte für Russland liegen erst ab dem Jahr 2000 vor – bis 2009 verdreifachte sich Russlands Warenexport ähnlich den afrikanischen Werten. Der Anteil dieser Länder am Weltexport lag im Jahr 1980 bei 7 %, bis ins Jahr 2009 steigerte sich dieser auf 17 %, wobei allein China einen 10-prozentigen Anteil hält. Obwohl die amerikanischen und europäischen Warenexporte „nur" um das 5-Fache gestiegen sind, macht deren Anteil am Weltexport 2009 zusammen immerhin 48 % aus. Laut M 2 b weisen China, Indien, Afrika und Russland von 2000 bis 2009 im Gegensatz zu Europa und den USA dauerhaft Zuwachsraten auf. Obwohl China seinen Zufluss an Direktinvestitionen seit 1980 um das 1 583-Fache und Indien seinen um das 433-Fache steigern konnte, liegt auch hier der amerikanische und europäische Anteil an den weltweiten Direktinvestitionen bei insgesamt 46 %. Insofern muss die These von einer Verschiebung der ökonomischen Macht nach Süden und Osten relativiert werden, wenngleich Chinas Exportmacht unbestritten ist.

Die **Ausbreitung globaler Produktionsketten** und der damit zunehmende **Handel mit Entwicklungsländern** (vgl. M 1, Z. 9 ff.) lässt sich mit M 2 b belegen. Der Zufluss an Direktinvestitionen steigt weltweit von 1980 bis 2000 um das 26-Fache auf einen Höchstwert von 1,4 Billionen US-Dollar. Bis 2009 sinkt dieser Wert auf 1,1 Billionen, was an den verringerten Zuflüssen der Direktinvestitionen in die USA und nach Europa liegt. China, Indien und Afrika weisen hingegen seit 1980 stetig Zuwachsraten auf.

Lamys Aussage zum **Wettbewerb transnationaler Unternehmen** untereinander (vgl. M 1, Z. 18 ff.) lässt sich anhand der Materialien nicht überprüfen. Hier müssten die (volkswirtschaftlichen) Länder- und Ländergruppendaten mit (betriebswirtschaftlichen) unternehmerischen Daten ergänzt werden.

Insgesamt bestätigt jedoch das Material die vom Generaldirektor der WTO angesprochenen Entwicklungen und Veränderungen des Welthandels.

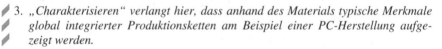
3. *„Charakterisieren" verlangt hier, dass anhand des Materials typische Merkmale global integrierter Produktionsketten am Beispiel einer PC-Herstellung aufgezeigt werden.*

Das Schaubild M 3, herausgegeben von der Nichtregierungsorganisation Weed im Jahr 2011, zeigt die global integrierte **Produktionskette** einer PC-Herstellung.

Ein Markenunternehmen in den USA gibt den Auftrag zur Herstellung eines PCs (**Faktor Kapital**); die Rohstoffe kommen aus Chile und dem Kongo (**Faktor Boden**). Die Endmontage findet durch Kontraktfertiger in China statt, während Bau- und Kleinteile durch Subunternehmen in Costa Rica, Korea und Taiwan sowie durch Subsubunternehmen v. a. in südostasiatischen Schwellenländern (Malaysia, Thailand, Vietnam, Philippinen) produziert und von dort geliefert werden (**Faktor Arbeit**). Die anschließende Bespielung mit Software sowie die Verpackung erfolgen in Tschechien und Mexiko, von wo aus die PCs zum Kunden in Schweden bzw. in den USA geliefert werden.

In dem Schaubild wird somit die weltweite Ausdehnung der PC-Produktion über alle Kontinente mit Ausnahme Australiens deutlich, wobei die unterschiedliche Faktorausstattung der beteiligten Länder die **internationale Arbeitsteilung** bestimmt.

4. *Bei dieser Aufgabenstellung sollen die Gründe für die Internationalisierung von Unternehmen im Zusammenhang beschrieben und anschaulich mit Beispielen erklärt werden. Diese können z. B. aus der Automobil-, Textil- oder IT-Industrie stammen.*

Wenn sich Unternehmen internationalisieren, kann dies **absatz-**, **kosten-**, oder auch **beschaffungsmotivierte** Gründe haben.
So kann ein deutsches Automobilunternehmen im Ausland (z. B. USA, Russland) neue Märkte erschließen und durch Kundennähe seine Position im dortigen Wettbewerb sichern (Ersatzteil- und Wartungsservice, Informationsaustausch mit Kunden u. v. m.). Direktinvestitionen dienen dabei dem Auf- oder Ausbau von Produktionskapazitäten oder Service- und Vertriebsstätten im Ausland. Darüber hinaus kann es auch für die Vermarktung eines Produkts wichtig sein, durch Nähe zum Absatzmarkt intensivere Markt- und Kundenkenntnisse zu erlangen.
Unternehmen z. B. aus der Textilbranche haben v. a. kostenorientierte Gründe für ihre Internationalisierung: Geringere Arbeitskosten (als Summe aus Lohn- und Lohnnebenkosten) führen zur Verlagerung arbeitsintensiver Produktionsprozesse ins Ausland. Des Weiteren können geringere Steuersätze oder gesetzliche Auflagen (wie beim Umweltschutz, bei Betriebszeiten oder beim Kündigungsschutz), aber auch das Ausschalten von Wechselkursrisiken etc. eine Rolle spielen.
Beschaffungsorientierte Internationalisierungsgründe sind z. B. die Versorgung mit Rohstoffen durch eigene Produktionsstätten oder durch Beteiligungen. Somit kann die Abhängigkeit von ausländischen Lieferanten reduziert werden. Außerdem kann der Zugang zu Technologien oder zu Know-how, also qualifiziertem Fachpersonal, v. a. für IT-Unternehmen von Bedeutung sein.
Ziel aller Internationalisierungsprozesse ist die Sicherung der internationalen **Wettbewerbsfähigkeit**.

5. *Diese Aufgabe verlangt die schlüssige Darstellung einer modernen Außenhandelstheorie unter Bezugnahme auf Adam Smith. Achten Sie darauf, Adam Smiths Theorie der absoluten Kostenvorteile kurz zu beschreiben sowie deren Defizite vor dem Hintergrund der aktuellen Welthandelsstrukturen zu verdeutlichen.*

Nach **Adam Smiths** Freihandelsidee liegen die Ursachen für den internationalen Handel darin, dass Güter nachgefragt werden, die im Inland nicht produziert werden (können) und Exporte ein „Ventil" für die nationale Überschussproduktion sind. Dies erklärt Smith mit dem Prinzip der **absoluten Kostenvorteile**. D. h., die **Produktionskosten** für ein Gut sind aus klimatischen, technischen oder organisatorischen Gründen in einem Land geringer als in einem anderen. Bei Spezialisierung der Länder auf die Produktion des jeweils kostengünstigeren Gutes könnten durch den internationalen Handel die Handelspartner von der gesteigerten Produktivität und dem effizienteren Einsatz der Produktionsfaktoren profitieren und zu einer höheren Gesamtproduktion sowie zu mehr **Wohlstand** gelangen.

Somit beruht Adam Smiths Freihandelstheorie auf dem Gedanken, dass **Arbeitsteilung** zu **Spezialisierung**, erhöhter **Effizienz** und damit letztendlich zu **Produktivitätssteigerung** führe.

Allerdings konnte Smith nicht erklären, warum Länder, die in der Produktion aller Güter einen absoluten Nachteil haben, dennoch Güter exportieren. Daher ist die Theorie der komparativen Kostenvorteile von Ricardo entwickelt worden, auf die hier jedoch nicht näher eingegangen werden soll.

Smiths Theorie entspricht nicht mehr der heutigen Wirklichkeit: Tatsächlich findet der internationale Handel nicht zwischen Staaten, sondern „innerhalb der Netzwerke von multinationalen Unternehmen und ihren Zulieferern statt" (vgl. M 1, Z. 18 ff.). Somit ist auch aus der **betrieblichen** eine **transnationale Arbeitsteilung** geworden.

Ein weiteres Kennzeichen der aktuellen Welthandelsstruktur ist der **intraindustrielle Handel:** Bei diesem handelt es sich um den internationalen Austausch von Waren desselben Produktionssektors (z. B. Import französischer und Export deutscher Autos).

Mithilfe der moderneren **Produktlebenszyklus-Theorie** des internationalen Handels von **Vernon** lässt sich der gegenwärtige Welthandel daher besser erklären. Diese liefert nicht nur eine Erklärung für das Entstehen von Exporten, sondern auch für den Einfluss des Produktlebenszyklus auf das Verhalten von Unternehmen bei Investitionen im In- und Ausland. Veränderungen der Außenhandelsstrukturen erklärt Vernon dadurch, dass verschiedene Länder in einer bestimmten Phase des Produktlebenszyklus **komparative Vorteile** besitzen. Unterschieden werden dabei die **Innovationsphase**, die **Ausreifungsphase** und die **Sättigungsphase** eines Produkts.

Die **Innovationsphase** ist kapital- und know-how-intensiv und erfolgt hauptsächlich in den hoch entwickelten Industrieländern, wo das Produkt zunächst nur auf dem Inlandsmarkt eingeführt wird. In der **Wachstums- bzw. Reifephase** des Produktlebenszyklus kann der Produktionsprozess zunehmend vereinfacht und standardisiert werden. Daher wird es möglich, die Herstellungskosten zu senken und neue Käuferschichten zu erschließen. Oft lohnt es sich bereits in dieser Phase, Teile der Produktion ins Ausland zu verlagern. Dieser Prozess setzt sich in der **Sättigungsphase** fort: Die Märkte sind gesättigt, die Technologie ist standardisiert und stellt geringe Anforderungen an die Qualifikation von Arbeitskräften. Entwicklungsländer besitzen in dieser Phase komparative Kostenvorteile. Sie produzieren über den eigenen Markt hinaus und beginnen ihrerseits zu exportieren, darunter auch in das ursprüngliche Innovationsland.

Die Produktlebenszyklus-Theorie kann somit auch den **intraindustriellen Handel** erklären: Es gibt einen wechselseitigen Ex- und Import von Produkten innerhalb der gleichen Warengruppe, die sich allerdings durch ihren Neuheitsgrad unterscheiden.

Kritisch an Vernons Theorie anzumerken bleibt allerdings, dass multinationale, also weltweit agierende Unternehmen auch neue Produkte außerhalb der Hochlohnländer produzieren lassen.

6. *Bei dieser Aufgabe sollen Sie die Auswirkungen internationaler Wertschöpfungsprozesse auf Staaten zusammenhängend und schlüssig wiedergeben.*

Global operierende Unternehmen beachten bei ihren Standortentscheidungen Faktoren wie **Lohnkosten, steuerliche Belastungen, Umweltschutzauflagen, Sozialstandards** oder die **Infrastruktur** eines Landes. Da die **Global Player** als Arbeitgeber und Steuerzahler einen großen Einfluss haben, kann einerseits eine drohende Standortverlagerung ausreichen, um unternehmerische Wünsche durchzusetzen und eventuell die Nationalstaaten gegeneinander auszuspielen. Dies kann zu einem staatlichen **Standortwettbewerb** führen, indem z. B. die Steuer- und Abgabenbelastungen für Unternehmen gesenkt werden. Hiermit verliert der Staat an **wirtschafts- und sozialpolitischen Gestaltungsmöglichkeiten:** Er reagiert nur noch, statt zu agieren, da die geringeren Unternehmenssteuern und -abgaben zu sinkenden staatlichen Einnahmen führen, was steigende Soziallasten und Staatsverschuldung mit sich bringen kann.

Andererseits kann die Internationalisierung von Wertschöpfungsketten eine **Initialzündung** für die heimische Wirtschaft sein. So schaffen Direktinvestitionen Arbeitsplätze, bringen Kapital und Know-how und generieren damit Wirtschaftswachstum, wovon der Staat durch steigende Konsum- und Verbrauchssteuereinnahmen profitiert.

7. *„Beurteilen" verlangt hier, die These aus Ihrer Perspektive eines gegenwärtigen und zukünftigen Akteurs in der Weltwirtschaft auf ihre Stichhaltigkeit hin zu prüfen und die Beurteilungskriterien offenzulegen. Hierbei können Sie verschiedene Akteursperspektiven berücksichtigen (z. B. Konsument, Arbeitnehmer, Staatsbürger). Achten Sie dabei – neben der sachlichen Richtigkeit – auf den Grad der Vernetzung zwischen den eingenommenen Perspektiven.*

„Made in the World kommt allen zugute!" – Tatsächlich? Die Beurteilung dieser These ist abhängig von den eingenommenen Perspektiven und muss daher differenziert beantwortet werden.

Als gegenwärtiger **Konsument** in einem Industrieland profitiere ich auf der einen Seite von den global integrierten Produktionsketten transnationaler Konzerne durch ein größeres, vielfältigeres **Warenangebot** sowie durch niedrigere **Preise**. Auf der anderen Seite ist die **Markttransparenz** für mich eingeschränkt, da „angesichts japanischer Mikrochips, amerikanischen Designs, eines koreanischen Displays [...]" (M 1, Z. 22 f.) das Label oder Gütesiegel „Made in ..." nicht mehr nachvollziehbar ist. Dazu kommt, dass der internationale Standortwettbewerb zu einem Abbau der **Umweltstandards** führen kann. Somit kann es sein, dass ich – obgleich ich ein ökologisch bewusster Konsument bin – unwissend Produkte erwerbe, deren Herstellung unter gesundheits- und umweltpolitischen Aspekten fragwürdig ist.

Als **Abiturient** und zukünftiger **Arbeitnehmer** sehe ich bei den multinationalen Unternehmen eine berufliche Perspektive, v. a. wenn ich bereit bin, einige Jahre oder auch für immer ins Ausland zu gehen. Die globalisierte Wertschöpfungskette hat dazu geführt, dass in Sektoren mit hoher Arbeitsintensität Arbeitsplätze abgebaut werden. Insofern sind fachliche Qualifikationen durch ein entsprechendes Studium, gute Sprachkenntnisse sowie interkulturelle Kompetenzen wichtig, um **Arbeitsplatzsicherheit** zu gewährleisten. Bedenkt man die Folgen eines staatlichen Standortwettbewerbs, muss ich mich möglicherweise jedoch auf eine geringere **soziale Absicherung** bzw. **mehr Eigenverantwortung** einstellen. Damit einher gehen eventuell Steuererhöhungen, die mich als zukünftigen **Steuerzahler** betreffen.

Die internationale Arbeitsteilung führt zu Abhängigkeiten und lässt mich als gegenwärtigen und zukünftigen **Staatsbürger** letztlich in relativer **Stabilität** und in **Frieden** leben. Andererseits: Gerät ein Land in eine Krise, kann sich diese aufgrund der starken **internationalen Verflechtung** schnell global ausbreiten.

Letztendlich überwiegt meiner Meinung nach der **Nutzen** globaler Wertschöpfungsketten (großes Warenangebot, niedrigere Preise, vielfältige Berufsaussichten, politische Stabilität) gegenüber den **Kosten** (fehlende Markttransparenz, Arbeitsplatzunsicherheit, steigende Steuer- und Sozialabgaben).

„Made in the World" kommt mir gegenwärtig v. a. als **Konsument** eines Industriestaates und als zukünftigem hochqualifizierten **Arbeitnehmer** zugute.

Schriftliche Abiturprüfung Wirtschaft (Baden-Württemberg) 2013
Aufgabe I: Wirtschaftliches Handeln im Sektor Unternehmen

Aufgaben:

1. Beschreiben Sie anhand von M 1 die Entwicklung des Smartphone-Markts im dargestellten Zeitraum.   8 VP

2. Arbeiten Sie die Marketing-Strategie von Apple heraus, wie sie in M 2 dargestellt wird.   8 VP

3. Vergleichen Sie anhand der Materialien M 1 bis M 3 den Erfolg von Apple und Samsung und die jeweiligen Strategien.   10 VP

4. Überprüfen Sie unter Einbeziehung von M 4 b, inwieweit der Begriff der „schöpferischen Zerstörung" (M 4 a, Z. 7) auf die Entwicklungen des Telekommunikationsmarktes zutrifft.   12 VP

5. Erläutern Sie, welche Überlegungen bei der Standortwahl eines Unternehmens zu berücksichtigen sind.   10 VP

6. Nokia hat 2011 auf dem Smartphone-Markt Marktanteile verloren. Erörtern Sie, inwiefern Corporate Social Responsibility (CSR) die Nokia AG wieder erfolgreich machen könnte.   <u>12 VP</u>
    60 VP

M 1   **Weltweiter Absatz und Weltmarktanteile der Smartphone-Hersteller**

Anbieter	Abgesetzte Geräte (Millionen, 3. Quartal 2010)	Marktanteile (3. Quartal 2010)	Abgesetzte Geräte (Millionen, 3. Quartal 2011)	Marktanteile (3. Quartal 2011)
Samsung	7,3	8,8 %	23,6	20,0 %
Apple	14,1	17,0 %	17,1	14,5 %
Nokia	26,5	32,0 %	16,8	14,2 %
HTC	5,9	7,2 %	12,7	10,8 %
Andere	29,0	35,0 %	47,9	40,5 %
Gesamt	82,8	100,0 %	118,1	100,0 %

Nach: International Data Corporation (Marktforschungsunternehmen) 2011

M 2 Andreas Göldi: Warum Apple in einer anderen Liga spielt

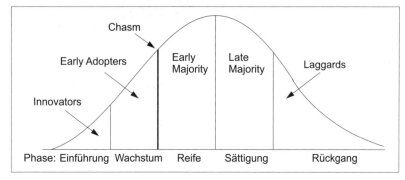

Anmerkung
Innovators: Technologiebegeisterte; Early Adopters: frühzeitige Anwender; Chasm: Barriere; Early Majority: frühe Mehrheit; Late Majority: späte Mehrheit; Laggards: Zauderer

Auf: www.netzwertig.com, 28. 1. 2010

Steve Jobs und Kollegen machen keine Produkte für die Technikfans, sondern zielen direkt auf den nicht technologieaffinen[1] Massenmarkt.
Natürlich war der iPod bei seiner Einführung bei weitem nicht der erste MP3-Player, und er bot nichts, was Early Adopters (frühzeitige Anwender) beson-
5 ders hätte interessieren können.
[...] Stattdessen machte er aber den Stand der Technik direkt für Normaluser verfügbar und sprach dank gezieltem und massivem Marketing die Early Majority (frühe Mehrheit) direkt an.
Ebenso beim iPhone: Kein technisches Feature stach besonders hervor im Ver-
10 gleich zur Konkurrenz. Aber die entscheidende Verbesserung, die überlegene Benutzerfreundlichkeit des iPhone, zielte auf die Early Majority, die frustriert war von der Komplexität der damals üblichen Smartphones.
Apples Vermarktungsansatz funktioniert natürlich nicht für jede Firma. Erstens sind dafür massive Werbeausgaben in teuren Massenmedien nötig. Apple in-
15 vestiert zum Beispiel viel in Fernsehwerbung, aber fast nichts in neue Kanäle wie Social-Media-Marketing (weil das heute immer noch primär Early Adopters anspricht) [...].
Zweitens braucht man für diesen Ansatz klare Differenzierungsfaktoren, die für die eigentliche Zielgruppe relevant sind. Und das sind eben gerade nicht
20 die coolsten neuen Technik-Features, sondern Dinge wie schönes Design und überlegene Benutzerfreundlichkeit. Einfachheit ist entscheidend, und darum ist Apples geschlossener Ansatz mit iTunes genau richtig für diese Strategie. Early-Majority-Kunden wollen so einfach wie möglich Musik oder Filme kaufen. Ob sie durch auf iTunes gekaufte Inhalte langfristig Nachteile erleiden, ist die-
25 sen Leuten ziemlich egal [...].

Drittens sind massenkompatible Vertriebskanäle essentiell. Mit seinen Apple Stores in bester Lage hat Apple genau den richtigen Mix gefunden, um ein relativ teures Produkt an nicht-technische Leute zu verkaufen. Denn normale Konsumenten wollen ein Produkt anfassen und werden vom schön gestalteten
30 Laden und vom freundlichen Personal sehr viel stärker in ihrer Kaufentscheidung beeinflusst als von langen Featurelisten.
Mit dem iPad treibt Apple seinen strategischen Ansatz auf neue Extreme. [...] Apple versucht zum ersten Mal nicht einfach, eine bei den Early Adopters steckengebliebene, aber relativ wohldefinierte Produktkategorie massenkompati-
35 bel zu machen, sondern definiert eine neue Kategorie aus Versatzstücken verschiedener Nischenmärkte.
Das iPad ist ein bisschen wie ein portabler Media-Player, ein bisschen wie ein Netbook, ein bisschen wie ein e-Book-Reader und ein bisschen wie ein Tablet-PC. Das sind alles Geräte, die ihre Nischenmärkte gefunden haben, aber noch
40 auf den großen Durchbruch warten. Apple versucht nun, mit dieser Neukombination direkt in den Massenmarkt einzusteigen.
Ein wagemutiger Schritt, der durchaus ins Auge gehen könnte. Aber Apple ist eine der ganz wenigen Firmen auf der Welt, die die Marketingpower und Alleinstellungsmerkmale haben, eine neue Produktkategorie definieren zu können.

Anmerkung
1 technologieaffin: techniknah

M 3 Martin Kölling: Samsung hält mit Apple Schritt

Die Produkte des südkoreanischen Elektronikkonzerns werden inzwischen mit fast der gleichen Spannung erwartet wie der Nachlass von Steve Jobs bei Apple. Und auch bei den Bilanzen übertrumpfen sich beide Konzerne gegenseitig immer wieder mit neuen Erfolgsmeldungen. Heute war Samsung an der
5 Reihe: Das Unternehmen unterstrich seine Ausnahmestellung.
[...] 70 Prozent des Gewinns stammt aus dem Mobilgeschäft. Und die Gewinnspanne von 18 Prozent treibt allen anderen Handyherstellern außer Apple Tränen des Neids in die Augen. Damit konnte der nebenbei größte Chipspeicherhersteller der Welt auch die Halbierung des Gewinns seiner Halbleitersparte
10 mehr als wettmachen.
Samsungs Erfolgsgeheimnis ist dabei, eigentlich alles anders als Apple zu machen. Apple verfolgt eine Asset-light-Strategie: Das Unternehmen entwickelt die Software, entwirft die Produkte aus vorhandener Technik und lässt sie von Auftragsfertigern bauen. Die Investitionen sind niedrig, die Gewinne hoch.
15 Samsung ist ein vertikal integriertes Unternehmen vom alten Schlag: Es entwickelt und baut einen Großteil seiner Schlüsselkomponenten selbst, darunter vor allem das Display – die es zusätzlich an Apple für das neue iPad verkauft und daran verdient.
In Japan ist dieses Geschäftsmodell gerade grandios gescheitert. Panasonic und
20 Sharp, die seit Jahrzehnten vertikale Integration als ihren Zaubertrank im Über-

lebenskampf gepriesen hatten, machen nun Rekordverluste und trennen sich wenigstens im Display- und TV-Geschäft von der Idee, die Technik selbst beherrschen zu müssen.

Bei Samsung funktioniert das Modell hingegen aus mehreren Gründen: Zum
25 einen ist der Riesenkonzern extrem flink auf den Füßen. Nicht nur hat Samsung die Konkurrenz bei Schlüsselprodukten wie Displays der nächsten Generation aus organischen Leuchtdioden (Oleds) hinter sich gelassen. Es hat auch einen rasanten Produktzyklus.

Während Apple sich auf ein Handy und ein Tablet verlässt, offeriert Samsung
30 eine ganze Flotte von mobilen Produkten fast im Ein-Zoll-Abstand. Vom Handy wie dem Galaxy über das extrem erfolgreiche Galaxy Note mit seinem Fünf-Zoll-Bildschirm bis hin zum Tablet und dann zum Notebook. Mit diesem Trommelfeuer an Neuerungen hält die Konkurrenz nicht mit. Da Samsung seit Jahren dabei auch neueste Technik verbaut, genießt es zudem inzwischen global
35 einen guten Ruf als Innovationsführer – und vor allem riesigen Absatz. Und als solcher kann Samsung höhere Margen als die Konkurrenz einfahren.

Auf: www.handelsblatt.de, 27. 4. 2012

M 4a   Joseph A. Schumpeter: Kapitalismus, Sozialismus und Demokratie. 7. Kapitel, 1942

Die Eröffnung neuer, fremder oder einheimischer Märkte und die organisatorische Entwicklung vom Handwerksbetrieb und der Fabrik zu solchen Konzernen wie dem U.S.-Steel[1] illustrieren den gleichen Prozess einer industriellen Mutation – wenn ich diesen biologischen Ausdruck verwenden darf –, der
5 unaufhörlich die Wirtschaftsstruktur von innen heraus revolutioniert, unaufhörlich die alte Struktur zerstört und unaufhörlich eine neue schafft. Dieser Prozess der schöpferischen Zerstörung ist das für den Kapitalismus wesentliche Faktum.

Joseph A. Schumpeter: Kapitalismus, Sozialismus und Demokratie, Bern: Francke 1946. Übersetzer: Susanne Preiswerk

Anmerkung
1 U. S.-Steel: bedeutender Stahlkonzern Anfang des 20. Jahrhunderts in den USA

M 4 b 150 Jahre Telefon – Meilensteine einer Erfolgsgeschichte

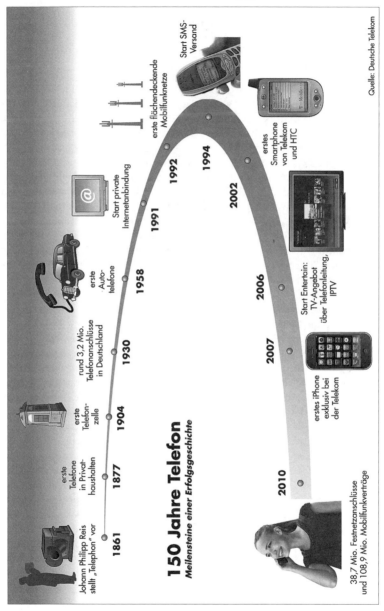

Nach: www.telekom.de, 2012

Lösungsvorschlag

1. Der Operator „beschreiben" verlangt hier, dass wesentliche Informationen aus dem Material M 1 zusammenhängend und schlüssig wiedergegeben werden. Achten Sie bei Ihrer Antwort auf die formalen Kriterien und denken Sie bei der Beschreibung der Entwicklung an den Unterschied zwischen „Prozent" und „Prozentpunkten".

Die Tabelle in M 1 mit der Überschrift „Weltweiter Absatz und Weltmarktanteile der Smartphone-Hersteller" wurde nach Angaben der International Data Corporation, eines Marktforschungsunternehmens, aus dem Jahr 2011 erstellt. Aus den Daten kann die Entwicklung des Smartphone-Markts zwischen dem 3. Quartal 2010 und dem 3. Quartal 2011 erschlossen werden.
In der ersten Spalte werden die **Anbieter** aufgeführt: Samsung, Apple, Nokia, HTC und „Andere". In der darauffolgenden Spalte werden die **abgesetzten Geräte** in Millionen für das 3. Quartal 2010 angegeben. Die **Marktanteile** für das 3. Quartal 2010 werden in Prozent in der dritten Spalte dargestellt. In der vierten Spalte folgen die Angaben zu den abgesetzten Geräten in Millionen im 3. Quartal 2011. Die letzte Spalte beinhaltet die Marktanteile im 3. Quartal 2011 in Prozent.
Insgesamt hat sich der **weltweite Absatz** zwischen dem 3. Quartal 2010 und dem 3. Quartal 2011 von 82,8 Mio. Geräten auf 118,1 Mio. Geräte erhöht, was einer Steigerung von etwa 43 % entspricht.
Nokia hat im 3. Quartal 2010 mit 26,5 Mio. die meisten Geräte abgesetzt und erreichte damit einen Marktanteil von 32 %. Das Unternehmen besaß zu diesem Zeitpunkt die Marktführerschaft. Doch nur ein Jahr später war Nokia nur noch das dritterfolgreichste Unternehmen mit 16,8 Mio. verkauften Geräten und einem Marktanteil von 14,2 %: Es wurden 9,7 Mio. Geräte weniger abgesetzt und Nokia verlor über die Hälfte seines Marktanteils. **Samsung** hingegen übernahm im 3. Quartal 2011 die Marktführerschaft mit 23,6 Mio. verkauften Geräten und einem Marktanteil von 20 %, wobei das Unternehmen die Verkaufszahlen von Nokia aus 2010 nicht erreichte. Trotzdem ist die Steigerung von Samsung beachtenswert, da sie bei einem Absatz von nur 7,3 Mio. Geräten im 3. Quartal 2010 eine extreme Zunahme des Marktanteils um 127 % bedeutet. **Apple** hatte zu beiden Zeitpunkten den zweiten Platz inne. Dieses Unternehmen steigerte den Verkauf seiner Geräte leicht von 14,1 Mio. auf 17,1 Mio., während der Marktanteil von 17 % auf 14,5 % zurückging. **HTC** konnte in diesem Zeitraum den Absatz seiner Geräte von 5,9 Mio. auf 12,7 Mio. mehr als verdoppeln und steigerte seinen Marktanteil um 3,6 Prozentpunkte auf 10,8 %. Die Anzahl der verkauften Geräte **anderer, nicht näher benannter Unternehmen** stieg im genannten Zeitraum von 29 Mio. auf 47,9 Mio. Geräte. Der Marktanteil dieser Anbieter wuchs um 5,5 Prozentpunkte auf 40,5 %.

2. *Bei dieser Aufgabe sollen Sie dem Text in M 2 Informationen zur Marketing-Strategie von Apple entnehmen und diese strukturiert wiedergeben. Sie sollen dabei entsprechende Begrifflichkeiten aus dem Marketingbereich verwenden und auf die formalen Kriterien, insbesondere die Zitierregeln achten. Beachten Sie, dass die Quellenangabe sich in diesem Falle innerhalb des Materials – zwischen Grafik und Text – befindet.*

Andreas Göldi beschreibt in seinem Text „Warum Apple in einer anderen Liga spielt", der am 28. 1. 2010 auf www.netzwertig.com veröffentlicht wurde, u. a. die Marketingstrategie von Apple.

Zielgruppe dieses Unternehmens sei der „nicht technologieaffine[] Massenmarkt" (Z. 2). Es konzentriere sich absichtlich nicht auf die „Technikfans" (Z. 1). Apple verwende verschiedene Instrumente aus dem **Marketing-Mix**.

In der **Produktpolitik** sei es für das Unternehmen wichtig, technische Güter für den „normalen" Kunden zur Verfügung zu stellen (vgl. Z. 6 ff., 28 f.). Dabei seien eine überlegene Benutzerfreundlichkeit, schönes Design und Einfachheit entscheidend (vgl. Z. 10 f., 20 f.). Außerdem versuche Apple durch eine Neukombination von Nischenprodukten, Geräte wie das iPad in einer neuen Produktkategorie massenkompatibel zu machen (vgl. Z. 32 ff.). Bei der **Kommunikationspolitik** investiere Apple viel in teure Fernsehwerbung, um die Early Majority in der Reifephase des Produktlebenszyklus zu erreichen, dagegen „fast nichts in neue Kanäle wie Social-Media-Marketing (weil das heute immer noch primär Early Adopters anspricht)" (Z. 15 ff.). Die frühzeitigen Anwender in der Wachstumsphase seien eher Technikfans, die sich aufgrund vorhandener Produkte nicht besonders für ein weiteres in der gleichen Kategorie von Apple interessierten (vgl. Z. 3 ff.), sodass sich Investitionen im Kommunikationsbereich dieser Kunden kaum lohnten. Die **Distributionspolitik** gestalte Apple so, dass gezielt sogenannte Apple Stores an Orten eingerichtet werden, wo sehr viele Konsumenten vorbeikommen (vgl. Z. 26 ff.). Dort könnten diese dann die Produkte in die Hand nehmen und würden „vom schön gestalteten Laden und vom freundlichen Personal [...] in ihrer Kaufentscheidung beeinflusst" (Z. 29 ff.). Dadurch könne Apple seine **Preispolitik** so gestalten, dass die Produkte relativ teuer verkauft werden (vgl. Z. 27 f.).

3. *Anhand der Materialien M 1, M 2 und M 3 sollen Sie Gemeinsamkeiten und Unterschiede in Bezug auf den Erfolg und die jeweilige Strategie der beiden Unternehmen Apple und Samsung gewichtend einander gegenüberstellen und ein Ergebnis formulieren. Denken Sie bei der Lösung der Aufgabe daran, die formalen Kriterien einzuhalten.*

Der Autor Martin Kölling vergleicht in seinem am 27. 4. 2012 auf www.handelsblatt.de erschienenen Text (M 3) den Erfolg der Unternehmen Samsung und Apple und dessen Ursachen.

Als Anlass führt er das **gegenseitige Übertrumpfen der beiden Unternehmen** mit ihren Bilanzen und Erfolgsmeldungen an (vgl. M 3, Z. 3 ff.). Betrachtet man hierzu die Angaben in M 1, dann wird diese Aussage durch die hohen Marktanteile von Samsung mit 20 % und Apple mit 14,5 % im 3. Quartal 2011 sowie die Steigerung der **Anzahl verkaufter Geräte** von 2010 bis 2011 unterstrichen. Ein Unterschied ist dabei aber festzustellen: Apple steigert seinen Verkauf langsamer und nimmt kontinuierlich den zweiten Platz unter den Smartphone-Herstellern ein. Samsung hingegen schafft es, vom dritten Platz aus die **Marktführerschaft** zu übernehmen (vgl. M 1).
Kölling führt weitere Unterschiede im Vergleich der beiden Unternehmen an. Samsung sei „ein **vertikal integriertes Unternehmen** vom alten Schlag" (M 3, Z. 15). Es entwickle und produziere seine Schlüsselkomponenten, z. B. Displays und Chipspeicher, größtenteils selbst (vgl. Z. 8 f., 15 ff.). Apple hingegen verfolge die sogenannte **Asset-light-Strategie**, bei der das Unternehmen nur die Software entwickle, die Produkte aber aus vorhandener Technik von Auftragsherstellern fertigen lasse (vgl. Z. 12 ff.). Auffällig ist, dass der Erfolg von Apple auch Samsung zugutekomme, da Samsung eigene Komponenten an Apple verkaufe (vgl. Z. 17 f.). Insofern existiert also auch eine gewisse **Abhängigkeit** beider Unternehmen im Hinblick auf Technik und Gewinn.
Ein weiterer Unterschied sei, dass Samsung sehr schnell **neue Technologien** wie organische Leuchtdioden entwickle, diese in seinen Produkten verbaue und einen **schnellen Produktzyklus** mit einer großen Anzahl mobiler Geräte habe (vgl. Z. 24 ff.). Apple konzentriere sich hingegen auf wenige Geräte (vgl. Z. 29). Laut Göldi konnte es jedoch durch seine **Alleinstellungsmerkmale** mit dem iPad eine neue Produktkategorie schaffen (vgl. M 2, Z. 42 ff.). Was die **Innovation** betrifft, habe Samsung im Bereich der Technik „inzwischen global einen guten Ruf als Innovationsführer" (M 3, Z. 34 f.), Apple versuche dagegen insbesondere durch **Design** und **Benutzerfreundlichkeit**, eigene Wege zu gehen (vgl. M 2, Z. 20 f.).
Samsung erziele seinen Gewinn durch das Mobilgeschäft (vgl. M 3, Z. 6; M 1), die vielen technischen Neuerungen, den schnellen Produktzyklus (vgl. M 3, Z. 27 ff.) und den Verkauf von Komponenten an Konkurrenten wie Apple (vgl. M 3, Z. 17 f.). Letzterer erziele hohe Gewinne durch das Ansprechen des **Massenmarkts** und der **Early Majority** (vgl. M 2, Z. 2, 11 ff.) und dank einer **Hochpreisstrategie** (vgl. M 2, Z. 27 f.).
Abschließend kann für beide Unternehmen festgestellt werden, dass sie in unterschiedlichen Bereichen als **Innovationsführer** betrachtet werden können. Sie haben beide **wirtschaftlichen Erfolg**, der in den Bilanzen zum Ausdruck kommt (vgl. M 3, Z. 3 f.). Zudem nahmen Samsung und Apple im Jahre 2011 die Plätze eins und zwei unter den Smartphone-Herstellern ein (M 1). Samsung hat dabei eine bessere Entwicklung auf dem Absatzmarkt erreicht und bedient zusätzlich seinen Konkurrenten Apple mit Komponenten – wodurch es auch von dessen Erfolg profitiert.

4. *Ausgehend vom Material M 4a sollen Sie Schumpeters Begriff der „schöpferischen Zerstörung" kurz in eigenen Worten beschreiben und diesen unter Verwendung des Schaubilds in M 4b anhand konkreter Sachverhalte in Bezug auf den Telekommunikationsmarkt auf seine innere Stimmigkeit hin prüfen.*

In seinem 1942 veröffentlichten Buch „Kapitalismus, Sozialismus und Demokratie" benennt **Joseph A. Schumpeter** mit dem Begriff „**schöpferische Zerstörung**" einen Prozess, bei dem wirtschaftliche Strukturen verändert werden. Dazu werde Altes permanent zerstört und immer wieder Neues geschaffen. Dieser Prozess sei die Basis für das Funktionieren des **Kapitalismus** (vgl. Z. 6 ff.).

In Bezug auf den Telekommunikationsmarkt bedeutet dies, dass im Verlauf der Zeit **neue Märkte erschlossen** wurden. Die Telekommunikationsunternehmen haben neben dem vollständigen Erschließen des Festnetzbereichs dafür gesorgt, dass auch der Mobilfunkbereich nach und nach ausgebaut wurde (vgl. M 4b). Zudem entwickelten sich neue Märkte durch den technologischen Fortschritt: Es gibt nicht mehr nur das Geschäft mit klassischen Telefongesprächen, sondern mit dem Internet ebenso wie mit Fernsehangeboten über das Telefonkabel weitere Märkte (vgl. M 4b). Mit der Öffnung des Telekommunikationsmarkts wurde es nationalen Unternehmen ermöglicht, auch internationale Märkte zu erschließen (vgl. M 4a, Z. 1).

Durch diese Entwicklungen wurden auch die **Beschaffungsmärkte** erweitert. So wurden für den Mobilfunkbereich Sendemasten und entsprechende Stationen gebaut, mobilfunkfähige Telefongeräte wurden entwickelt und mit den Möglichkeiten des Internet zu Smartphones fortgeführt. Durch den technischen Fortschritt werden Kupfer- durch Glasfaserkabel ersetzt, um höhere Übertragungsgeschwindigkeiten zu ermöglichen. Außerdem findet teilweise eine Konzentration von Unternehmen zu Konzernen statt, wie in der Geschichte der Deutschen Telekom und von Vodafone.

Eine **Zerstörung** in diesem Bereich ist aber kaum zu erkennen. Zwar gibt es z. B. immer weniger öffentliche Telefonzellen, weil immer mehr Menschen ein Mobiltelefon besitzen, aber ganz abgeschafft worden sind sie noch nicht. Es fand nur eine Reduzierung statt. Außerdem hat das Telefon nur eine **Weiterentwicklung** vollzogen. Es besitzt immer mehr technische Möglichkeiten wie Mobilfunk und Internet, ist aber nie vom Markt verschwunden. Darüber hinaus ist etwa der europäische Festnetzmarkt weitgehend gesättigt, sodass dieser nicht weiter erschlossen werden kann. Doch auch er wird nicht durch den Mobilfunk zerstört, da immer mehr Dienstleistungen, wie Internet und Fernsehen, über das Festnetz angeboten werden.

Das Schaubild in M 4b „150 Jahre Telefon – Meilensteine einer Erfolgsgeschichte", 2012 von der Deutschen Telekom veröffentlicht, zeigt eine kontinuierliche Weiterentwicklung des Telekommunikationsmarkts. Die Geräte und Dienstleistungen haben Fortschritte gemacht und die Anzahl der Konsumenten hat stark zugenommen. Eine Zerstörung ist nicht zu erkennen. Somit ist Schumpeters Begriff der schöpferischen Zerstörung für diesen Bereich nur eingeschränkt anwendbar.

5. *Sie sollen bei dieser Aufgabe den Begriff „Standort" beschreiben und verschiedene Standortfaktoren eines Unternehmens im Zusammenhang mit Beispielen anschaulich erklären. Dazu können Sie sich auch Kategorien für die Einteilung der Standortfaktoren überlegen.*

Eine wichtige Voraussetzung für den wirtschaftlichen Erfolg von Unternehmen ist der **Standort**, der durch verschiedene Einflussgrößen bestimmt wird. Die Produktionsfaktoren werden an diesem Ort eingesetzt. Die Standortwahl und der Einsatz der Produktionsfaktoren müssen auf die Unternehmensziele abgestimmt werden. Daher muss sich ein Unternehmen eine **Hierarchie der Standortfaktoren** für die Suche eines möglichst optimalen Standorts überlegen, denn nicht überall sind alle Faktoren gleichermaßen gegeben.

Die Standortfaktoren können in harte und weiche Faktoren eingeteilt werden, wobei die Zuordnung nicht immer eindeutig ist. Harte Faktoren kann ein Unternehmen kalkulieren und somit Kosten und Nutzen abwägen. Weiche Faktoren sind hingegen schwer oder gar nicht zu berechnen.

Zu den **harten Standortfaktoren** gehören die **politischen und rechtlichen Rahmenbedingungen**. Beispiele hierfür sind die politische Stabilität sowie die Höhe von Steuern und Abgaben. Sehr wichtig für ein Unternehmen kann es aber auch sein, welche Fördermöglichkeiten und Subventionen durch staatliche Akteure geboten werden. Rechtssicherheit, durch Gesetze und ein funktionierendes Gerichtswesen, spielt ebenfalls eine große Rolle, damit die Investitionen nicht durch Willkür verloren gehen. Auswirkungen hat aber auch das Arbeiten der Verwaltung. Flexibilität und Schnelligkeit haben Einfluss auf das unternehmerische Handeln.

Ebenfalls harte Standortfaktoren ergeben sich durch die **Produktionsfaktoren**. Dazu muss der Unternehmer sich z. B. fragen: Sind genügend qualifizierte Arbeitnehmer verfügbar? Welche Personalkosten können entstehen? Welche Möglichkeiten gibt es durch Berufsschulen und Hochschulen, weiteres Personal aus- und weiterzubilden? Gibt es finanzierbare Grundstücke und Gebäude? Welche Energiekosten sind zu erwarten? Sind notwendige Rohstoffe verfügbar und bezahlbar? Ist eine gut ausgebaute Infrastruktur, etwa durch Verkehrswege und moderne Telekommunikation, gegeben? Gibt es genügend Zulieferer in einer akzeptablen Entfernung?

Auch die Möglichkeiten für den **Absatz** sind ein wichtiges Kriterium. Das Unternehmen muss hierzu überlegen, wie weit der Markt vom Standort entfernt ist. Dies ist abhängig davon, ob ein regionaler, nationaler oder internationaler Markt bedient werden soll. Dabei können auch Handelshemmnisse und Währungsrisiken eine Rolle spielen. Ebenso sollte überprüft werden, welche Konkurrenzsituation gegeben ist und welches Marktpotenzial und Kaufverhalten besteht.

Zu den **weichen Standortfaktoren** gehört z. B. die **Mentalität der Bevölkerung**, insbesondere welche Arbeitseinstellung sie hat. Auf diese muss ein Unternehmen Rücksicht nehmen, damit seine Erwartungen nicht an der Realität vorbeigehen. Möglicherweise werden bestimmte Produktionszeiten etwa aufgrund kultureller/religiöser Einstellungen nicht eingehalten.

Außerdem kann das **Image eines Standorts** eine Rolle spielen. Positiv könnte z. B. sein, dass mit einer bestimmten Region eine hohe Qualität verbunden wird; negativ, dass Korruption sehr stark ausgeprägt ist oder menschenunwürdige Arbeitsbedingungen vorherrschen.

Weitere weiche Standortfaktoren sind das Kulturangebot, der Freizeitwert und die Attraktivität einer Stadt, der damit verbundene **Wohnwert** und welche Bildungseinrichtungen, wie Kindergärten und Schulen, vorhanden sind. Diese Aspekte sind nicht nur für die Familien der Unternehmensführung wichtig, sondern können auch anziehend für potenzielle Arbeitskräfte sein, die aus anderen Regionen zuziehen würden.

Somit gibt es eine Reihe von Standortfaktoren, die ein Unternehmen berücksichtigen muss. Deren Gewichtung und Bedeutung hängt u. a. von der **Ausgangssituation** ab: Soll ein Unternehmen neu gegründet werden, soll eine Verlagerung stattfinden, eine Erweiterung erfolgen oder das Filialnetz ausgebaut werden? Die endgültige Auswahl des Standorts muss jedes Unternehmen daher individuell für sich treffen.

6. *Bei der Bearbeitung der letzten Aufgabe sollen Sie Pro- und Kontra-Argumente für CSR im Hinblick auf einen wirtschaftlichen Erfolg für Nokia abwägen und ein begründetes Urteil fällen. Beschreiben Sie zu Beginn kurz, was unter CSR zu verstehen ist. Achten Sie auf den formalen Aufbau einer Erörterung.*

Unter **Corporate Social Responsibility** (CSR) versteht man eine Unternehmensführung, die nicht nur nachhaltig ökonomisch ausgerichtet ist, sondern auch sozial und ökologisch. Dabei werden alle **Stakeholder** wie Anteilseigner, Mitarbeiter, Kunden, Lieferanten und die gesamte Gesellschaft berücksichtigt. Ebenso wird auf die Umwelt geachtet. Unternehmensziele und Gemeinwohl sollen sich gegenseitig positiv beeinflussen. Durch CSR erhoffen sich Unternehmen u. a. ein besseres **Image**, zufriedenere Kunden und motiviertere Mitarbeiter, um letztlich auch wirtschaftlich erfolgreicher zu werden.

Laut den Angaben in M 1 musste Nokia zwischen dem 3. Quartal 2010 und dem 3. Quartal 2011 einen Rückgang von ungefähr 10 Mio. verkauften Geräten verzeichnen, verlor Marktanteile und fiel von der Marktführerposition auf den dritten Platz unter den Smartphone-Herstellern zurück. Inwiefern kann CSR die Nokia AG also wieder erfolgreich machen?

Gegen CSR spricht vor allem der **technische Fortschritt**. Wenn Konkurrenten in relativ kurzer Zeit immer wieder besser designte und technisch leistungsfähigere Geräte auf den Markt bringen, muss Nokia mindestens gleichwertige Produkte anbieten. Dafür ist ein hoher und teurer Entwicklungsaufwand nötig. Geld könnte durch CSR-Maßnahmen eventuell nicht in ausreichendem Maße für **Forschung und Entwicklung** vorhanden sein.

Damit verbunden ist ein weiteres Argument: Die **Kosten** durch CSR können sehr hoch sein. Höhere Löhne für die Mitarbeiter, die Umsetzung höherer Sozialstandards, wie z. B. kürzere Arbeitszeiten, die Einführung verbesserter Umweltstandards, etwa der Einbau neuer Anlagen zur Verringerung der umweltschädlichen

Abgase, verursachen höhere Kosten in der Produktion, aber durchaus auch im Vertrieb und bei Lieferanten. Die Geräte könnten gegenüber den Konkurrenzprodukten zu teuer werden. Damit würde ein **Wettbewerbsnachteil** entstehen, der einen weiteren Rückgang der Verkaufszahlen zur Folge haben könnte.

Ein weiteres Argument ist die Gefahr des **Vertrauensverlustes**, die besteht, wenn CSR nur halbherzig oder scheinheilig umgesetzt wird. Nokia könnte wegen „**Greenwashing**" kritisiert werden. Da es immer mehr sensible Nachfrager gibt, die auf eine solche Kritik reagieren, könnte das Unternehmen wirtschaftliche Probleme aufgrund rückläufiger Verkäufe bekommen.

Auf der anderen Seite können die **sensiblen Nachfrager** auch als Argument für CSR dienen. Nokia hat in Deutschland durch die Verlagerung seiner Produktion von Deutschland nach Rumänien einen Imageschaden erlitten. Durch gezielte Maßnahmen im Bereich des CSR könnte Nokia wieder Vertrauen bei der Kundschaft gewinnen, den Absatz seiner Geräte erhöhen und wirtschaftlich erfolgreicher werden.

Noch wichtiger kann die höhere **Motivation der Mitarbeiter** sein. Sie können durch CSR zu besseren Leistungen in der Entwicklung und Produktion gebracht werden. So kann das Unternehmen besser mit dem technischen Fortschritt mithalten und qualitativ hochwertige Produkte anbieten.

Am wichtigsten ist aber, dass Nokia mit CSR auch **Marketing** betreiben kann: Nokia könnte den Konsumenten kommunizieren, dass es sich durch CSR von den Konkurrenten unterscheidet und ein Alleinstellungsmerkmal besitzt. So könnte es auch höhere Preise rechtfertigen. Durch CSR könnten außerdem neue Kunden angesprochen werden. Es gibt immer mehr Bürger, die sozial und ökologisch denken, engagiert sind und sich aufgrund ihres Vermögens auch teurere Produkte leisten können. Nokia wäre dabei nicht der alleinige Hersteller mit hohen Preisen. Apple verfolgt bereits eine Hochpreisstrategie. Der Preisdruck durch die Konkurrenz ist nicht so groß und deshalb ist es möglich, CSR-Maßnahmen umzusetzen.

Abschließend ist festzustellen, dass der Nutzen des CSR die Kosten überwiegen kann. CSR hat eine größere Beständigkeit und wirkt nachhaltiger als etwa eine Änderung des Designs eines Smartphones. CSR muss aber ehrlich betrieben werden und ist nur ein Merkmal unter vielen für ein erfolgreiches Unternehmen.

Schriftliche Abiturprüfung Wirtschaft (Baden-Württemberg) 2013
Aufgabe II: Wirtschaftliches Handeln im Sektor Ausland

Aufgaben:

1. Arbeiten Sie aus M 1 mögliche Folgen des angesprochenen Freihandelsabkommens zwischen Indien und der EU heraus. — 8 VP

2. Erstellen Sie ein Preis-Mengen-Diagramm zu möglichen Auswirkungen eines Freihandelsabkommens auf den indischen Markt für Agrarprodukte (vgl. M 1, Z. 45 ff.) und erklären Sie Ihre Darstellung. — 10 VP

3. Charakterisieren Sie die außenwirtschaftlichen Verflechtungen Indiens, wie sie in M 2 a und 2 b dargestellt sind. — 10 VP

4. Transnationale Unternehmen tätigen Investitionen in Ländern wie Indien. Erörtern Sie die damit verbundenen Chancen und Risiken für diese Unternehmen. — 12 VP

5. Erläutern Sie, wie die Karikaturistin in M 3 den Protektionismus sieht. — 8 VP

6. Bewerten Sie ausgehend von den Materialien den Abbau protektionistischer Maßnahmen. — 12 VP

60 VP

M 1 Stefan Mauer: Hohe Hürden zwischen EU und Indien

Mit großen Worten versucht EU-Kommissionspräsident José Manuel Barroso in Neu-Delhi den nächsten Mini-Schritt in Richtung dessen, was einmal die größte Freihandelszone der Welt werden soll, zu feiern. „1,7 Milliarden Menschen wird das EU-Indien-Freihandelsabkommen nutzen; es wird das größte
5 Abkommen dieser Art in der ganzen Welt sein." Im Herbst solle das Abkommen endlich unterschriftsreif sein – hofft zumindest Barroso.

Denn auch nach fünf Jahren und mehr als einem Dutzend Verhandlungsrunden sind Indien und die EU in vielen Punkten noch meilenweit von einer Einigung entfernt. Zudem kritisieren Menschenrechtsorganisationen, das geplante Ab-
10 kommen könnte die Versorgung der armen indischen Bevölkerung mit Nahrung und Arzneimitteln gefährden.

Das Handelsvolumen zwischen der EU und Indien beträgt rund 86 Milliarden Euro, was die EU zum wichtigsten Handelspartner Indiens macht. Doch das Land wird im Handel mit der EU immer noch wie ein Entwicklungsland be-
15 handelt und genießt deshalb einige Privilegien beim Export in die EU. Im Zuge der Wachstums- und Entwicklungsstrategie der EU sollen diese Privilegien nach und nach durch bilaterale Abkommen und fallende Zollschranken ersetzt werden.

Die zu überwindenden Hürden sind in einigen Branchen extrem hoch: Wenn ein europäischer Autobauer einen seiner Pkw nach Indien exportiert, wird 60 Prozent Zoll fällig. Umgekehrt verlangt die EU von den indischen Exporteuren nur 6,5 Prozent. [...] Hinzu kommen regulatorische Besonderheiten wie zum Beispiel die, dass europäische Pharmafirmen einen besseren und längeren Schutz vor Generika[1] verlangen oder die Einzelhandelskonzerne gerne eigene Supermärkte in Indien aufbauen würden.

Insbesondere von Seiten der deutschen und französischen Pkw-Hersteller gibt es deshalb Kritik an den bisher ausgehandelten Kompromissen. Zwar hatte Indien kurz vor dem Gipfel angekündigt, die Importzölle auf Autos zu halbieren, dennoch wollen die Unternehmen auf lange Sicht einen völlig zollfreien Handel erreichen. [...]

In Indien selbst stößt eine zu starke Liberalisierung der Zoll-Regeln auf Widerstand. Als Premierminister Manmohan Singh Ende vergangenen Jahres ankündigte, Investitionen in den indischen Einzelhandel deutlich zu erleichtern, folgten Massenproteste. Schließlich rangen die Opposition und die betroffenen Händler der Regierung ab, ihre nur als Kabinettsbeschluss bestehende Entscheidung wieder zurückzunehmen.

Auch im Pharma-Bereich wächst die Kritik. Wenn – wie im Freihandelsabkommen geplant – die Ergebnisse in Testreihen von Medikamenten erst nach fünf oder zehn Jahren mit Konkurrenten geteilt werden müssen, verhindere dies günstige Kopien von Medikamenten. Was für europäische Medikamentenhersteller lebenswichtig ist, macht in Indien vielen Betroffenen Angst.

„Die größte Befürchtung ist, dass Mittel zur Behandlung von HIV und Krebs sich in Indien drastisch verteuern könnten, wenn die Forderungen der EU im Freihandelsabkommen erfüllt werden", sagt Indien-Experte Armin Paasch vom katholischen Hilfswerk Misereor. Zudem kritisiert er, dass nach dem Fall von Importzöllen die indischen Landwirte nicht mehr mit den subventionierten Produkten aus der EU konkurrieren können. „Indien ist wirtschaftlich noch immer nicht mit der EU vergleichbar. Eine gleichzeitige Marktöffnung auf beiden Seiten würde das Land unakzeptabel benachteiligen."

In: Handelsblatt vom 13. 02. 2012

Anmerkung
1 Arzneimittel, die auf dem Markt befindlichen und als Markenzeichen eingetragenen Präparaten in der Zusammensetzung gleichen, in der Regel aber billiger angeboten werden

M 2 a Daten zur außenwirtschaftlichen Verflechtung Indiens (in Mrd. US-Dollar)

Der Anteil Indiens am Weltexport lag 2003 bei 0,8 %, 2010 bei 1,4 %, der Anteil Indiens am Weltimport jeweils bei 0,9 % und 2,3 %.

	2003	2005	2007	2008	2009	2010	2011
Export von Gütern	59	99,6	150,2	194,8	164,9	226,4	304,6
Handelsbilanzsaldo	−13,6	−43,2	−79,2	−126,2	−92,3	−123,9	−158,1
Ausländische Direktinvestitionen in Indien	2,7	3,2	12,5	24,6	27,3	25,8	19,4

Daten nach: Statistisches Bundesamt, Wiesbaden 2012; Government of India 2012; WTO 2012

M 2 b Wichtige Handelsgüter Indiens 2010

	Einfuhrgüter in % der Gesamteinfuhr	Ausfuhrgüter in % der Gesamtausfuhr
Erdöl und -produkte	27,3	17,1
Chemische Erzeugnisse	9,8	10,7
Baustoffe, Glas, Keramik	8,5	0,6
Maschinen	6,9	4,0
Elektronik	6,1	1,7
Rohstoffe	4,8	0,3
Nahrungsmittel	1,5	7,0
Textilien und Bekleidung	0,9	10,9

Wirtschaftsdaten kompakt: Indien. Stand: 2011.
Quelle: Germany Trade & Invest (GTAI) 2012

M 3   Karikatur von KITTIHAWK

KITTIHAWK. In: Titanic, Februar 2009

Lösungsvorschlag

1. *„Herausarbeiten" heißt hier, dem gegebenen Text die Folgen des angestrebten Freihandelsabkommens zwischen der EU und Indien zu entnehmen. Achten Sie darauf, keine bloße Zusammenfassung anzufertigen und beschränken Sie sich auf die Informationen aus dem Text. Bei der Textwiedergabe müssen Sie die formalen Kriterien erfüllen. Zitate sind grundsätzlich mit einer Zeilenangabe zu versehen. Verwenden Sie bei indirekten Zitaten den Konjunktiv.*

Der Artikel „Hohe Hürden zwischen EU und Indien" von Stefan Mauer, der am 13. 2. 2012 im Handelsblatt erschienen ist, beschäftigt sich mit den **möglichen Folgen** des anvisierten Freihandelsabkommens zwischen der EU und Indien. Sollte dieses Abkommen tatsächlich zustande kommen (vgl. Z. 7 ff.), entstünde die **weltweit größte Freihandelszone** (vgl. Z. 3). Diese würde nach Ansicht von EU-Kommissionspräsident José Manuel Barroso 1,7 Mrd. Menschen nutzen (vgl. Z. 3 f.).

Aber es gebe auch **kritische Stimmen**. So sei eine Reihe von Punkten noch weit von einer Klärung entfernt (vgl. Z. 8 f.). Einerseits sähen sich die **europäische Automobilbranche**, europäische Pharmafirmen und Einzelhandelskonzerne **durch die bisherigen Vereinbarungen benachteiligt** (vgl. Z. 19 ff.). Da Indien von der EU immer noch wie ein Entwicklungsland behandelt werde, genössen indische Produzenten Privilegien (vgl. Z. 13 ff.). Stattdessen werde ein langfristig „völlig zollfreie[r] Handel" (Z. 29 f.) gefordert.

Auf der anderen Seite gebe es Befürchtungen, **Indien würden aus einer weitergehenden Marktöffnung Nachteile** erwachsen (vgl. Z. 31 f.). So sei die indische Regierung nach Massenprotesten gezwungen worden, geplante Erleichterungen bei Investitionen in den indischen Einzelhandel wieder zurückzunehmen (vgl. Z. 32 ff.). Große Bedenken gebe es auch gegenüber dem geplanten Schutz vor Generika (vgl. Z. 37 ff.). Dieser könne zu einer massiven Verteuerung von Arzneimitteln „zur Behandlung von HIV und Krebs" (Z. 42) führen. Zudem könnten die indischen Landwirte bei einer Abschaffung der Importzölle „nicht mehr mit den subventionierten Produkten aus der EU konkurrieren" (Z. 46 f.). Nach Einschätzung von Menschenrechtsorganisationen seien es somit die Ärmsten in Indien, die durch das Freihandelsabkommen bei der Versorgung mit Nahrungsmitteln und Medikamenten gefährdet wären (vgl. Z. 9 ff.).

2. *Hier wird von Ihnen verlangt, ein Preis-Mengen-Diagramm zu zeichnen und korrekt zu beschriften. Die Erklärung muss Bezug auf Ihre Darstellung nehmen und die Auswirkungen auf die betroffenen Akteure widerspiegeln. Achten Sie auf die Verwendung korrekter Fachbegriffe.*

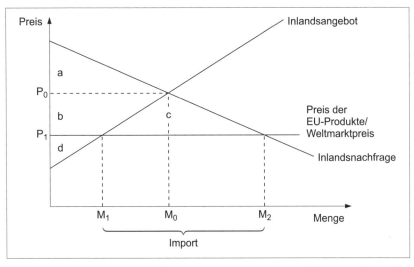

Vor der Marktöffnung bildet sich aus Inlandsangebot und Inlandsnachfrage der **Gleichgewichtspreis** P_0. Es wird die Menge M_0 abgesetzt. Wenn nun die Handelshemmnisse im Rahmen des Freihandelsabkommens wegfallen, gelten die niedrigeren Preise der subventionierten europäischen Agrarprodukte. Dieser Preis P_1 kann mit dem **Weltmarktpreis** gleichgesetzt werden. Da die angebotene Menge im Modell nicht begrenzt ist und Veränderungen der indischen Nachfrage keine Auswirkung auf den Weltmarkt haben, kann die Angebotskurve des Weltmarkts parallel zur Mengenachse gezeichnet werden.

Aufgrund des günstigeren Preises steigt die Nachfragemenge von M_0 auf M_2. Zu diesem Preis können aber nur noch **wenige indische Produzenten ihre Produkte anbieten**. Entsprechend geht der inländische Absatz von M_0 auf M_1 zurück. Die importierte Menge entspricht der Differenz von M_2 und M_1.

Von einer Marktöffnung profitieren in Indien die Konsumenten: Die **Konsumentenrente**, also der Nutzen der Verbraucher aus ihrer Marktteilnahme, steigt nach der Liberalisierung von a auf a+b+c. Die **Produzentenrente** reduziert sich von b+d auf d. Die **Gesamtwohlfahrt** steigt aber durch die Marktöffnung in dieser grafischen Darstellung von a+b+d auf a+b+c+d.

3. *Bei dieser Aufgabe soll auf Grundlage beider Materialien die außenwirtschaftliche Verflechtung Indiens mit ihren typischen Merkmalen beschrieben und in ihren Grundzügen bestimmt werden. Die formalen Anforderungen bei der Auswertung von statistischem Material müssen beachtet werden. Denken Sie an den Unterschied zwischen Prozent und Prozentpunkten. Dies stellt eine häufige Fehlerquelle dar.*

M 2a zeigt ausgewählte Daten zur außenwirtschaftlichen Verflechtung Indiens. Diese wurden Veröffentlichungen des Statistischen Bundesamts, des Government of India und der WTO von 2012 entnommen. Für die Jahre 2003, 2005 und 2007–2011 sind die Güterexporte, der Handelsbilanzsaldo sowie die Ausländischen Direktinvestitionen (ADI) in Milliarden US-$ angegeben. Zudem wird der prozentuale Anteil Indiens am Weltimport und -export für die Jahre 2003 und 2010 genannt.

In **M 2b** sind die wichtigsten Handelsgüter Indiens im Jahr 2010 mit ihrem jeweiligen Anteil an der Gesamteinfuhr und -ausfuhr aufgeführt. Die Daten stammen von der GTAI 2012.

Die Quellen zeigen eine zunehmende **Einbindung Indiens in den Welthandel**. Der Anteil bei den weltweiten **Exporten** stieg von 2003 bis 2010 auf knapp das Doppelte; bei den weltweiten **Importen** im gleichen Zeitraum sogar auf das Zweieinhalbfache. Von 2003 bis 2011 haben sich die Exporte mehr als verfünffacht. Die **ADI**, welche die Attraktivität des Wirtschaftsstandorts widerspiegeln, haben sich im Zeitraum von 2003 bis 2009 mehr als verzehnfacht. Der infolge der globalen **Finanz- und Wirtschaftskrise** zu beobachtende Rückgang der ADI kann als Beleg einer zunehmenden Verknüpfung Indiens mit dem Weltmarkt gesehen werden. Im Betrachtungszeitraum hat sich der negative **Handelsbilanzsaldo** mehr als verzehnfacht. 2011 lag der Wert der Importe um 158,1 Mrd. US-$ über dem der Exporte.

Betrachtet man die Ein- und Ausfuhrgüter, zeigt sich die **für Schwellenländer typische Güterstruktur**. Ein hoher Importanteil an Energierohstoffen und kapitalintensiven Investitionsgütern steht einem relativ hohen Exportanteil an Nahrungsmitteln und einem hohen Anteil lohnkostenintensiver Güter wie Textilien gegenüber.

4. Der Operator verlangt hier eine Abwägung von Chancen und Risiken, die sich aus einer Investition in Schwellenländern für transnationale Unternehmen ergeben. Am Ende der Erörterung steht ein begründetes Urteil, das sich schlüssig aus den angesprochenen Aspekten ergibt.

Ein Kennzeichen des Globalisierungsprozesses ist die steigende Bedeutung der **transnationalen Unternehmen (TNU)/transnationalen Konzerne (TNK)** und die damit verbundene Zunahme der **ADI**. Bei ADI handelt es sich um Investitionen im Ausland mit dem Ziel, dort unternehmerisch tätig zu sein. Dies kann durch die Gründung einer ausländischen Niederlassung bzw. Produktionsstätte, durch die Übernahme eines Unternehmens oder durch eine Fusion geschehen. Auch Kooperationen, Beteiligungen oder Joint Ventures zählen dazu.

Für die Unternehmen bieten solche Investitionen eine Reihe von **Chancen:** Sie können sich damit neue **Absatzmärkte** erschließen. Im Falle Indiens, mit einer Einwohnerzahl von mehr als 1,2 Mrd. Menschen, handelt es sich um einen Markt, der mehr als doppelt so groß ist wie der in der EU. Durch die Produktion in ausländischen Märkten lassen sich **Wechselkursrisiken** minimieren und etwaige **Einfuhrbeschränkungen** umgehen. Günstigere **Produktionskosten** wie Löhne oder Abgaben können ebenfalls ein Motiv sein. Vielfach sind Umwelt- und Sozialstandards geringer als im Heimatland, wodurch die Produktionskosten sinken. Die Nähe zu wichtigen Lieferanten oder die Sicherung von Rohstoffquellen kann ein weiterer Grund für Investitionen im Ausland sein. Auch die Bedeutung der **Gewerkschaften** oder Regelungen zur betrieblichen Mitbestimmung können an ausländischen Standorten unternehmerfreundlicher sein. Fusionen und Übernahmen bieten zudem die Möglichkeit, **Know-how** zu gewinnen und die Zahl der Mitbewerber im Markt zu reduzieren.

ADI sind aber auch mit **Risiken** verbunden. So können die Bedingungen für eine unternehmerische Tätigkeit schwieriger sein als am ursprünglichen Standort. Nicht selten liegen in Schwellenländern rechtsstaatliche Standards unter denen der Industrieländer. Fehlende **Rechtssicherheit** erschwert die langfristige Planung. Viele TNU haben mit Urheberrechtsverletzungen und Raubkopien zu kämpfen. Wenn der Schutz des geistigen Eigentums von staatlicher Seite nur halbherzig betrieben wird, besteht die Gefahr, dass Know-how verloren geht. Viele Schwellenländer haben zudem mit **Korruption** und einer wenig effizienten Bürokratie zu kämpfen. **Politische Instabilität**, die zu Streiks oder Aufständen führen kann, stellt ein mögliches Risiko dar. Auch kann es sein, dass die **Infrastruktur** oder die **Qualifikation** der Arbeitskräfte nicht den Anforderungen genügt. Dadurch entsprechen die produzierten Güter nicht den vorgegebenen **Qualitätsanforderungen**. Weitere Investitionen sind notwendig, die den ursprünglichen Kostenvorteil des ausländischen Standorts deutlich reduzieren können. Auch der **Ruf des Unternehmens** kann bei einer Verlagerung leiden. Insbesondere bei Produkten im höherpreisigen Segment spielen bei der Kaufentscheidung die Herkunft der Produkte und die Produktionsbedingungen eine immer größere Rolle.

Ob sich für ein Unternehmen eine Investition in einem Schwellenland lohnt, **hängt stark von den Zielsetzungen und der konkreten Umsetzung vor Ort ab.** Es

gibt sowohl zahlreiche Beispiele für erfolgreiche Investitionen als auch für Unternehmen, die ihr Engagement nach schlechten Erfahrungen wieder beendet haben.
TNU stehen bei dieser Frage oft unter Zugzwang, wenn Mitbewerber bereits in so riesigen Wachstumsmärkten wie Indien oder China präsent sind.
Was die Risiken angeht, besteht die **Perspektive**, dass sich mit der zunehmenden wirtschaftlichen Verflechtung rechtsstaatliche, ökologische und soziale Standards nach dem Vorbild der westlichen Demokratien verbreiten.

5. *Die Aufgabe verlangt, die Karikatur zunächst zu beschreiben und die Aussage der Karikaturistin zu erklären. Deren Haltung müssen Sie mit Elementen aus der Karikatur belegen.*

Die Karikatur mit dem Untertitel „Ist Protektionismus die Rettung?" wurde von Kittihawk im Jahr 2009 in der Satirezeitschrift „Titanic" veröffentlicht. Erkennbar ist eine alte Frau, die in einem Lehnsessel sitzt und augenscheinlich fröhlich etwas strickt. Sie verfügt über einen großen Wollvorrat. Auf dem Sofa daneben sitzen vier Personen, vermutlich der Großvater, die Eltern und ein Kind. Alle haben den gleichen, unförmigen und schlecht sitzenden Pullover an. Entgegen der guten Stimmung der Großmutter sind die übrigen Familienmitglieder sichtlich genervt. Indem die Karikaturistin das Kind fragen lässt „Warum müssen wir unsere Pullover eigentlich alle bei Oma kaufen?", bringt sie die Problematik des Protektionismus auf den Punkt. Von **Handelsbeschränkungen** profitieren die heimischen **Produzenten** – in der Karikatur durch die Großmutter dargestellt –, die ohne Konkurrenz und offensichtlich auch am Bedarf vorbei produzieren können. Entsprechend sind die **Konsumenten** – hier die Familie – benachteiligt, da es aufgrund des **fehlenden Wettbewerbs** keine Auswahlmöglichkeit gibt und sie ein Produkt erwerben müssen, welches nicht ihren Präferenzen entspricht.

6. *Hier sollen Sie mithilfe der gegebenen Materialien unter Offenlegung der eigenen Wertungsmaßstäbe protektionistische Maßnahmen beurteilen. Maßstäbe hierfür können sein: das Gleichheitsprinzip, die Menschenrechte, Gerechtigkeit, Nachhaltigkeit, Staatsräson usw. Sinnvoll ist es, protektionistische Maßnahmen vor dem Hintergrund der Interessenlage der einzelnen Akteure zu beleuchten.*

Protektionistische Maßnahmen sind Handelshemmnisse, die das Ziel haben, die inländische Wirtschaft vor ausländischen Einflüssen zu schützen. Man unterscheidet zwischen **tarifären Handelshemmnissen** wie Zöllen oder Exportsubventionen und **nicht tarifären Handelshemmnissen** wie Importquoten oder Kennzeichnungspflichten.
Grundsätzlich kann, wie in Teilaufgabe 2 dargestellt, die **Gesamtwohlfahrt eines Staates** durch den Abbau von Handelsbeschränkungen steigen. Allerdings profitieren hierbei die einzelnen Akteure in unterschiedlichem Maße. Während die **Verbraucher** von der Teilhabe an niedrigeren Weltmarktpreisen Vorteile haben, werden viele einheimische **Produzenten** vom Markt verdrängt. Demgegenüber kann der Wettbewerb, der sich durch die Liberalisierung ergibt, die inländischen

Produzenten beflügeln und so zu neuen Innovationen führen. Wie die Karikatur M 3 zeigt, müssen Produzenten, die offensichtlich an den Bedürfnissen der Konsumenten vorbei produzieren, aus dem Markt ausscheiden, da sie keine Abnehmer mehr haben.

Gleichzeitig führt eine Öffnung jedoch zu einer größeren **Abhängigkeit vom Weltmarkt**, beispielsweise durch stark schwankende Preise oder globale Wirtschaftskrisen. Auch zeigt das Beispiel Indien (vgl. M 1), dass der Abbau protektionistischer Maßnahmen zwei sehr unterschiedliche Seiten trifft: auf der einen Seite das Schwellenland Indien, das trotz eines Milliardenvolkes im Jahr 2010 lediglich zu 1,4 % zum Weltexport beitrug (vgl. M 2a); auf der anderen Seite die EU, welche mit den anderen beiden Triade-Regionen Nordamerika und Südostasien den Großteil der Weltwirtschaftsleistung erbringt. Wie dargestellt, können die Verbraucher zwar grundsätzlich von einer Marktöffnung profitieren. Was aber, wenn wie im Falle des agrarisch geprägten Indiens die privaten Haushalte noch vielfach selbst in der Landwirtschaft tätig und damit auch Produzenten sind? Hier ist vor dem Hintergrund der **Gleichbehandlung** – auf der einen Seite vergleichsweise wenige, subventionierte europäische Landwirte, auf der anderen Seite viele arme indische Bauern – eine Liberalisierung der Märkte skeptisch zu sehen. Vergleichbares gilt für den Einzelhandelsbereich. Entsprechend groß sind die Widerstände in den betroffenen Teilen der indischen Bevölkerung (vgl. M 1, Z. 31 ff.).

Auch kann es aus Sicht eines Landes sinnvoll sein, bestimmte Branchen und Wirtschaftsbereiche vor ausländischer Konkurrenz zu schützen, um **unabhängig von außenwirtschaftlichen Einflüssen** zu sein. Dies betrifft besonders den Bereich Rohstoff-, Energie- und Wasserversorgung. Auch bei jungen einheimischen Industriezweigen, den sogenannten **infant industries**, die aufgrund ihres Entwicklungsstands auf globaler Ebene noch nicht wettbewerbsfähig sind, kann ein zeitlich begrenzter Schutz hilfreich sein.

Und dort, wo ökonomische Interessen offensichtlich über **menschliche Bedürfnisse** gestellt werden und Hunger und Krankheit drohen, sind regulierende Maßnahmen notwendig.

Zusammenfassend kann man sagen, dass der Abbau von Handelshemmnissen grundsätzlich zu begrüßen ist. Allerdings kommt es in der Regel zu einer **Win-win-Situation** nur dann, wenn es sich um **gleichberechtigte Partner** handelt. Sollen gleiche Regeln für ungleiche Länder oder Regionen gelten, wie es bei einer Vereinbarung zwischen **einem Industrie- und einem Schwellenland** der Fall ist, besteht die Gefahr, dass im Schwellenland die Nachteile überwiegen.

Schriftliche Abiturprüfung Wirtschaft (Baden-Württemberg) 2014
Aufgabe I: Wirtschaftliches Handeln im Sektor Unternehmen

Aufgaben:

1. Beschreiben Sie die in M 1a–d dargestellte Marktsituation deutscher Tageszeitungen. 8 VP

2. Der Springer-Verlag setzt mit seiner Internetplattform „bild.de" auf das sogenannte „Freemium-Modell". Bei diesem werden einerseits Basisinformationen gratis („free") angeboten, andererseits sind über dieses Basisangebot hinausgehende Angebote („premium") kostenpflichtig. Erläutern Sie mögliche Ziele dieser Unternehmensentscheidung. 8 VP

3. Erklären Sie mit Hilfe geeigneter Positionen aus M 2 den Aufbau einer Bilanz. 10 VP

4. Arbeiten Sie aus M 2 und M 3 die wirtschaftliche Situation des Unternehmens Gruner + Jahr heraus. 10 VP

5. „Nach Schätzungen dürfte die Transformation in den nächsten Jahren bis zu einer halben Milliarde Euro verschlingen." (M 3, Z. 22 f.)
Erörtern Sie ausgehend von M 2 und M 3 Finanzierungsmöglichkeiten für Gruner + Jahr. 12 VP

6. Beurteilen Sie die Auswirkungen von Erweiterungsinvestitionen auf die Stakeholder eines Unternehmens. 12 VP

60 VP

M 1a Täglich verkaufte Auflagen der Tageszeitungen in Deutschland (in Millionen)

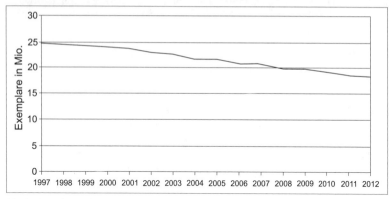

Nach: Bundesverband deutscher Zeitungsverleger 2012

M 1b Onlineangebote der Tageszeitungen in Deutschland

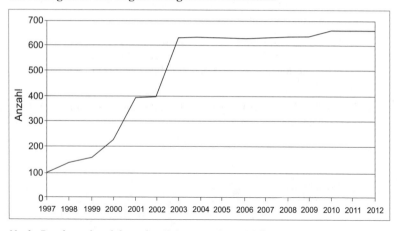

Nach: Bundesverband deutscher Zeitungsverleger 2012

M 1 c Reichweiten der Tageszeitungen in Deutschland 2012

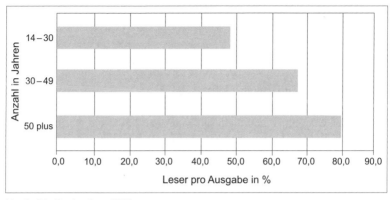

Nach: Media-Analyse 2012

M 1 d Netto-Werbeeinnahmen erfassbarer Werbeträger in Deutschland 2012 und die Veränderungen zum Vorjahr

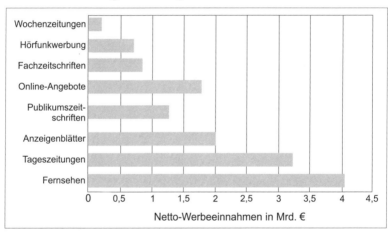

Medium	Veränderungen zum Vorjahr in %
Wochenzeitungen	−6,4
Hörfunkwerbung	1,4
Fachzeitschriften	−20
Online-Angebote	8
Publikumszeitschriften	−11,1

Anzeigenblätter	−2,9
Tageszeitungen	−9,1
Fernsehen	1,7

Beide Statistiken nach: Zentralverband der deutschen Werbewirtschaft 2012

M 2 Unternehmen Gruner + Jahr

Die Gruner + Jahr AG und Co. KG[1] erreicht mit mehr als 500 Medienaktivitäten, Magazinen und digitalen Angeboten Leser und Nutzer in über 30 Ländern. Bei G + J erscheinen u. a. STERN, BRIGITTE, GEO, CAPITAL, P. M.-Gruppe, NATIONAL GEOGRAPHIC.
G + J hält jeweils 60 % an einem der größten Fachzeitschriftenverlage in Europa und am Dresdner Druck- und Verlagshaus (u. a. Sächsische Zeitung).

[1] AG & Co. KG = Kommanditgesellschaft, deren Komplementär eine Aktiengesellschaft ist

Gruner + Jahr in Zahlen
(Angaben – außer bei Mitarbeitern – in Tausend Euro)

Position	2011	2012
Mitarbeiter	11 747	11 775
Bilanzsumme	1 744 352	1 651 676
Umsatzerlöse	2 286 780	2 218 780
Gewinn vor Steuern	202 206	50 143
Jahresüberschuss/-fehlbetrag	160 131	−11 333
Finanzanlagen	39 021	42 319
Eigenkapital	580 150	350 349
Sachanlagen	315 273	261 415
Fremdkapital	1 164 202	1 301 327
Forderungen aus Lieferungen	268 932	260 295
Personalaufwand	689 201	758 096
Verbindlichkeiten aus Lieferungen	193 933	194 803

Nach: Geschäftsbericht Gruner + Jahr 2012

M 3 Johannes Ritter: Unruhe am Baumwall

Die Spannung war groß, als Julia Jäkel jüngst vor ihre Mitarbeiter trat. Viele im Auditorium von Gruner+Jahr am Hamburger Baumwall dachten, die neue Vorstandsvorsitzende des Zeitschriftenverlags („Stern", „Brigitte") würde allerlei Grausamkeiten verkünden. Schließlich ist den gut 11 000 Beschäftigten
5 längst klar, dass die Dinge nicht einfach so weiterlaufen können wie bisher. Denn die Dinge laufen nicht gut. Sinkendes Anzeigenvolumen und sinkende Auflagen ließen das Betriebsergebnis von Gruner+Jahr im vergangenen Jahr um 28 Prozent auf 168 Millionen Euro abschmelzen. Aufgrund hoher Sonderaufwendungen, unter anderem für die Schließung der „Financial Times
10 Deutschland", machte der Verlag unter dem Strich sogar Verlust. Mit einem Umsatz von zuletzt 2,2 Milliarden Euro zählt G+J zu den mit Abstand größten Zeitschriftenhäusern Europas.
Spätestens seitdem im April [2013] Jäkel das Oberkommando übertragen wurde, schwant den Mitarbeitern, dass die Zeit für Veränderungen gekommen ist.
15 Tatsächlich sprach die 41 Jahre alte Managerin in ihrer Rede in der Verlagszentrale, die im Intranet in alle Außenbüros übertragen wurde, ausführlich darüber, dass sich Gruner+Jahr unbedingt bewegen muss. Der Verlag soll besser, schneller, digitaler werden. Über den dafür erforderlichen finanziellen Aufwand und über die konkreten Folgen der Neuausrichtung für die Mitar-
20 beiter sprach Jäkel aber nicht. Darüber will sie erst nach dem Sommer informieren.
Nach Schätzungen dürfte die Transformation in den nächsten Jahren bis zu einer halben Milliarde Euro verschlingen. Das ist ein Kraftakt, für den der Verlag die Unterstützung seiner Gesellschafter braucht. Dies sind der Gütersloher
25 Medienkonzern Bertelsmann (Anteil: 74,9 Prozent) und die Familie Jahr (25,1 Prozent). Der Abbau von Arbeitsplätzen steht nicht im Vordergrund des Umbauprogrammes. Trotzdem sorgt dieses Thema naturgemäß für große Unruhe im Haus. Noch liegen keine präzisen Zahlen vor. Am Ende könnten wohl 250 bis 400 Stellen wegfallen. Das klingt dramatischer als es ist. Denn zum einen
30 soll der Abbau nicht Knall auf Fall, sondern im Verlauf des auf drei bis fünf Jahre angesetzten Transformationsprozesses vollzogen werden. Zum anderen will der Verlag so sozialverträglich wie möglich vorgehen. Dabei hilft die Alterspyramide: Allein am Stammsitz Hamburg arbeiten rund 200 Kollegen, die in den nächsten zwei Jahren 65 Jahre alt werden. [...] Gruner+Jahr war in
35 der Vergangenheit vom Großaktionär Bertelsmann knappgehalten worden und hatte es sträflich versäumt, nennenswert in das Digitalgeschäft zu investieren. Auf diesem Feld sind wir „Anfänger", gab der neue Produktvorstand Stephan Schäfer auf der Betriebsversammlung unumwunden zu. Doch nun hat sich die Führungsriege viel vorgenommen: „Halten Sie sich fest", rief Schäfer den Mit-
40 arbeitern zu. „Wir wollen Europas größter Publisher für E-Magazines und Apps werden."

Um das zu schaffen, wollen Jäkel und Co. nicht nur in die dafür erforderliche technische Infrastruktur investieren. Sie wollen das Digitalgeschäft über Akquisitionen stärken. Ein erster Schritt in diese Richtung war der Einstieg bei
45 Tausendkind, einem Online-Händler für Kinderartikel. Inhaltlich sieht man hier eine Verbindung zu Titeln wie „Eltern" oder „Brigitte Mom". [...] Die geplante Digitaloffensive kostet freilich viel Geld. Für den Ausbau der eigenen IT- und E-Commerce-Zukäufe werden intern insgesamt 200 bis 300 Millionen Euro veranschlagt. Hinzu kommen Restrukturierungskosten in dreistelliger
50 Millionenhöhe.

In: Frankfurter Allgemeine Zeitung, 6. 7. 2013

Lösungsvorschlag

1. *Der Operator „beschreiben" verlangt hier, dass wesentliche Informationen aus den Materialien M 1 a–d zusammenhängend und schlüssig wiedergegeben werden. Achten Sie bei Ihrer Antwort auf die Einhaltung der formalen Kriterien und denken Sie bei der Beschreibung der Materialien daran, dass Sie einen Bezug zur Marktsituation deutscher Tageszeitungen herstellen.*

Im Kurvendiagramm in M 1 a wird die Entwicklung der täglich **verkauften Auflagen der Tageszeitungen** in Deutschland von 1997 bis 2012 in Jahresschritten und die Anzahl der Exemplare in Millionen angegeben. Die Darstellung basiert auf Daten des Bundesverbands deutscher Zeitungsverleger aus dem Jahr 2012. Es ist ein kontinuierlicher Rückgang der verkauften Tageszeitungen erkennbar. Werden 1997 noch fast 25 Mio. Tageszeitungen abgesetzt, geht die Anzahl verkaufter Exemplare bis 2012 um ungefähr 7 Mio. zurück.

Das zweite Kurvendiagramm (M 1 b) zeigt die **Onlineangebote der Tageszeitungen** in Deutschland der Jahre 1997 bis 2012 in Jahresschritten. Die Daten stammen ebenfalls vom Bundesverband deutscher Zeitungsverleger aus dem Jahr 2012. 1997 gibt es ca. 100 Onlineangebote. Deren Anzahl steigt bis 2001 auf knapp 400 an, bleibt bis 2002 fast konstant, macht dann bis 2003 jedoch einen großen Sprung auf ungefähr 630. In den folgenden Jahren ist die Veränderung nur noch gering; die Anzahl der Onlineangebote beträgt 2012 ca. 670.

In M 1 c werden in einem Balkendiagramm die **Reichweiten der Tageszeitungen** in Deutschland 2012 dargestellt. Der oberste Balken zeigt die Altersgruppe der Vierzehn- bis Dreißigjährigen, der mittlere die Gruppe der Dreißig- bis Neunundvierzigjährigen und der untere die Gruppe der über Fünfzigjährigen. Die Reichweite der Leser pro Ausgabe wird in Prozent angegeben. Die meisten Leser erreichen die Tageszeitungen mit knapp 80 % bei den über Fünfzigjährigen. Bei der mittleren Altersgruppe lesen ca. 66 % eine Tageszeitung. Die geringste Reichweite mit weniger als 50 % wird bei der jüngsten Altersgruppe erzielt.

Die beiden Darstellungen in M 1d basieren auf Daten des Zentralverbands der deutschen Wirtschaft von 2012. Im Balkendiagramm werden die **Netto-Werbeeinnahmen** erfassbarer Werbeträger in Deutschland 2012 gezeigt; die Angaben erfolgen in Milliarden Euro. In der Tabelle werden die Veränderungen der Netto-Werbeeinnahmen 2012 zum Vorjahr in Prozent angegeben. Die Netto-Werbeeinnahmen der Tageszeitungen lagen bei ungefähr 3,25 Mrd. €. Zum Vorjahr ist allerdings ein Rückgang um 9,1 % feststellbar. Die Onlineangebote hingegen konnten ihre Netto-Werbeeinnahmen zum Jahr 2012 um 8 % auf ungefähr 1,75 Mrd. € steigern.

Die **Marktsituation** deutscher Tageszeitungen in Deutschland hat sich von 1997 bis 2012 verändert. Immer geringere Auflagen der Tageszeitungen werden verkauft, die Werbeeinnahmen sinken, die Reichweite nimmt nach Altersgruppen ab. Dagegen steigt die Zahl der Onlineangebote der Tageszeitungen im genannten Zeitraum ebenso wie die Werbeeinnahmen in diesem Bereich.

2. *Hier verlangt der Operator „erläutern", dass Sie mögliche Ziele des sogenannten „Freemium-Modells" beschreiben und erklären. Sie können bei der Beantwortung die beschriebene Entwicklung der Marktsituation in M 1 berücksichtigen.*

Der Springer-Verlag könnte mit seinem „Freemium-Modell" versuchen, auf die **geänderte Marktsituation** zu reagieren. Wie M 1 zeigt, gehen die Verkaufszahlen der Tageszeitungen zurück, die Anzahl der Onlineangebote dagegen steigt. Mit den **kostenlos angebotenen Basisinformationen** können Nutzer angezogen werden. Da die Tageszeitungen bei den Vierzehn- bis Dreißigjährigen weniger als 50 % erreichen, diese Altersgruppe jedoch sehr häufig das Internet gebraucht, können hier **durch ein Onlineangebot neue Nutzer** gewonnen werden. Aber auch der mittleren Altersgruppe kann mit einer Onlineversion der Tageszeitung eine Alternative angeboten werden, um so den Anteil der Nutzer insgesamt zu steigern. Dies kann zudem eine **Erhöhung der Werbeeinnahmen** zur Folge haben. Durch die Kombination von frei zugänglichen Inhalten und **kostenpflichtigen „Premium-Angeboten"** versucht der Springer-Verlag, sich unabhängig von Werbeeinnahmen zu machen und die **Kosten** für das journalistische Angebot zu **erwirtschaften**. Die Kombination erscheint deshalb sinnvoll, weil viele Onlineangebote bisher komplett kostenlos waren. So werden zwar durch das kostenlose Basisangebot bisherige Leser nicht verprellt. Aber gleichzeitig erhalten Leser mehr und aufwendiger gestaltete Informationen nur gegen Zahlung. Dadurch können diese möglicherweise auch stärker – als Bestandskunden – gebunden werden. Das Produkt „Bild-Zeitung" wird durch eine Druckausgabe, eine Online-Basis-Ausgabe und eine Online-Premium-Ausgabe **diversifiziert**. Eventuell kann der Verlag neben der **Preisführerschaft** im Printbereich auch eine **Marktführerschaft** im Onlinebereich erzielen.

3. *Sie sollen bei dieser Aufgabe nur solche Angaben aus M 2 entnehmen und in einen sinnvollen Zusammenhang stellen, die zur Erklärung des Aufbaus einer Bilanz notwendig sind. Es ist zu empfehlen, sich am Anfang eine Übersicht eines*

Bilanzaufbaus zu erstellen. Hierbei können Sie etwa mit den Angaben in M 2 beginnen und dann weitere Positionen (diese sind im folgenden Beispiel eingerückt) auf der Grundlage Ihrer Kenntnisse aus dem Unterricht ergänzen.

Aktiva	Passiva
Anlagevermögen	Eigenkapital
Sachanlagen	Jahresüberschuss/-fehlbetrag
Finanzanlagen	Fremdkapital
Umlaufvermögen	Verbindlichkeiten aus Lieferungen
Forderungen aus Lieferungen	
Bilanzsumme	Bilanzsumme

Die weiteren Angaben in M 2 spielen beim Aufbau einer Bilanz keine Rolle.

Die Bilanz eines Unternehmens zeigt die Zusammensetzung des Kapitals zu einem bestimmten Zeitpunkt. Dabei wird zwischen der **Kapitalverwendung** (Aktiva) und der **Kapitalherkunft** (Passiva) unterschieden, welche die beiden Seiten der Bilanz bilden. Die Gliederung und die einzelnen Posten der Bilanz werden durch das **Handelsgesetzbuch** vorgegeben.

Die **Aktivseite** stellt die **Liquidität** eines Unternehmens dar. Die Gliederung der einzelnen Posten erfolgt nach dem Grad der Liquidität, d. h., je weiter unten eine Position steht, umso schneller können die jeweiligen Vermögensgüter verflüssigt werden. Die Aktivseite wird in **Anlagevermögen** und Umlaufvermögen unterteilt. Sachanlagen sind Teil des Anlagevermögens. Zu ihnen gehören z. B. Grundstücke, Gebäude, Maschinen sowie Betriebs- und Geschäftsausstattung. Finanzanlagen, wie etwa Wertpapiere, sind ebenfalls Teil des Anlagevermögens. Zum **Umlaufvermögen** gehören die Forderungen aus Lieferungen an Kunden, Kassenbestände und Vorräte.

Die **Passivseite** wird nach Eigenkapital und Fremdkapital, also der **rechtlichen Stellung der Kapitalgeber**, unterteilt. Zum **Eigenkapital** gehören der Jahresüberschuss/-fehlbetrag und die eingebrachten Einlagen der Eigentümer oder Anteilseigner. Das **Fremdkapital** setzt sich u. a. aus den Verbindlichkeiten aus Lieferungen und gegenüber Kreditgebern, wie Investoren, Banken und Privatpersonen, zusammen.

Der Aufbau einer Bilanz ist dann korrekt, wenn die **Bilanzsummen** der Aktiv- und der Passivseite übereinstimmen.

4. *Aus M 2 und M 3 sollen Sie wesentliche Informationen zur wirtschaftlichen Situation des Unternehmens Gruner + Jahr entnehmen, diese wiedergeben und ggf. berechnen. Achten Sie auf die formalen Kriterien, insbesondere die Zitierregeln.*

In M 2 werden verschiedene Positionen aus dem Geschäftsbericht des Unternehmens Gruner + Jahr aus dem Jahr 2012 aufgelistet, wobei diese den Angaben aus 2011 gegenübergestellt werden. Bei M 3 handelt es sich um einen Artikel mit dem Titel „Unruhe am Baumwall" von Johannes Ritter, der am 6. 7. 2013 in der Frankfurter Allgemeinen Zeitung erschienen ist.

Aus beiden Materialien ist ersichtlich, dass die wirtschaftliche Situation des Unternehmens im Jahr 2012 schlechter ist als 2011. Deutlich wird dies insbesondere am **Jahresfehlbetrag** von 11,33 Mio. € in 2012 (vgl. M 2). Ein möglicher Grund liegt laut Johannes Ritter in der Schließung der Financial Times Deutschland (vgl. M 3, Z. 8 ff.). Das **Betriebsergebnis** sei aufgrund der Abnahme des Anzeigenvolumens und der Auflagen um 28 % zurückgegangen (vgl. M 3, Z. 6 ff.). Der **Gewinn vor Steuern** ist 2012 um ca. 152 Mio. € geringer ausgefallen. Der **Umsatz** liegt bei 2,22 Mrd. €, was einem Rückgang von ca. 68 Mio. € entspricht (vgl. M 2). Die **Anzahl der Mitarbeiter** ist innerhalb eines Jahres nur um 28 Personen gestiegen; trotzdem ist ein erhöhter **Personalaufwand** von ca. 69 Mio. € feststellbar (vgl. M 2). Die Höhe des **Eigenkapitals** ist um ca. 40 % gesunken, während die des **Fremdkapitals** um ca. 12 % gewachsen ist (vgl. M 2). Der mit 74,9 % größte Anteilseigner, der Medienkonzern Bertelsmann (vgl. M 3, Z. 24 f.), habe das Unternehmen Gruner+Jahr in der Vergangenheit „knappgehalten" (M 3, Z. 35) und habe „es sträflich versäumt, nennenswert in das Digitalgeschäft zu investieren" (M 3, Z. 36).
Gruner+Jahr, einem der „größten Zeitschriftenhäuser[] Europas" (M 3, Z. 11 f.), stehe ein umfassender **Transformationsprozess** mit dem Ausbau des Digitalgeschäfts bevor, welcher mit etwa einer halben Milliarde Euro sehr kostenintensiv werde (vgl. M 3, Z. 22 f., Z. 29 ff., Z. 47 ff.).

5. *Ausgehend von dem Zitat sollen Sie vor dem Hintergrund der Informationen in M 2 und M 3 die Finanzierungsmöglichkeiten für die Transformation von Gruner+Jahr beschreiben, abwägen und ein begründetes Urteil fällen. Achten Sie darauf, den formalen Aufbau einer Erörterung einzuhalten.*

In seinem Zeitungsartikel „Unruhe am Baumwall" schildert Johannes Ritter, dass Gruner+Jahr vor einem Transformationsprozess stehe, welcher mehrere Jahre andauern und „bis zu einer halben Milliarde Euro verschlingen" (M 3, Z. 22 f.) werde. Im Hinblick auf die wirtschaftliche Situation im Jahr 2012 bedeutet dies eine enorme **Herausforderung für das Unternehmen**. Vor diesem Hintergrund ist abzuwägen, welche Finanzierungsmöglichkeiten sinnvoll, welche dagegen eher von Nachteil sind.
Das Unternehmen kann versuchen, über die **Selbstfinanzierung** die Kosten der Transformation zu tragen. Dazu muss es allerdings entsprechende Gewinne erwirtschaften. Die momentanen Gewinne werden nicht ausreichen (vgl. M 2).
Innerhalb des Konzerns können über **Rückstellungen** oder **Abschreibungen** weitere Finanzquellen erschlossen werden. Da das Unternehmen eine grundlegende Veränderung durchführen möchte, ist jedoch fraglich, ob diese Möglichkeiten in Betracht gezogen werden können.
Einsparungen können etwa durch **Outsourcing** erreicht werden. Betrachtet man die gestiegenen Personalkosten im Geschäftsbericht (vgl. M 2), zeigt sich ein sehr hohes Einsparpotenzial in diesem Bereich. Dem steht aber das Vorhaben der Geschäftsführung gegenüber, den Abbau von Arbeitsplätzen nicht in den Vorder-

grund zu rücken und diesen ggf. sozialverträglich umzusetzen (vgl. M 3, Z. 26 ff.). Trotzdem sind Einsparungen beim Personal in den nächsten zwei Jahren zu erwarten.

Eine weitere Möglichkeit besteht in der **außenfinanzierten Fremdfinanzierung** durch Kredite. Aktuell ist der Leitzins der Europäischen Zentralbank sehr niedrig, sodass Banken Kredite grundsätzlich zu sehr günstigen Konditionen vergeben können. Trotzdem muss der Verlag Einnahmen in einer Größenordnung erwirtschaften, welche die Tilgung und die Zinsen dauerhaft übersteigen. Außerdem erhöhte sich schon von 2011 auf 2012 der Anteil an Fremdkapital. Eine weitere Steigerung verstärkt die Abhängigkeit des Unternehmens vom Kapitalmarkt. Es ist auch fraglich, ob die Banken dem Unternehmen wegen dessen schlechter Geschäftslage überhaupt Kredite geben. Aber immerhin spricht für eine Kreditvergabe, dass Gruner + Jahr zu den „größten Zeitschriftenhäusern Europas" (M 3, Z. 11 f.) gehört, deswegen wahrscheinlich einen großen Marktanteil besitzt und somit Vorteile gegenüber der Konkurrenz hat.

Möglich ist zudem die **Erhöhung des Eigenkapitals**. Der Anteil ist von 2011 bis 2012 gesunken (vgl. M 2). Die Rechtsform AG & Co. KG erlaubt eine **außenfinanzierte Eigenfinanzierung**. Die Einlagen können erhöht werden. Ebenso besteht über die Herausgabe neuer Aktien die Möglichkeit, neues Geld zur Finanzierung des Transformationsprozesses zu beschaffen. Voraussetzung dafür ist aber die Zustimmung der Hauptanteilseigner Bertelsmann und Jahr. Insbesondere der Großaktionär Bertelsmann muss hiervon überzeugt werden, denn in den vergangenen Jahren habe er den Verlag „knappgehalten" (M 3, Z. 35) und kaum in das Digitalgeschäft investiert (vgl. M 3, Z. 36). Ein Nachteil der Herausgabe von Aktien besteht darin, dass weitere Kapitalgeber ein Mitspracherecht und Renditen einfordern können.

Der Transformationsprozess für Gruner + Jahr ist notwendig, um die starke Stellung des Unternehmens zu erhalten. Am sinnvollsten erscheint die Erhöhung des Eigenkapitals. Zwar muss Bertelsmann eventuell ein umfassenderes Mitspracherecht der Kapitalgeber hinnehmen, aber die Nachteile wären geringer als bei einer Vergrößerung der Abhängigkeit gegenüber dem Kapitalmarkt. Renditeerwartungen könnten später erfüllt werden, wohingegen Zinsen und Tilgung laufend zu bezahlen wären – selbst wenn keine Gewinne erwirtschaftet werden. Bertelsmann verfügt mit 74,9 % (vgl. M 3, Z. 25) über einen sehr großen Anteil und wird selbst bei der Herausgabe neuer Aktien einen erheblichen Einfluss behalten.

6. *Bei der letzten Aufgabe sollen Sie anhand geeigneter Kriterien die Auswirkungen von Erweiterungsinvestitionen auf die einzelnen Stakeholder eines Unternehmens prüfen.*

Stakeholder sind alle internen und externen Personen und Gruppen, die mit dem wirtschaftlichen Handeln des Unternehmens in Verbindung stehen. Zu ihnen gehören u. a. die Eigner, die Unternehmensführung, die Mitarbeiter, die Lieferanten, die Kunden, die Banken, der Staat und die Gesellschaft.

Erweiterungsinvestitionen können die betriebliche Leistungsfähigkeit erhöhen, den Bestand des Unternehmens sichern und den Erfolg vergrößern. Die betriebliche Leistungsfähigkeit kann u. a. durch eine Ausweitung der Produktion erfolgen oder durch eine Produktdifferenzierung. Bei Gruner+Jahr soll diese Produktdifferenzierung durch den Ausbau des Digitalgeschäfts vollzogen werden.

Aus Sicht der **Eigentümer** von Gruner+Jahr dürften die Erweiterungsinvestitionen effektiv sein. Betrachtet man die Informationen in M 1–M 3, könnten diese Investitionen dazu führen, dass die Rückgänge und Verluste im Printmedienbereich durch die positive Entwicklung im Onlinebereich aufgefangen werden und eine positive Rendite zu erwarten ist.

Für die **Unternehmensführung** kann sich bei erfolgreicher Umsetzung der Erweiterungsinvestitionen eine Gewinnbeteiligung durch Bonuszahlungen ergeben. Möglicherweise werden auch Arbeitsplatzangebote von anderen bedeutenden Unternehmen unterbreitet.

Die **Mitarbeiter** sehen sich eventuell mit der Gerechtigkeitsfrage und dem Ziel der Nachhaltigkeit konfrontiert. Erweiterungsinvestitionen können zum Arbeitsplatzabbau führen; es können aber auch neue Arbeitsplätze entstehen. Außerdem können sich die Arbeitsplatzanforderungen verändern, auf die sich die Mitarbeiter und die Unternehmensführung einstellen müssen. So werden z. B. bei Gruner+Jahr mehr IT-Spezialisten benötigt.

Die bisherigen **Lieferanten** müssen damit rechnen, dass sie vielleicht Aufträge verlieren. Wenn weniger Zeitungen und Zeitschriften gedruckt werden, wird weniger Papier verbraucht. Neue Lieferanten können bei der Umsetzung der Erweiterungsinvestitionen für den Verlag ihre Güter absetzen.

Für die **Kunden** kann die Effizienz gesteigert werden. Durch die Produktdifferenzierung kann es zu einer Erweiterung und Verbesserung des Angebots kommen. Digitale Angebote sind unabhängig vom Standort fast überall zu erhalten. Außerdem können sich für die Kunden Preisvorteile ergeben.

Die **Banken** können durch die Vergabe von Krediten und die Einnahme von Zinsen ihre Gewinne steigern.

Der **Staat** kann, wenn die Erweiterungsinvestitionen gelungen sind, höhere Steuereinnahmen erzielen, die er zur Erfüllung seiner Aufgaben, insbesondere im Wohlfahrtsbereich, einsetzen kann. Steigt jedoch durch einen möglichen Arbeitsplatzabbau die Arbeitslosigkeit, muss der Staat mehr Sozialleistungen erbringen.

Die Wohlfahrt kann durch die Erweiterungsinvestitionen gesteigert werden, wenn in der **Gesellschaft** zusätzliche Einkommen oder Renten entstehen, die zu einer erhöhten Nachfrage am Markt führen.

Erweiterungsinvestitionen können sich für alle Akteure positiv auswirken. Aber auch negative Konsequenzen sind möglich.

Schriftliche Abiturprüfung Wirtschaft (Baden-Württemberg) 2014
Aufgabe II: Wirtschaftliches Handeln im Sektor Ausland

Aufgaben:

1. Beschreiben Sie anhand von M 1 a und b wesentliche Merkmale des brasilianischen Außenhandels.   10 VP

2. Der Wechselkurs des brasilianischen Real ist zwischen 2009 und 2011 gegenüber dem Euro gestiegen (vgl. M 1 a).
Erklären Sie diese Aufwertung unter Verwendung eines Preis-Mengen-Diagramms.   10 VP

3. Arbeiten Sie aus M 2 heraus, wie die Regierung Brasiliens auf die Aufwertung des Real reagiert.   8 VP

4. Bewerten Sie die Auswirkungen von Wechselkursinterventionen auf unterschiedliche Akteure.   12 VP

5. Erläutern Sie die Aussage der Karikatur M 3.   8 VP

6. Beurteilen Sie die Möglichkeiten der Welthandelsorganisation (WTO), den Welthandel zu fördern.   12 VP

  60 VP

M 1 a   Ökonomische Eckdaten Brasiliens (für 2013 Schätzungen)

	2008	2009	2010	2011	2012	2013
Wechselkurs Real je Euro	2,666	2,763	2,329	2,327	2,528	3,013
Bruttoinlandsprodukt (Veränderungen in %)	5,2	–0,3	7,5	2,7	0,9	3,3
Ausländische Direktinvestitionen in Brasilien (in Mrd. US-Dollar)	45,1	25,9	48,5	66,7	65,3	70
Einfuhr (in Mrd. US-Dollar)	173,0	127,7	180,5	226,2	223,1	242
Ausfuhr (in Mrd. US-Dollar)	197,9	153,0	197,4	256,0	242,6	245

Nach: German Trade and Investment, OECD 2013

M 1 b Güterströme Brasiliens 2011 (in Mrd. US-Dollar)

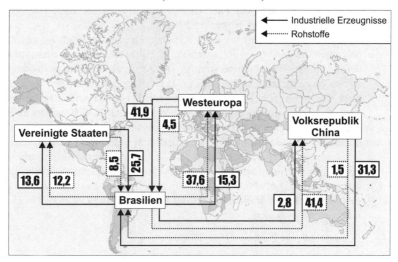

Zahlen nach: Wirtschaftswoche, Sonderheft Brasilien 2013.

M 2 Alexander Busch: Brasilien gibt aktive Wechselkurspolitik zu

Bis vor kurzem hat die Regierung noch geleugnet, dass der Wechselkurs beeinflusst werde. Nun gibt sie aber erstmals offiziell zu, den Wechselkurs steuern zu wollen. Brasilien bleibe gar nichts anderes übrig, als am Devisenmarkt einzugreifen, um eine weitere Aufwertung des Real zu verhindern, so rechtfer-
5 tigte sich Brasiliens Finanzminister Guido Mantega. „Wir machen ‚dirty floating'[1] wie alle", sagte er. Mantega wirft den Industrieländern und China schon seit längerem vor, einen Währungskrieg zu führen. Sie schwächen gemäß seiner Ansicht ihre Währungen künstlich, um Handelsvorteile zu erlangen. Immerhin gewann der Real nach der Finanzkrise von 2009 ein Drittel gegenüber
10 dem Euro und 30 % gegenüber dem Franken an Wert – mit ähnlich negativen Folgen für die Industrie wie in der Schweiz. Aus diesem Grund hat das größte lateinamerikanische Land Mitte vergangenen Jahres eine Attacke auf den harten Real an mehreren Fronten begonnen. Im August 2011 hat die Zentralbank den Leitzins gesenkt, obwohl damals weltweit große Inflationssorgen herrsch-
15 ten. Nach insgesamt zehn weiteren Herabstufungen ist der Leitzins seither von 12,5 % auf 7,25 % gesunken. Mit den Zinsreduktionen und kurzfristig wirkenden Kapitalkontrollen ist der spekulative Zufluss ausländischen Kapitals auf der Suche nach hochverzinslichen Anleihen in Reals verringert worden. Die Zinssenkungen haben jedoch Nebenwirkungen. Gemäß einer Umfrage der
20 Zentralbank erwarten die meisten Investmentbanken, dass Brasiliens Inflation

Ende 2012 5,4 % betragen werde und somit deutlich über den Zielwert von 4,5 % zu liegen komme. Für 2013 prognostizieren die Experten eine Geldentwertung in ähnlicher Höhe wie 2012. [...]
Der Zentralbank kamen bei ihren Aktionen, die der Schwächung des Real die-
25 nen, auch die geringeren Exporterlöse zu Hilfe, und dies vor allem im Erzhandel mit China. Weil dadurch weniger Devisen nach Brasilien geflossen sind als in den vergangenen Jahren, ließ der Aufwertungsdruck auf den Real ebenfalls nach. Die geringeren Exporteinnahmen werden jedoch teilweise ausgeglichen, weil internationale Unternehmen weiterhin viel Geld in Brasilien investieren.
30 Die Zentralbank hat die Prognose zu den ausländischen Direktinvestitionen für dieses Jahr gerade erhöhen müssen, nachdem multinationale Konzerne in den vergangenen zwölf Monaten 66 Mrd. $ in Übernahmen, Anlagen und neue Fabriken investiert hatten. Brasilien will sich weiterhin auch politisch dafür einsetzen, dass angebliche Wechselkursmanipulationen künftig ebenfalls als han-
35 delsbeschränkende Maßnahme bei der Welthandelsorganisation (WTO) diskreditiert werden können.

In: Neue Zürcher Zeitung, 11. 11. 2012

Anmerkung
1 dirty floating: zielgerichtete Interventionen auf dem Devisenmarkt in einem System mit eigentlich flexiblem Wechselkurs

M 3 Karikatur von Gerhard Mester

In: Publik-Forum, November 2005

Lösungsvorschlag

1. *Der Operator „beschreiben" bedeutet hier, die wesentlichen Kennzeichen des brasilianischen Außenhandels aus M 1 zusammenhängend und schlüssig wiederzugeben. Ursachen für die Entwicklung zu nennen, ist nicht notwendig.*

In der Tabelle M 1a sind die ökonomischen Eckdaten Brasiliens von 2008 bis 2013 in Ein-Jahres-Schritten dargestellt. Bei den Angaben von 2013 handelt es sich um Schätzungen. Die Daten stammen von German Trade and Investment von 2013. Aufgeführt sind der Wechselkurs (zum Euro), die Veränderung des BIP (in %), die ADI sowie die Ein- und Ausfuhren (jeweils in Mrd. US-$).

Betrachtet man den **Wechselkurs**, hat der Real im Zeitraum von 2009 bis 2011 gegenüber dem Euro zwar um rund 16 % an Wert gewonnen, dann aber bis 2013 um 29,5 % verloren. Im Vergleich zu 2008 büßte die brasilianische Währung bis 2013 ca. 13 % gegenüber dem Euro ein.

Keine einheitliche Entwicklung zeigt die **Veränderung des BIP**. Großen Zunahmen (2008: 5,2 %, 2010: 7,5 %) stehen niedrige Werte in den Jahren 2011–2013 gegenüber und 2009 sogar einem Rückgang um 0,3 %.

Die **ADI** brachen 2009 im Vergleich zu 2008 um 42,6 % auf 25,9 Mrd. US-$ ein und nahmen dann bis 2011 stark zu (+40,8 Mrd. US-$). Von 2009 bis 2013 verdreifachten sich die Direktinvestitionen nahezu. Der größte Zuwachs (+22,6 Mrd. US-$) wurde 2010 verzeichnet.

Eine vergleichbare Entwicklung gab es bei den **Ein- und Ausfuhren:** 2009 gab es einen deutlichen Rückgang. Es folgten eine starke Zunahme bis 2011 und wiederum ein kleiner Rückgang im Jahr 2012. Die Prognosen für das Jahr 2013 sehen wieder ein leichtes Wachstum bei den Importen (+8,5 %) und Exporten (+1,0 %). Insgesamt führt Brasilien in jedem Jahr mehr Güter aus- als es einführt. Den größten Leistungsbilanzüberschuss gab es 2011 (29,8 Mrd. US-$), 2013 soll er lediglich 3 Mrd. US-$ betragen.

In der Karte M 1b, veröffentlicht im Sonderheft Brasilien der Wirtschaftswoche 2013, sind die **Güterströme 2011** in Mrd. US-$ dargestellt. Aufgeführt sind die Handelsbeziehungen Brasiliens mit den USA, Westeuropa und der Volksrepublik China. Rund die Hälfte des brasilianischen Handels entfällt auf diese drei Regionen. Größter Handelspartner ist Westeuropa. Nach China und Westeuropa werden **überwiegend Rohstoffe exportiert**; lediglich bei den Exporten in die USA liegen die industriellen Erzeugnisse leicht vorne. Bei den Importen dominieren die **industriellen Erzeugnisse:** Bei den Einfuhren aus den USA beträgt der Anteil 75,1 %, bei denen aus Westeuropa 90,3 % und bei China sogar 95,4 %.

2. *Bei dieser Aufgabe ist ein Preis-Mengen-Diagramm zu zeichnen und mit dessen Hilfe die Aufwertung der brasilianischen Währung zu begründen. Achten Sie auf die korrekte Beschriftung des Diagramms. Möglich ist sowohl eine Verschiebung der Nachfrage- als auch der Angebotskurve. Für die volle Punktzahl ist eine Darstellung mit der entsprechenden Erklärung ausreichend.*

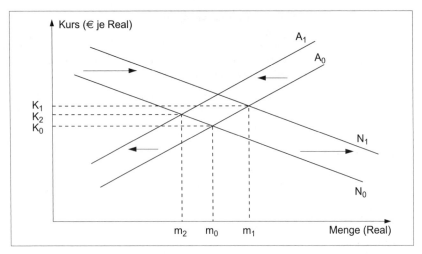

In einem System freier Wechselkurse bildet sich der Preis (= Wechselkurs) aus Angebot und Nachfrage. Wird eine Währung stark nachgefragt, steigt der Kurs. Im Preis-Mengen-Diagramm zeigt sich dies in einer **Rechtsverschiebung der Nachfragekurve**. Bei einem gleichbleibenden Angebot (A_0) führt die Nachfragesteigerung (N_1) zu einer Aufwertung des Real. Der Wechselkurs steigt von K_0 auf K_1. Eine Ursache für die erhöhte Nachfrage nach Real kann ein **Anstieg der ausländischen Direktinvestitionen** sein. Liegt das **Zinsniveau** in Brasilien über dem anderer Währungsräume, wird dort mehr Kapital angelegt, was ebenso zu einer Nachfragesteigerung führt. Andere Erklärungen sind **Devisenspekulationen**, eine größere Nachfrage nach brasilianischen Produkten bzw. eine Erhöhung der Preise für Rohstoffe oder Güter, die Brasilien auf den Weltmärkten anbietet.
Alternativ ist auch eine **Verschiebung der Angebotskurve** denkbar. Wenn – bei gleichbleibender Nachfrage (N_0) – das Real-Angebot von A_0 auf A_1 zurückgeht, erhöht sich der Wechselkurs von K_0 auf K_2. Das Angebot kann beispielsweise infolge einer **Intervention der brasilianischen Zentralbank** oder eines **Anstiegs der Sparquote** und/oder des **Binnenkonsums** in Brasilien sinken.

3. *Bei dieser Aufgabe sollen Maßnahmen wiedergegeben werden, die die brasilianische Regierung ergriffen hat, um der Aufwertung ihrer Währung entgegenzuwirken. Achten Sie auf die Einhaltung der formalen Kriterien.*

Alexander Busch beschäftigt sich in seinem Artikel „Brasilien gibt aktive Wechselkurspolitik zu", der am 11. 11. 2012 in der Neuen Zürcher Zeitung erschienen ist, mit den **Reaktionen der brasilianischen Regierung auf die Aufwertung des Real**.
Die Währung habe „nach der Finanzkrise von 2009 ein Drittel gegenüber dem Euro" (Z. 9 f.) an Wert gewonnen. Dies habe **negative Auswirkungen** auf die

einheimische Wirtschaft (vgl. Z. 10 f.) und benachteilige das Land gegenüber den Industrieländern und China, die ihre Währungen künstlich schwächten (vgl. Z. 6 ff.). Daher habe die Regierung seit 2011 mit verschiedenen Maßnahmen aktiv in den Devisenmarkt eingegriffen. So seien ab August 2011 die **Leitzinsen** in mehreren Stufen „von 12,5 % auf 7,25 %" (Z. 15 f.) nahezu halbiert worden. Mit „**kurzfristig wirkenden Kapitalkontrollen**" (Z. 16 f.) sei „der spekulative Zufluss ausländischen Kapitals" (Z. 17) reduziert worden. Zudem wolle die brasilianische Regierung bei der Welthandelsorganisation (WTO) durchsetzen, dass künftig eine **Manipulation der Wechselkurse „als handelsbeschränkende Maßnahme"** (Z. 34 f.) gelte und damit sanktioniert werden könne.

4. *Hier sind die Auswirkungen von Wechselkursinterventionen auf beteiligte Akteure zu beurteilen. Zudem ist eine nachvollziehbare persönliche Bewertung abzugeben. Dabei sollen die eigenen Wertmaßstäbe, die der Beurteilung zugrunde liegen, offengelegt werden. Mögliche Beurteilungskriterien sind u. a.: Gerechtigkeit, Effizienz, Effektivität, Legitimität, Wohlfahrt, Solidarität oder Nachhaltigkeit.*

Wechselkursinterventionen sind Maßnahmen von Staaten bzw. deren Zentralbanken mit dem **Ziel**, den Wechselkurs der eigenen Währung zu beeinflussen. Dies kann direkt durch einen An- oder Verkauf inländischer oder ausländischer Währungen oder indirekt beispielsweise durch eine Änderung des Leitzinses oder der Geldmenge geschehen.

Wechselkursänderungen haben in der Regel **Auswirkungen auf verschiedene Akteure**, die umso größer sind, je höher der wirtschaftliche Verflechtungsgrad mit dem Ausland ist. Unternehmen im In- und Ausland sind ebenso davon betroffen wie die privaten Haushalte.

Wird eine **Währung abgewertet**, werden heimische Produkte auf dem Weltmarkt billiger und die exportorientierten Wirtschaftszweige profitieren. Bezogen auf das Kriterium der **Effektivität** ist das zunächst positiv zu werten. Da durch den so imitierten Wirtschaftsaufschwung der Staat – zumindest kurzfristig – mehr Steuern einnimmt und die Arbeitslosigkeit zurückgeht, kann dies zu einer Steigerung der gesamtgesellschaftlichen **Wohlfahrt** führen. Eine Abwertung benachteiligt ausländische Unternehmen, die ihre Produkte nun teurer anbieten müssen. Da sich Einfuhren verteuern, müssen Unternehmer und Verbraucher für importierte Güter mehr bezahlen. Dies ist vor dem Hintergrund der Kriterien **Gerechtigkeit** und **Effizienz** problematisch. Auch besteht durch die höheren Importpreise eine größere Inflationsgefahr. Zudem ist es denkbar, dass die kurzfristigen Wachstumsimpulse notwendige Strukturreformen verzögern und damit langfristig die Wettbewerbsfähigkeit des Standorts negativ beeinflussen. Daher ist eine Abwertung aus Sicht der **Nachhaltigkeit** kritisch zu sehen.

Wird die eigene **Währung aufgewertet**, beispielsweise um die Inflation zu verringern, **drehen sich die Verhältnisse um:** Importierte Güter werden ebenso wie Urlaube im Ausland günstiger, während die Exporte zurückgehen.

Wechselkursinterventionen können **Gegenreaktionen anderer Staaten** hervorrufen. Dies kann dazu führen, dass sich die erwarteten positiven Auswirkungen auf die heimische Wirtschaft verringern, und im schlimmsten Fall kann es nachteilige Folgen für die Weltwirtschaft haben. Damit wären die **Effektivität** des Handelssystems und die gesellschaftliche **Wohlfahrt** eingeschränkt. Jedoch können Wechselkursinterventionen auch zu einer Reduzierung von **Devisenspekulationen** führen und so einen Beitrag zur Steigerung der **Effizienz** und der **Stabilität** der Finanzmärkte leisten.

5. *Die Aufgabe verlangt, die Karikatur zunächst zu beschreiben und die Aussage des Karikaturisten zu erklären.*

Die Karikatur von Gerhard Mester ist im November 2005 im Publik-Forum erschienen. Man sieht ein Fußballstadion, in dem sich zwei Mannschaften gegenüberstehen. Wie auf der Anzeigetafel zu lesen ist, wird die „**Welthandels-Meisterschaft**" ausgetragen. Die Mannschaft in der rechten Spielfeldhälfte besteht ausschließlich aus weißen Spielern, während die Fußballer auf der linken Seite mehrheitlich dunkelhäutig sind. In der Mitte steht ein schwarz gekleideter Schiedsrichter mit der Aufschrift „**WTO**", der sich anschickt, die Partie anzupfeifen. Er macht einen motivierten und ernsthaften Eindruck, während die Spieler beider Mannschaften passiv und zurückhaltend wirken. Die Tore in beiden Spielfeldhälften sind mit Brettern zugenagelt. Auf diesen ist links „**Schutzzölle**", rechts „**Subventionen**" zu lesen.

Die Mannschaft auf der rechten Seite stellt die **Industrieländer**, die auf der linken Seite die **Schwellen- und Entwicklungsländer** dar. Mit der Karikatur wird zum Ausdruck gebracht, dass der Welthandel nur dann funktionieren kann, wenn die **Akteure auf regelwidrige Maßnahmen verzichten**. Solange die Schwellen- und Entwicklungsländer ihre Märkte mit Schutzzöllen abschotten und die Industrieländer heimische Branchen wie beispielsweise die Landwirtschaft mit Subventionen unterstützen, kann keine „Mannschaft" als Sieger vom Platz gehen. Das 0:0 auf der Anzeigetafel wird sich unter diesen Umständen im Spielverlauf nicht verändern. Auch wenn die WTO den Anschein erweckt, sie würde über die Einhaltung der Spielregeln wachen, hat sie doch eigentlich keinen Einfluss.

6. *Ausgehend von einer kurzen Darstellung der Zusammensetzung und Funktion der WTO sollen deren Möglichkeiten, den Welthandel zu fördern, beschrieben und beurteilt werden. Auch hier sind die angewandten Kriterien zu nennen (vgl. Aufgabe 4).*

Die WTO ist eine internationale Organisation, der 160 Staaten angehören. Ziele der WTO sind die **Liberalisierung des Welthandels**, der **Abbau von Handelshemmnissen** und die **Schlichtung von Handelsstreitigkeiten**. Hervorgegangen ist die WTO aus dem GATT (General Agreement on Tariffs and Trade), welches neben dem GATS (Liberalisierung des Dienstleistungsmarkts) und dem TRIPS (Abkommen über das geistige Eigentum) eine der drei Säulen der WTO ist.

Nach dem zentralen Prinzip der Welthandelsorganisation, dem **Prinzip der Nichtdiskriminierung**, sollen im internationalen Handel Vorteile und Vergünstigungen allen Mitgliedern in gleicher Weise gewährt werden. Dies soll den Welthandel **effektiver** machen und für **Gerechtigkeit** und **Solidarität** bei den Mitgliedstaaten sorgen.

In den acht abgeschlossenen Welthandelsrunden seit 1947 konnten in erheblichem Maße tarifäre und nicht tarifäre **Handelshemmnisse abgebaut** und dadurch viel zur Steigerung der **Effektivität** des Welthandelssystems beigetragen werden. Mit der zunehmenden Zahl der Mitglieder zogen sich die Verhandlungsrunden jedoch immer mehr in die Länge – die Doha-Runde läuft bereits seit 2001 ohne Ergebnis. Angesichts der mangelnden **Effizienz** ist es fraglich, ob die Abstimmungsmodalitäten noch zeitgemäß sind, zudem die Vorwürfe der **Intransparenz** und fehlenden **Legitimität** immer lauter werden.

Gibt es unüberbrückbare Gegensätze, wie beispielsweise bezüglich der Agrarsubventionen durch die Industrieländer bzw. der Schutzzollpolitik der Schwellen- und Entwicklungsländer, bleiben die Verhandlungen ergebnislos. Daher wundert es auch nicht, dass in letzter Zeit immer mehr Staaten auf **bilaterale Handelsabkommen** setzen und die WTO dadurch weiter an **Legitimität** und **Effektivität** verliert.

Auch das Verfahren zur **Schlichtung von Handelsstreitigkeiten** ist nur bedingt in der Lage, den Welthandel zu fördern. Zwar gibt es mit dem Dispute Settlement Understanding ein institutionalisiertes Schlichtungsverfahren; dieses ist aber nur bedingt **effektiv**, da zwar Strafzölle verhängt werden können, die WTO aber über keine eigenen Mittel verfügt, eventuelle Sanktionen durchzusetzen.

Schriftliche Abiturprüfung Wirtschaft (Baden-Württemberg) 2015
Aufgabe I: Wirtschaftliches Handeln im Sektor Unternehmen

Mit Exklusivität zum Markterfolg?

Als die Marke Nespresso 1986 auf dem gesättigten Kaffeemarkt eingeführt wurde, fanden sich zunächst kaum Abnehmer für das Nespresso-System der Kaffeezubereitung. Das markeneigene System, Kaffeegetränke nicht auf der Grundlage offenen, sondern kapselversiegelten Kaffeepulvers zu brühen, wurde mittlerweile zur Erfolgsgeschichte. Dazu hat nicht zuletzt eine Marketingstrategie beigetragen, die auf Exklusivität setzt. Mit zunehmender Bekanntheit ist aber auch Kritik am Konzept der Marke laut geworden. Auf dem weltweiten Markt hat es das Unternehmen mit mehr als 50 Mitbewerbern zu tun. Neben Nespresso setzen auch Unternehmen in anderen Branchen auf Exklusivität.

Bei der Bearbeitung der folgenden Aufgaben sind geeignete Materialien in Abhängigkeit von der Aufgabenstellung einzubeziehen und zu belegen.

Aufgaben:

1. Analysieren Sie die Marktsituation von Kaffeekapseln im Kaffeemarkt. ... 14 VP

2. Ordnen Sie Gründe für den Erfolg von Nespresso den Instrumenten des Marketing-Mix zu. ... 16 VP

3. Kaffeekapsel-Unternehmen haben trotz intensiver Marketingmaßnahmen Imageprobleme im Hinblick auf die Nachhaltigkeit.
Überprüfen Sie, inwieweit ein Kaffeekapsel-Unternehmen einen möglichen Zielkonflikt zwischen ökonomischen und ökologischen Zielen lösen kann. ... 14 VP

4. „Die Exklusivität […] betrachten viele aber mittlerweile auch als Nachteil." (M 8, Z. 57 f.)
Erörtern Sie Chancen und Grenzen von Marketingstrategien, die auf Exklusivität setzen. ... 16 VP

60 VP

M 1 Glossar

Aus Kaffeepflanzen werden die Samen (Kaffeebohnen/-kirschen) gewonnen und geröstet.

Filterkaffee: gemahlene Kaffeebohnen, für normale Kaffeemaschinen geeignet

Pads: Einzelportionen von Kaffeepulver, die zwischen zwei Lagen Zellstoff komprimiert werden und für eine Tasse Kaffee ausreichen; spezielle Kaffeemaschinen sind erforderlich.

Löslicher Kaffee: = Instantkaffee; aus Kaffeebohnen in einem aufwändigen Verfahren hergestelltes Kaffeepulver, das mit Wasser aufgelöst wird

Kaffeekapseln: Einzelportionen von Kaffeepulver, die in verschlossenen Kapseln konserviert werden; spezielle Kaffeemaschinen sind erforderlich.

Vollautomat: komplexes Gerät, das verschiedene Kaffeevarianten vollautomatisch herstellt – aus Kaffeepulver oder ganzen Bohnen, die in der Maschine gemahlen werden

Röstkaffee: Überbegriff für Kaffee aus gerösteten ganzen und gemahlenen Kaffeebohnen

M 2a Kaffeeunternehmen
Globaler Umsatz im Einzelhandel 2012 (in Milliarden Euro)

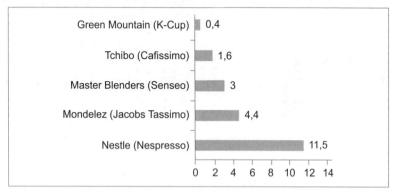

M 2 b Kaffeeverbrauch in Deutschland
Veränderung 2011 zu 2012 (in Tonnen)

	2011	2012
Filterkaffee	303 200	294 100
Ganze Bohnen	59 000	66 100
Pads	31 000	31 800
Löslicher Kaffee	12 700	12 800
Kapseln	8 600	10 000

M 2 c Preis für 1 kg Kaffee in Deutschland (2014)

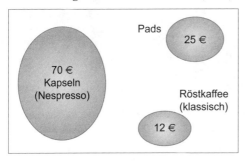

M 2a–c nach: Zusammenstellung nach Euromonitor und Deutscher Kaffeeverband, 23. 02. 2014

M 3 Veränderung des Absatzes von Kaffeekapseln im Kaffeemarkt

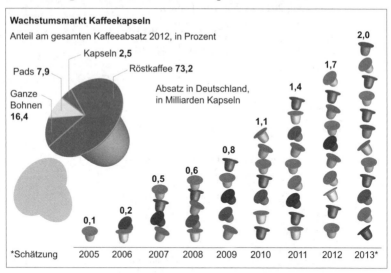

http://www.welt.de/wirtschaft/article122694149/Hersteller-ruesten-im-Kaffeekapsel-Krieg-auf.html, 08. 12. 2013. Datenquelle: Deutscher Kaffeeverband, entnommen 24. 09. 2014

M 4 Zubereitungsart nach Haushaltsnettoeinkommen (Auswahl)
Bevölkerung ab 14 Jahre in Deutschland, 2001, Angaben in Prozent

	Kaffeetrinker gesamt	Einzelportionstrinker (u. a. Kapseln)
Bis unter 500 €	0,8	0,7
500 bis unter 1 000 €	6,5	3,9
1 000 bis unter 1 500 €	14,1	10,3
1 500 bis unter 2 000 €	18,3	14,2
2 000 bis unter 2 500 €	17,2	16,5
2 500 bis unter 3 000 €	13,0	14,7
3 000 bis unter 3 500 €	10,2	13,3
3 500 bis unter 4 000 €	7,1	8,8
4 000 € und mehr	12,8	17,6

Nach: Kaffee in Zahlen No. 2, Brand Eins Wissen, 2013

Lesehilfe: z. B. 18,3 % aller Kaffeetrinker verfügen über ein Haushaltseinkommen von 1 500 bis unter 2 000 €

M 5a Zubereitungsart Kaffeekapsel nach Geschlecht der Konsumenten
(in Prozent)

Männer: **Frauen:**

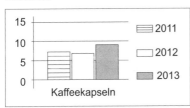 

M 5b Zubereitungsart Kaffeekapsel nach Alter der Konsumenten (in Prozent)

	2011	2012	2013
18–35 Jahre	10	11	14
36–45 Jahre	8	8	12
46+ Jahre	6	4	6

M 5a und b nach: Aral-Studie, Trends beim Kaffee-Genuss, 2013

M 6 Nespressowerbung
(hier: Hollywood-Schauspieler George Clooney)

picture alliance/
The Advertising Archives

M 7 Umsatz von Nespresso in den Jahren 2000 bis 2012 (in Mrd. Euro)

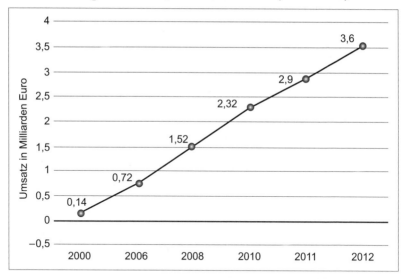

Statista, 2014, http://de.statista.com/statistik/daten/studie/150480/umfrage/kaffee-umsatz-von-nespresso-seit-dem-jahr-2000/, entnommen 25. 09. 2014

M 8 Dennis Kremer: Der Kaffeekapsel-Wahnsinn

Die Deutschen lieben den Kaffee aus der Kapsel: Zwei Milliarden Döschen verbrauchen sie pro Jahr. [...] Wie aber ist es gelungen, die Welt für diese neue Art des Kaffeetrinkens zu begeistern, was steckt hinter der Begeisterung? Gerade die Deutschen waren zwar schon immer eifrige Kaffeetrinker, auf gut
5 150 Liter kommt jeder Bundesbürger im Durchschnitt pro Jahr. Aber erst seit dem Aufkommen der Kapseln geben die Deutschen viel mehr Geld für Kaffee aus als in den Jahren zuvor.
Um das zu verstehen, muss man einen Mann fragen, der von Anfang an dabei war: Chahan Yeretzian hat zunächst in Diensten von Nestlé die ersten Kapsel-
10 systeme technisch weiterentwickelt, heute unterrichtet der Schweizer an der Zürcher Hochschule für Angewandte Wissenschaften – als Professor für Kaffeeforschung, ein ziemlich außergewöhnlicher Lehrstuhl. Zur Erklärung für den Siegeszug der Kapseln genügen ihm zwei Worte: Einfachheit und Individualisierung. Was ist damit gemeint? Einfach sind die Kapselautomaten aus
15 folgendem Grund: Jeder kann sie mit Leichtigkeit bedienen und muss dazu rein gar nichts über Kaffee wissen. Nicht einmal um die richtige Dosierung muss man sich noch kümmern, die Kapselmaschine nimmt einem alles ab. Und was der Professor mit Individualisierung meint, wird beim Blick auf das Kapselprinzip klar: Aus jedem Döschen lässt sich exakt eine Tasse Kaffee gewinnen.
20 Single-Portion heißt das im Marketing-Sprech – erst eine Tasse Espresso, dann

eine Tasse Latte Macchiato, dann vielleicht gar eine Tasse seltenen äthiopischen Kaffees. Mit einer normalen Maschine wären solche Wechselspiele ein Ding der Unmöglichkeit. [...]

Aber schmeckt der Kaffee auch? Die meisten Tester sind sich zumindest für Marken wie Nespresso, Jacobs, Tchibo und Senseo einig: aber ja. Kaffeeforscher Yeretzian kann solche individuellen Eindrücke mit wissenschaftlichen Fakten belegen. Die Kaffeekonzerne verwenden gerade für ihre Kapselsysteme oft hochwertigen Kaffee – schließlich verkaufen sie ihren Kunden einzelne Sorten längst mit ähnlichem Bohei wie ein Sommelier außergewöhnliche Weine. Nicht ohne Grund nennt Nestlé eine Auswahl seiner Kapseln in Anlehnung an edle Weine gar „Grands Crus", auch die genaue Anbauregion findet Erwähnung. Der gute Geschmack hängt aber nach Auskunft des Wissenschaftlers vor allem mit der besseren Lagerung und Röstung des Kaffees zusammen. Hoher Genuss, modernste Technik: Am Boom der Kaffeekapseln, so scheint es, gibt es nichts auszusetzen. Tatsächlich aber besteht aus Kundensicht durchaus ein Problem – der hohe Preis. Es sind mitnichten die Kaffeemaschinen, die teuer sind: Sie kosten in aller Regel nicht mehr als 200 Euro. Nein, es sind die Kapseln, die richtig Geld kosten: Bei Nespresso beispielsweise sind dies 35 Cent je Kapsel, bei Tchibo 29 Cent und selbst bei Aldi immer noch rund 19 Cent. Hört sich gar nicht nach viel an, die Hochrechnung aber zeigt: Ein Pfund Kaffee in der klassischen Verpackung kostet in der Regel nicht mehr als sechs Euro, die gleiche Menge in Kaffeekapseln hingegen kann schnell fast sechs Mal so viel kosten.

Das ist der Grund dafür, weshalb es sich eigentlich kein Kaffeekonzern leisten kann, das Kapselgeschäft zu ignorieren: Die Gewinnmargen sind einfach gigantisch. Dies lockt selbst Billigsupermärkte wie beispielsweise Lidl an. Ihr Vorteil: Sie müssen mittlerweile nicht einmal mehr eigene Maschinen für Kaffeekapseln entwickeln. Nestlés Patentschutz auf das Nespresso-System ist unlängst abgelaufen, darum dürfen Lidl und andere nun Kapseln anbieten, die zu den Nespresso-Maschinen passen. Auf solche Attacken hat der Marktführer bislang noch keine passende Antwort gefunden – unlängst musste gar der Deutschland-Chef seinen Platz räumen.

Das zeigt, wie nervös die neuen Wettbewerber Nestlé trotz des jahrelangen Erfolges machen. Zumal auch das besondere Marketingkonzept des Konzerns längst nicht mehr so stark wirkt wie früher. Kapseln erhalten die Kunden nämlich nur in wenigen, eigenen Boutiquen oder als sogenannte „Nespresso-Clubmitglieder" über das Internet. Die Exklusivität, die das suggerieren soll, betrachten viele aber mittlerweile auch als Nachteil. [...]

Frankfurter Allgemeine Sonntagszeitung, 23. 02. 2014

M 9 Aus der Selbstdarstellung des Unternehmens Nespresso

Unsere Nachhaltigkeitsverpflichtung: Ausgehend vom Nachhaltigkeitsgrundsatz arbeitet Nestlé Nespresso eng mit seinen Partnern zusammen, um für alle Nespresso-Geschäftsprozesse, von der Kaffeekirsche bis zum Ergebnis in der Tasse, mehr Nachhaltigkeit zu gewährleisten. Mit seinem EcolaborationTM
5 Programm fördert Nespresso Nachhaltigkeit entlang der gesamten Wertschöpfungskette. Das Unternehmen hat sich verpflichtet, Nachhaltigkeitsziele zu erreichen.
Höchste Kaffeequalität: Auswahl hochwertigster Kaffeebohnen aus den besten 1 bis 2 % des weltweiten Rohkaffees. Einzigartige Auswahl von 16 Grand
10 Cru-Kaffees für den Genuss zu Hause und acht Kaffeevarietäten für den Außer-Haus-Bereich.
Unübertroffener persönlicher Service: Exklusive Boutiquen weltweit bieten individuellen Service und geben einen einzigartigen Einblick in die Nespresso-Markenwelt. Die umfangreiche Nespresso-Internetseite bietet rund um die Uhr
15 Informationen und Bestellmöglichkeiten in mehr als 30 verschiedenen Sprachen. Bestellungen werden innerhalb von 2 Werktagen an Privathaushalte oder Unternehmen geliefert. Kundendienstzentren ermöglichen die Kontaktaufnahme mit Nespresso-Kaffee-Experten für persönliche Beratung.
Der Nespresso-Club: Die internationale Gemeinschaft der Nespresso-Club-
20 mitglieder identifiziert sich mit der Marke und trägt diese Begeisterung weiter. Vorteile des Clubs: Persönliche Collections, vorrangige Information über die wichtigen Events (Eröffnung von Boutiquen, Verkaufsstart von Kaffees in limitierter Ausgabe, Neuheiten etc.), Reparaturservice für Maschinen, direkter Dialog mit unseren Kaffeespezialisten, Degustationslounge in den Boutiquen.

Zusammengestellt und verändert nach: www.nespresso.com, entnommen am 25. 09. 2014

M 10 Birger Nicolai: Wir produzieren 4 000 Tonnen Kaffee-Kapsel-Müll

[…] In Deutschland werden in diesem Jahr rund vier Millionen Kilogramm – also 4 000 Tonnen – Aluminium- und Plastikmüll aus rund zwei Milliarden Kaffeekapseln […] anfallen, die Nespresso, Tchibo, Mondelez und andere Kapselhersteller mindestens verkaufen werden. Als Durchschnittsgewicht sind
5 dabei zwei Gramm je Kapsel zugrunde gelegt. […] Die Kaffeekonzerne nennen keine Zahlen zum Müll. Nach fundierten Branchenschätzungen hat allein […] Nespresso vergangenes Jahr weltweit mindestens acht Milliarden Kaffeekapseln verkauft. Das ergibt einen Aluminium-Berg von acht Millionen Kilogramm. „Uns stört vor allem der enorme Ressourcenverbrauch. Die Kritik
10 betrifft den hohen Energiebedarf bei der Herstellung ebenso wie den geringen Grad des Recyclings", sagte Günter Dehoust, Wissenschaftler beim Freiburger Öko-Institut, der „Welt". Die Aluminiumproduktion benötigt extrem viel Energie. Zudem zweifelt der Umweltschutzingenieur die Angaben der Konzerne zu Recyclingquoten an. Wenn Nespresso von 70 Prozent und mehr spreche, sei

15 dies in keiner Weise nachvollziehbar. „Kaffeekapseln sind aus unserer Sicht nicht wünschenswert", drückt sich Dehoust bewusst umsichtig aus. Immerhin stellt das Öko-Institut den Aluminiumkapseln noch ein besseres Zeugnis aus als den Plastikkapseln, die Tchibo oder Mondelez, der frühere Konzern Kraft Foods [...], vertreiben. Das Tchibo-System Cafissimo oder das Mondelez-
20 Modell Tassimo nutzen Kunststoffdöschen, die noch zusätzlich einen Deckel aus Aluminium verwenden. Das Produkt von Nespresso besteht dagegen nur aus diesem Material. „Sortenreinheit macht das Recycling einfacher als Mischformen", sagt Dehoust. Um glaubwürdig zu sein, müssten die Kaffeekonzerne ihre Daten offenlegen. In Deutschland nehmen die großen Kapselhersteller am
25 Dualen System teil. Verbrauchte Döschen wandern also in den gelben Sack, wenn die Kunden es denn wollen.

Die Konzerne reden ungern über das Thema. „Details der Kapseln sind die höchste Geheimhaltungsstufe. Da liegen die Nerven blank", sagte ein Branchenkenner. Dabei sind sich die Kaffeemanager der Imageprobleme bewusst:
30 Die spendable Kundschaft soll bloß kein schlechtes Gewissen bekommen, dass ihre Kaffeekapseln die Umwelt belasten. Deshalb entwickelt zum Beispiel Tchibo eine Kapselvariante, die ausschließlich aus Kunststoff besteht und dadurch besser wiederzuverwerten wäre. „Wir arbeiten laufend daran, den Materialeinsatz zu optimieren und so die Verwertbarkeit der Kapseln weiter zu ver-
35 bessern", sagte ein Tchibo-Sprecher. [...] Im Heimatland von Nespresso, in der Schweiz, hat das Unternehmen ein Rückholsystem aufgebaut, bei dem der Postbote gebrauchte Kapseln zu Hause abholt. [...]

www.welt.de, 08. 01. 2014, entnommen 25. 09. 2014

M 11 „Luxury"-Marketing

Nach einer Umfrage bezeichnen sich 57 Prozent der interviewten deutschen Topverdiener als Käufer von Luxusartikeln. Sie beurteilen Luxusartikel als langlebig, exklusiv, hochqualitativ und teuer.
Zielgruppen für Luxusprodukte sind unter anderem
5 – Sammler, die in dem Luxusprodukt eine Wertanlage sehen;
– Puristen, für die die Perfektion eines Produktes ein Lebensgefühl ist;
– Statuskäufer, die sich mit einer hochwertigen Marke schmücken, und
– Enthusiasten, die sich am Besitz eines exklusiven Produkts erfreuen.

Bevorzugt werden Luxusprodukte vor allem in den Bereichen Parfüm und
10 Kosmetik, Uhren und Schmuck, weniger im Modebereich.
Produkte im Luxussegment erhalten ihren subjektiven Wert vor allem durch ihren Mythos, der sie umgibt. Hierbei ist der hohe Preis selbst eine Marketingbotschaft. Er bietet dem Käufer einen emotionalen Zusatznutzen, denn er versinnbildlicht den Wert, den das Produkt für den Kunden hat. Auch wenn keine
15 Qualitätsunterschiede vorhanden sind, wird der Kunde das teure Produkt mehr genießen als das billige.

Jedoch wirkt sich nachteilig aus, wenn der Preis des Produktes, bspw. im Schlussverkauf, reduziert wird. Denn dann reduziert sich auch der Wert, den es für den Käufer hat. Deshalb werden Restbestände häufig vom Markt genom-
20 men und vernichtet. Luxury-Marketing erfordert eine hohe Disziplin. Das Produktionsvolumen muss z. B. entsprechend knapp gehalten und die Ware selektiv distribuiert werden.

Nach: www.wirtschaftslexikon24.com/d/luxury-marketing/luxury-marketing.htm, entnommen 25. 09. 2014

Lösungsvorschlag

1. Der Operator „analysieren" verlangt, dass Sie die gegebenen Materialien zum Kaffeemarkt und die dargestellten Sachverhalte systematisch und gezielt auswerten. Hierfür müssen Sie zuerst die geeigneten Materialien im Hinblick auf die Marktsituation von Kaffeekapseln auswählen. Es bieten sich folgende Materialien an: M 2 a–c, M 3, M 4, M 5 a–b, M 7, M 8. Versuchen Sie, Ihre Ausformulierung zu strukturieren, z. B. nach Marktentwicklung, Preisen und Zielgruppen.

Die Marktentwicklung von Kaffeekapseln ist sehr positiv in den Bereichen Kaffeeverbrauch und Absatz. In M 2 b „Kaffeeverbrauch in Deutschland, Veränderung 2011 zu 2012 (in Tonnen)" ist eine **Steigerung des gesamten Kaffeeverbrauchs** um 300 t zu erkennen. Dabei steht eine Steigerung bei den Kapseln um 1 400 t auf 10 000 t – die zweitgrößte bei den angegebenen Kaffeearten – einer Senkung beim Filterkaffee um 9 100 t auf 294 100 t gegenüber. Die Materialien in M 2 wurden am 23. 2. 2014 nach dem Euromonitor und Daten des Deutschen Kaffeeverbands zusammengestellt. Wie aus M 3 „Veränderung des Absatzes von Kaffeekapseln im Kaffeemarkt", am 8. 12. 2013 ebenfalls auf Grundlage von Daten des Deutschen Kaffeeverbands erstellt und veröffentlicht auf welt.de, ersichtlich wird, fand eine **Steigerung des Absatzes** von Kapseln in Deutschland zwischen 2005 und 2012 auf das 17-Fache statt. Ergänzt durch die Prognose für 2013 mit einem Absatz von 2 Mrd. Kapseln, kann man feststellen, dass es sich im Bereich der Kaffeekapseln um einen **Wachstumsmarkt** handelt.

Der **erfolgreichste Kapselhersteller** ist Nestlé (Nespresso), der dieses System als Erster auf den Markt gebracht hat. Aus M 2 a kann man entnehmen, dass Nestlé im Jahr 2012 im Einzelhandel einen globalen Umsatz von 11,5 Mrd. € erzielt hat. Damit liegt dieses Unternehmen weit vor den vier anderen gezeigten Unternehmen: Beispielsweise steht Mondelez (Jacobs Tassimo) mit 4,4 Mrd. € an der zweiten Stelle. Nestlé hat mit Nespresso in den Jahren 2000–2012 seinen Umsatz von 140 Mio. € auf 3,6 Mrd. € gesteigert (vgl. M 7 „Umsatz von Nespresso in den Jahren 2000 bis 2012 (in Mrd. Euro)", herausgegeben von Statista, entnommen am 25. 9. 2014). Zudem schreibt Dennis Kremer in seinem Artikel „Der Kaffeekapsel-Wahnsinn", der am 23. 2. 2014 in der Frankfurter Allgemeinen Sonntagszeitung erschienen ist, dass die Gewinnmargen „gigantisch" (M 8, Z. 46) seien. Deshalb ist der Kapselmarkt für die Unternehmen attraktiv.

Die **hohen Umsätze** und **Gewinnmargen** werden u. a. durch die **hohen Preise** erzielt. Die Kapseln kosten zwischen 0,19 € und 0,35 € das Stück (vgl. M 8, Z. 38 f.). Für 1 kg Kaffee in Kapseln bezahlen die Käufer fast sechsmal so viel wie für klassischen Röstkaffee bzw. fast dreimal so viel wie für Pads (vgl. M 2c; M 8, Z. 40 ff.). Als **Zielgruppe** werden insbesondere Personen im Alter von 18 bis 45 Jahren erreicht (vgl. M 5 b „Zubereitungsart Kaffeekapsel nach Alter der Konsumenten (in Prozent)"). Frauen trinken 2013 mit einem Anteil von ca. 12 % etwas mehr Kaffee aus Kapseln als Männer, die hier einen Anteil von ca. 9 % aufweisen (vgl. M 5 a „Zubereitungsart Kaffeekapsel nach Geschlecht der Konsumenten (in Prozent)"). Die Materialien in M 5 wurden nach der Aral-Studie „Trends beim Kaffee-Genuss" aus dem Jahr 2013 erstellt.

Obwohl die Kaffeekapseln im Vergleich mit anderen Kaffeeprodukten teurer sind, ist die Marktsituation von Kaffeekapseln dadurch gekennzeichnet, dass der Absatz und der Verbrauch gestiegen sind. Es handelt sich um einen Wachstumsmarkt, für den es auch eine klar identifizierbare Zielgruppe gibt.

2. *Bei dieser Aufgabe verlangt der Operator „zuordnen", dass Sie Gründe für den Erfolg von Nespresso herausarbeiten und in Zusammenhang mit den Instrumenten des Marketing-Mix stellen. Achten Sie bei der Ausformulierung auf eine Strukturierung Ihres Textes. Auch bei dieser Aufgabe müssen Sie geeignete Materialien auswählen, bspw. M 1, M 2 a–c, M 4, M 6, M 7, M 8 und M 9.*

Der **Marketing-Mix** enthält vier Instrumente: die Preispolitik (price), die Produktpolitik (product), die Kommunikationspolitik (promotion) und die Distributionspolitik (place).

Nestlé ist mit Nespresso „Marktführer" (M 8, Z. 50; vgl. M 2a) im Kaffeekapselmarkt. Diese Position hat das Unternehmen u. a. dadurch erreicht, dass es eine **Produktpolitik** nach den Aspekten „Einfachheit und Individualisierung" (M 8, Z. 13 f.) betrieben hat. Die Konsumenten können die Kapselmaschinen einfach bedienen und müssen sich über die Dosierung keine Gedanken machen, da in die Kapseln die optimale Menge Kaffee bereits eingefüllt ist (vgl. M 8, Z. 15 ff.). Außerdem gibt es eine Vielfalt an Kaffeearten, die direkt hintereinander mit nur einer Kaffeemaschine zubereitet werden können (vgl. M 8, Z. 20 ff.). Zudem sind die Kapseln und die Maschinen Komplementärgüter und Nestlé hatte einen Patentschutz auf das Nespresso-System, sodass konkurrierende Kapsel-Hersteller eine Zeit lang als Anbieter von Kapseln für Nespresso-Maschinen ausgeschlossen waren (vgl. M 1; M 8, Z. 48 ff.). Besitzer dieser Maschinen mussten also bis zum Auslaufen des Patentschutzes Original-Nespressokapseln kaufen. Wie aus der Selbstdarstellung der Firma Nespresso in M 9 (nach nespresso.com, entnommen am 25. 9. 2014) zu erfahren ist, setzt sie auf „[h]öchste Kaffeequalität" (M 9, Z. 8). Ebenso bestätigt der Kaffeeforscher Yeretzian, dass für die Kapseln häufig hochwertiger Kaffee verwendet wird (vgl. M 8, Z. 25 ff.).

Die **Preispolitik** ist bisher dadurch gekennzeichnet, dass Kunden die Kapselmaschinen relativ günstig erwerben können. „Sie kosten in aller Regel nicht mehr als 200 Euro." (M 8, Z. 37) Für die Kapseln hingegen müssen die Kunden viel bezahlen, wobei Nespresso bisher die höchsten Preise verlangt: 0,35 € je Kapsel bzw. 70 € für 1 kg Kaffee in Kapseln (vgl. M 8, Z. 37 ff.; M 2 c). Als Zielgruppe können viele Kunden erreicht werden, die ein Haushaltsnettoeinkommen von über 1 000 € haben (vgl. M 4). Durch die Bereitschaft der Nachfrager, mehr Geld für Kapseln als für andere Kaffeeprodukte zu bezahlen, kann Nestlé mit Nespresso hohe Umsätze (vgl. M 7) und hohe Gewinne (vgl. M 8, Z. 45 f.) erzielen.

Die **Distributionspolitik** ist so gestaltet, dass die Nespressokapseln nur in einer kleinen Zahl eigener Boutiquen und zudem über das Internet an „Nespresso-Club-Mitglieder" verkauft werden. Auf diese Weise sollen ein individueller Service und eine schnelle Lieferung innerhalb von zwei Werktagen gewährleistet werden (vgl. M 8, Z. 55 ff.; M 9, Z. 12 ff.).

Über seinen Internetauftritt und den „Club" betreibt Nespresso auch die **Kommunikationspolitik**. Die Homepage stellt 24 Stunden am Tag Informationen in mehr als 30 Sprachen zur Verfügung (vgl. M 9, Z. 14 ff.). Die Clubmitglieder identifizieren sich stärker mit der Marke „Nespresso" und verbreiten ein positives Image (vgl. M 9, Z. 19 f.). Sie werden durch verschiedene Vorteile, wie z. B. persönliche Collections, vorrangige Informationen und einen Reparaturservice ans Unternehmen gebunden (vgl. M 9, Z. 21 ff.). Die Firma versucht auch durch die Bezeichnung ihrer Produkte ein exklusives Image zu verbreiten. Als Pendent zu edlen Weinen werden einzelne Kapselsorten mit der Bezeichnung „Grand Crus" versehen (vgl. M 8, Z. 30 f.; M 9, Z. 9 f.). Unterstrichen wird diese Besonderheit durch die Werbung mit dem bekannten Schauspieler George Clooney und dem Slogan „What else?" (vgl. M 6). Darüber hinaus versucht Nestlé das Image der Firma und der Produkte durch eine Nachhaltigkeitsverpflichtung positiv zu beeinflussen (vgl. M 9, Z. 1 ff.).

Abschließend kann man feststellen, dass sich Nestlé mit Nespresso durch eine **hohe Qualität**, eine **Hochpreisstrategie** und **Individualität** eine Exklusivität erarbeitet und die **Marktführerschaft** erreicht hat (vgl. M 8, Z. 50).

3. *Sie sollen bei dieser Aufgabe anhand der Materialien die Lösbarkeit eines möglichen Konflikts zwischen ökonomischen und ökologischen Zielen aufseiten der Kaffeekapsel-Unternehmen an konkreten Sachverhalten und innerer Stimmigkeit messen. Geeignete Materialien sind etwa M 3, M 7, M 8, M 9 und M 10.*

Unternehmen haben ein Zielsystem, das sich aus verschiedenen Teilzielen, wie z. B. wirtschaftlichen, sozialen und ökologischen, zusammensetzt. Die Gewichtung variiert je nach Unternehmen und ist u. a. abhängig von den Produkten. Die **ökonomischen Ziele** stehen bei den meisten Unternehmen im Vordergrund. Die Zielerreichung zeigt sich hier im wirtschaftlichen Erfolg des Unternehmens und wird anhand betriebswirtschaftlicher Kennzahlen gemessen. Dazu gehören z. B. der Umsatz, der Gewinn, die Liquidität, die Renditen und der Marktanteil. **Ökologische Ziele** orientieren sich an Nachhaltigkeit im Hinblick auf die Reduzierung bzw. Vermeidung von Umweltverschmutzung. Beispielsweise versucht ein Unternehmen, seinen Energieverbrauch zu senken, den Schadstoffausstoß zu reduzieren oder in bestimmten Bereichen ganz zu vermeiden. Ein weiteres Ziel kann die Verminderung von Müll sein. Die Unternehmen können bei den Produkten darauf achten, die Menge an Verpackungsmaterial zu reduzieren, bzw. umweltschonendes Verpackungsmaterial zu verwenden. Außerdem kann sich ein Unternehmen überlegen, mit welchen Verkehrsmitteln die Produkte am umweltschonendsten ausgeliefert werden.

Ein **Zielkonflikt** besteht dann, wenn bestimmte Maßnahmen zur Erreichung des einen Ziels gleichzeitig zur Minderung des Erreichungsgrades eines anderen Ziels führen.

Bei den **Kaffeekapsel-Unternehmen** werden die ökonomischen Ziele bisher verfolgt. Der Umsatz von Nespresso ist bis zum Jahr 2012 kontinuierlich auf 3,6 Mrd. € angestiegen (vgl. M 7). „Die Gewinnmargen sind einfach gigantisch." (M 8, Z. 45 f.) Im Widerspruch dazu stehen die ökologischen Ziele. Birger Nicolai schreibt in seinem Artikel „Wir produzieren 4 000 Tonnen Kaffee-Kapsel-Müll", der am 8. 1. 2014 auf welt.de veröffentlicht wurde, über die riesige Menge Aluminium- und Plastikmüll, die von ca. 2 Mrd. Kaffeekapseln verursacht werde (vgl. M 10, Z. 1 ff.). Es gebe einen enormen Ressourcen- und Energieverbrauch und wenig Recycling (vgl. M 10, Z. 9 ff.). Folglich gibt es keine optimale **Allokation der Ressourcen**; es entstehen **externe Kosten**. Wenn diese internalisiert würden, würde das jedoch die Gewinne der Unternehmen verringern.

Es erscheint schwierig, den Zielkonflikt zu lösen. Im Moment befindet sich das Kaffeekapsel-System auf einem Wachstumsmarkt (vgl. M 3); die Unternehmen können sehr hohe Gewinne erzielen (vgl. M 8, Z. 45 f.). Diese würden deutlich niedriger ausfallen, wenn die Unternehmen in Umweltschutzmaßnahmen investieren würden. Würden diese Maßnahmen nur von einzelnen Unternehmen getroffen werden, könnte das zudem zu Wettbewerbsnachteilen für sie führen.

Da aber Nestlés Patentschutz auf das Nespresso-System abgelaufen ist (vgl. M 8, Z. 48 f.), könnten **Konkurrenten** Kapseln auf den Markt bringen, die nicht nur für das Nespresso-System passend, sondern gleichzeitig umweltfreundlicher sind. Außerdem kann u. a. durch **kritische Berichterstattung** das Umweltbewusstsein bei den Kunden gesteigert werden, das eventuell zu einem **Nachfragerückgang** führen kann, wodurch der Innovations- und Investitionsdruck stiege. Unternehmen können mithilfe einer **Corporate-Social-Responsibility**-Strategie versuchen, Kostennachteile auszugleichen. Nespresso hat in seiner Selbstdarstellung eine Nachhaltigkeitserklärung abgegeben (vgl. M 9, Z. 1 ff.). Diese ist zwar nicht ausreichend konkretisiert, bietet aber die Basis dafür, Kunden zu sensibilisieren und zugleich stärker an das Unternehmen zu binden sowie das Image zu verbessern. Konkret berichtet Nicolai, dass z. B. Tchibo eine Kaffeekapselvariante entwickle, die nur „aus Kunststoff besteht und daher besser wiederzuverwerten wäre" (M 10, Z. 32 f.). Außerdem sei in der Schweiz ein **Rückholsystem** für gebrauchte Kapseln aufgebaut worden, wo der Postbote diese zu Hause abhole (vgl. M 10, Z. 35 ff.). Das Verfolgen von ökologischen Zielen durch Investitionen in eine Kapselproduktion, die den **Energieverbrauch senkt** und die **Ressourcen schont**, kann mittel- bis langfristig Kosteneinsparungen mit sich bringen. Insofern können ökonomische und ökologische Ziele zu einer **Zielharmonie** gelangen.

4. Ausgehend von der Aussage im letzten Satz von M 8 sollen Sie im Hinblick auf Chancen und Grenzen von Marketingstrategien, die auf Exklusivität setzen, durch Abwägen von Für- und Wider-Argumenten ein begründetes Urteil fällen. Sie können hierbei u. a. auf M 11 zurückgreifen. Beachten Sie den Aufbau einer Erörterung.

Es gibt einige Unternehmen, wie z. B. Nestlé mit Nespresso, die auf **Exklusivität ihrer Produkte setzen**. Sie können damit sehr erfolgreich sein (vgl. M 7), aber diese Strategie kann auch zu Problemen führen. Eine **Marketingstrategie** soll Unternehmen ein Konzept an die Hand geben, das zur Erreichung ihrer Unternehmensziele führt.

Eine große **Chance durch Exklusivität** besteht darin, dass ein Unternehmen **hohe Gewinnmargen erzielen** kann. Für die Kaffeekapsel-Unternehmen war dies in den vergangenen Jahren der Fall, wie Kremer berichtet (vgl. M 8, Z. 45 f.). **Kunden können gewonnen und gebunden werden**, wenn sich bei ihnen die subjektive Beurteilung einstellt, dass das Produkt einen hohen Wert besitzt. Dies kann durch hohe Preise, eine besondere Qualität und Langlebigkeit geschehen. Potenzielle Kunden für Luxusartikel können in verschiedene Gruppen eingeteilt werden: Sammler, Puristen, Statuskäufer und Enthusiasten. Sie alle verfolgen bestimmte Interessen, wenn sie ein exklusives Produkt kaufen. Beispielsweise sehen Sammler in einem Luxusgut eine Wertanlage. Statuskäufer hingegen haben das Bedürfnis, ihr Prestige beizubehalten oder zu verbessern (vgl. M 11). Durch Exklusivität kann sich ein Unternehmen auf bestimmte Nachfrager ausrichten. So kann es den **Marketing-Mix gezielter gestalten** und den Wünschen der Kunden gerecht werden. In wirtschaftlich guten Zeiten können durch den zunehmenden Wohlstand auch **neue Käuferschichten gewonnen** werden.

Die **Grenzen der Exklusivität** sind genau hieran jedoch ebenso zu erkennen: Während einer Rezession kann sich durch schlechte Zukunftsaussichten eine **Kaufzurückhaltung** einstellen und Käuferschichten können verloren gehen. Darüber hinaus ist die **Preisgestaltung eingeschränkt**, da ein hoher Preis erwartet wird. Mit einer Preissenkung kann der subjektive Wert eines Produkts und dadurch der Wunsch, dieses Produkt zu besitzen, abnehmen (vgl. M 11, Z. 17 ff.). Außerdem kann durch Fokussierung auf spezielle Zielgruppen der **Markt beschränkt** sein. Die Steigerung der Produktion bzw. die Erhöhung des Angebots kann zwar dazu führen, eine „große Masse" zu bedienen, bringt aber einen Verlust der Exklusivität mit sich. Sind die Absatzwege wiederum zu sehr begrenzt, kann dies dazu führen, dass Konsumenten **auf Konkurrenzprodukte ausweichen**, die einfacher zu erhalten sind.

Ein Unternehmen, das auf Exklusivität setzt, muss permanent anstreben, dass seine Kunden den Produkten dauerhaft einen hohen Wert beimessen. Außerdem darf es neue Entwicklungen nicht verschlafen und muss **innovativ** sein, um rechtzeitig auf Marktveränderungen reagieren zu können. So kann es mögliche Nachteile mindern und die Chancen der Exklusivität nutzen.

Schriftliche Abiturprüfung Wirtschaft (Baden-Württemberg) 2015
Aufgabe II: Wirtschaftliches Handeln im Sektor Ausland

Krise im Euroraum: Können die Maßnahmen der Troika die Probleme lösen?
Der Euro ist die gemeinsame Währung von 19 EU-Staaten, welche die sogenannte Eurozone bilden. Seit der Einführung des Euro als Zahlungsmittel in zwölf Ländern im Jahr 2002 traten nach und nach weitere EU-Länder bei, zuletzt Litauen (am 01.01.2015). Allerdings werfen die seit 2008 im Euroraum aufgetretenen Probleme die Frage auf, ob die Währungsunion die in sie gesetzten Hoffnungen rechtfertigt. Unter anderem führte die Krise in Griechenland zu einer kontroversen Diskussion über die Stabilität des Euroraumes. Nicht weniger umstritten sind Maßnahmen, die zur Überwindung der Krise ergriffen werden. Dabei richtet sich der Blick insbesondere auf die Troika, ein Kontrollgremium, das aus Vertretern der Europäischen Zentralbank (EZB), des Internationalen Währungsfonds (IWF) und der Europäischen Kommission besteht.

Bei der Bearbeitung der folgenden Aufgaben sind geeignete Materialien in Abhängigkeit von der Aufgabenstellung einzubeziehen und zu belegen.

Aufgaben:

1. Die Krise im Euroraum seit 2008 wird unterschiedlich bezeichnet.
   Überprüfen Sie, inwieweit der Begriff „Euro"-Krise für die wirtschaftliche Lage im Euroraum zutreffend ist. 18 VP

2. Erläutern Sie die Bedeutung der ökonomischen Situation Griechenlands für die Entwicklung der Krise im Euroraum. 12 VP

3. Die Rolle des IWF bei der Bewältigung der Krise im Euroraum wird unterschiedlich eingeschätzt.
   Stellen Sie – ausgehend von den Aufgaben des IWF – diese Sichtweisen dar. 12 VP

4. Bearbeiten Sie **eine** der folgenden Aufgaben:
   Beurteilen Sie Maßnahmen der Troika zur Überwindung der Krise im Euroraum.

   oder

   Gestalten Sie einen Kommentar für eine Qualitätszeitung, der sich mit der Frage auseinandersetzt, inwieweit Maßnahmen der Troika geeignet sind, die Krise im Euroraum zu überwinden. 18 VP

   60 VP

M 1 Wolfgang Sander: Die Finanzkrise Griechenlands – ein europäisches Drama

Die Staatsschuldenkrise in Griechenland ist ein Drama, an dem sich beispielhaft zeigen lässt, wie in Europa Politiker, Staatsmänner, Minister, Banker und Kapitaleigner einen Staat und die EU als Staatengemeinschaft fast ruiniert hätten, nicht etwa, weil sie Böses im Sinn hatten, sondern weil jeder für sich und seine
5 „Leute" etwas Gutes tun wollte. Die Geschichte fängt gleich mit einer Mogelei an: Mit der Aufgabe der eigenen Währung und beim Beitritt zum einheitlichen Währungsraum der Eurozone 2001 hätte Griechenland die Konvergenzkriterien erfüllen müssen. […] Fast alle Beteiligten hätten damals wissen können, dass Griechenland diese Kriterien nicht erfüllte und die […] vorgelegten Zah-
10 len geschönt waren. Später, im Oktober 2009, brachte eine neue griechische Regierung die wahren Zahlen ans Licht: Die Neuverschuldung des Staates betrug damals 12,7 %, der Staatsschuldenstand mehr als 103,7 %. Aber der Beitritt war politisch gewollt und man übersah die Probleme über die Freude des Beitritts.
15 In der Folge wurden leider auch die Ursachen der Staatsverschuldung nicht weiter ernsthaft untersucht und keine Maßnahmen zur Beseitigung der Staatsschuldenkrise ergriffen, denn diese Probleme gab es ja offiziell nicht. Statt das Defizit zu bekämpfen, wuchs und wuchs es. Warum? Hier kommen unterschiedliche Interessen der Hauptakteure ins Spiel: Die führenden Politiker des
20 Landes inkl. Ministerpräsident und Minister hätten die Staatsausgaben drastisch senken müssen, damit aber hätten sie Leistungen und Löhne kürzen und auch Bedienstete entlassen müssen – alles unpopuläre Maßnahmen, mit denen sie sich ihre Klientel und Wähler verärgert und damit ihre Wiederwahl gefährdet hätten. Auch an eine Erhöhung der Steuern für Reiche […] war nicht
25 zu denken, deren Einfluss auf die Politik war zu groß.
Die Banker, die die Verschuldung kannten, hätten auf die zunehmende Staatsschuldenproblematik hinweisen und die Kredite „verweigern" können. Aber welcher Finanzjongleur lehnt schon ein sicheres Geschäft mit gut verzinslichen Staatsanleihen ab? Sie drängten sich dem Staat förmlich auf, verteuerten aber
30 wegen des zunehmenden Risikos, das von den Ratingagenturen durch schlechte Noten für griechische Anleihen signalisiert wurde, die Zinsen merklich, bis sie auf dem Höhepunkt der Krise (2012) fast 40 % erreichten. Für die Geldgeber ein „gutes" Geschäft, für den griechischen Staat ruinös. Intern haben das Versagen der Politiker und extern das Kapitalverwertungsinteresse der Banker und
35 Finanzexperten den griechischen Staat in eine fast ausweglose Misere geführt. Hinzu kommt, dass die Wirtschaft Griechenlands (wie die anderer Südländer) im Vergleich zu der der „Nordländer" wie Deutschland, Österreich […] u. a. weniger leistungsfähig und konkurrenzfähig war. Durch den Beitritt zum Euroraum konnte Griechenland diesen Nachteil nicht mehr durch Abwertung seiner
40 Währung ausgleichen. […] Das ist die Ausgangssituation des griechischen Dramas, das zwischenzeitlich europäische Dimensionen angenommen hatte, denn die Staatsanleihen wurden von europäischen […] Banken und Händlern

gekauft. Außerdem steckten gleichzeitig andere Staaten (wie Spanien, Irland, Portugal, Italien) in einer ähnlichen Finanzkrise. Die Staatsschulden in der Eurozone erreichten fast 90 % des BIP. Angesichts dieses Ausmaßes der Staatsschuldenkrise verliert auch der Euro als zentrale Währung der Eurozone an Vertrauen und wird zum Spekulationsobjekt.

Der Krisenkreislauf beginnt sich zu drehen: Der griechische Staat droht Pleite zu gehen. [...] Die Gerüchte, dass der Staat seine Schulden nicht zurückzahlen kann, verdichten sich. Immer mehr Spekulanten wetten gegen den griechischen Staat und den Euro. Die Banken und Fonds mit riesigen griechischen Staatsanleihen werden nervös: Eine griechische Staatspleite würde sie mit in den Abgrund ziehen. Die Banken verleihen sich untereinander kein Geld mehr, da keiner vom anderen weiß, wieweit er in diesem Schlamassel steckt. Eine Bankenpleite hätte verheerende Folgen für die europäische Wirtschaft. Durch sich selbst erfüllende Prophezeiungen tragen die Kräfte des Marktes in dieser Situation selbst zum Untergang des Systems bei. Panik schürt Panik. Die Krise erreichte 2010 ihren ersten Höhepunkt, als Griechenland die Kosten für die Refinanzierung seiner enormen Staatsschulden von 375 Mrd. Euro (mehr als das 1,5fache des BIP) wegen der enormen Zinslast nicht mehr tragen konnte und daher offiziell die Hilfe der EU und des IWF beantragte. Die Staaten der Eurozone, die EZB und der IWF einigten sich mit Griechenland im Mai 2010 auf das 1. Hilfspaket (110 Mrd. Euro, 3 Jahre Laufzeit). Es diente weitgehend dazu, die Zahlungsfähigkeit des Staates aufrechtzuerhalten und fällige Bankkredite abzulösen. Die griechische Bevölkerung hatte nicht viel von dem Hilfspaket, sie war vielmehr Opfer der harten Sparmaßnahmen, die damit verbunden waren (Haushaltskonsolidierung, Lohnkürzungen, Stellenstreichungen im öffentlichen Dienst, Abbau sozialer Leistungen). Aber es reichte für die Rettung Griechenlands nicht aus, die Wirtschaft schrumpfte, die Steuereinnahmen gingen zurück, das Haushaltsdefizit stieg. [...]

Um das zu verhindern, haben die Finanzminister der 17 Eurostaaten, die EZB und der IWF im März 2012 das 2. Hilfspaket für Griechenland mit einem Volumen von 130 Mrd. Euro (mit einem niedrigen Zinssatz von 1,5 % und langen Laufzeiten) verabschiedet. Zugleich wurde ein Schuldenschnitt durchgeführt, wobei auch die privaten Gläubiger auf 53,5 % (107 Mrd. Euro) verzichten mussten. Zuvor hatte das griechische Parlament gegen starke Proteste das vierte Sparprogramm zur Sanierung der Staatsfinanzen mit einschneidenden sozialen Maßnahmen verabschiedet. Das „Fass-ohne-Boden-Argument" sollte entkräftet werden, um so den Spekulationen gegen den griechischen Staat und gegen den Euro an den „Märkten" die Nahrung zu nehmen. [...]

Die Kluft zwischen Arm und Reich vergrößerte sich. Aber den „Rettern" ging es vorrangig darum, das Vertrauen in die Zahlungsfähigkeit des griechischen Staates und seine Gläubiger wiederzugewinnen und Zeithorizonte für die Rückzahlung der riesigen Staatskredite aufzubauen. Um diese Absicht gegenüber den zögerlichen Märkten zu unterstreichen, betonte der Chef der EZB Mario Draghi am 26.7.2012 mit großem Nachdruck: „Die EZB wird im Rahmen ihres Mandats alles tun, was nötig ist, um den Euro zu retten. Und glauben Sie mir, es wird ausreichen." Die Aktion der EZB und die markigen Worte von Draghi hatten Erfolg. Die Spekulationen hörten schlagartig auf. Die Zinsen sanken. Der Kurs des Euros gegenüber dem Dollar stieg an. Die Rettungsaktion der griechischen Staatsfinanzen war geglückt – zumindest vorläufig. [...]

www.bpb.de/lernen/grafstat/183165/m-04-4-01-die-finanzkrise-griechenlands, 23. 04. 2014, entnommen 27. 09. 2014

M 2 Struktur der Gläubiger Griechenlands

Gläubiger	Betrag (Mrd. Euro)
EFSF (Euro-Rettungsschirm der Euro-Länder)	140
Einzelne Staaten des Euroraums	53
IWF	29
EZB und Europäische Investitionsbank	39
Private Gläubiger	35
Griechische Banken	15
Käufer griechischer Staatsanleihen vor Euro-Beitritt	4
Summe	**315**

Zusammenstellung nach: DZ Bank, Eurostat und IWF

M 3 Wirtschaftsdaten des Euroraums und ausgewählter Mitgliedsstaaten

		Euroraum	Deutschland	Griechenland	Irland	Italien	Spanien
reales BIP-Wachstum (Veränderungen gegenüber Vorjahr in %)	2008	0,4	1,1	−0,2	−2,2	−1,2	0,9
	2009	−4,5	−5,1	−3,1	−6,4	−5,5	−3,8
	2010	1,9	4,0	−4,9	−1,1	1,7	−0,2
	2011	1,6	3,3	−7,1	2,2	0,4	0,1
	2012	−0,7	0,7	−7,0	0,2	−2,4	−1,6
	2013	−0,4	0,4	−3,9	−0,3	−1,9	−1,2
Staatsverschuldung in % des BIP	2008	70,1	66,8	112,9	44,2	106,1	40,2
	2009	80,0	74,6	129,7	64,4	116,4	54,0
	2010	85,5	82,5	148,3	91,2	119,3	61,7
	2011	87,4	80,0	170,3	104,1	120,7	70,5
	2012	90,7	81,0	157,2	117,4	127,0	86,0
	2013	92,6	78,4	175,1	123,7	132,6	93,9

Inflationsrate (Veränderung gegenüber Vorjahr in %)	2008	3,3	2,8	4,2	3,1	3,5	4,1
	2009	0,3	0,2	1,3	-1,7	0,8	-0,2
	2010	1,6	1,2	4,7	-1,6	1,6	2,0
	2011	2,7	2,5	3,1	1,2	2,9	3,1
	2012	2,5	2,1	1,0	1,9	3,3	2,4
	2013	1,3	1,6	-0,9	0,5	1,3	1,5
Arbeitslosenquote in %	2008	7,6	7,5	7,8	6,4	6,7	11,3
	2009	9,6	7,8	9,6	12,0	7,8	17,9
	2010	10,1	7,1	12,7	13,9	8,4	19,9
	2011	10,1	5,9	17,9	14,7	8,4	21,4
	2012	11,3	5,5	24,5	14,7	10,7	24,8
	2013	11,9	5,3	27,5	13,1	12,2	26,1

Autorenstatistik nach EUROSTAT 2014

M 4 Wechselkurs US-Dollar je Euro

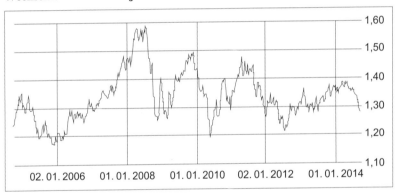

www.wallstreet-online.de/devisen/dollarkurs, entnommen 24. 09. 2014

M 5 Ansgar Belke: „Troika Assessment" – Zur künftigen Rolle des IWF in Europa

Die sogenannte Troika, bestehend aus Internationalem Währungsfonds (IWF), EU-Kommission und Europäischer Zentralbank (EZB), wurde von den nationalen Regierungen der Eurozone damit beauftragt, die Einhaltung der Spar- und Reformauflagen durch die Programmländer Griechenland, Irland, Portugal
5 und Zypern regelmäßig zu überprüfen. [...]
Kann Europa seine Probleme nicht ohne den IWF lösen? Eine plakative Antwort auf diese Frage lautet: jetzt eher ja, früher (2010) sicher nicht. Im Einzelnen lassen sich dafür die folgenden Gründe anführen. [...] Der IWF entlastet

die europäischen Partner finanziell: für Griechenland, Irland und Portugal ungefähr ein Drittel aller staatlichen Zusagen. Sicher ist, dass der IWF unabhängige Expertise beisteuert, die der Kommission und der EZB 2010 noch fehlten. Ohne den IWF wären die Krisenprogramme wahrscheinlich so erfolglos verlaufen wie die Versuche Europas, den Stabilitätspakt durchzusetzen. Anders gewendet: Der IWF ist in Bezug auf Europa auch politisch objektiver. Er ist in Bezug auf Europa weniger politisch restringiert als die EU-Kommission. Und daher konnte er bei der Kontrolle der Hilfsprogramme eine objektivere Sichtweise einnehmen. Dies steigerte wiederum die Effektivität dieser Hilfsprogramme. Der Fonds bringt zudem umfangreiche Erfahrungen und eine lange Expertise bei der Behandlung von Zahlungsbilanzkrisen bei der Ausgestaltung von Hilfsprogrammen mit. Deshalb ist er kurz- bis mittelfristig unverzichtbar. [...] Die Präsenz des IWF wurde von den Märkten als ein Garant für Glaubwürdigkeit gewertet. Die Beteiligung des IWF – von Deutschland gewünscht und von der EZB unterstützt – beruhigte die Märkte.

http://www.oekonomenstimme.org/artikel/2014/03/troika-assessment--zur-kuenftigen-rolle-des-iwf-in-europa/, 12. 03. 2014, entnommen 27. 09. 2014

M 6 Bert Losse: Rolle vorwärts

Im Zuge der Finanz- und Euro-Krise ist der IWF, der sich zuvor der politischen Bedeutungslosigkeit genähert hatte, wieder zu einem zentralen Player der globalen Finanzpolitik geworden. Das wäre an sich kein Problem, würde die [...] Organisation ihr Mandat nicht überdehnen. In erstaunlicher Offenheit rügt die Deutsche Bundesbank [...] „zunehmende Gefahren für Fehlanreize im internationalen Währungs- und Finanzsystem", die vom IWF ausgingen. Zuvor hatte Bundesbank-Vorstand Andreas Dombret zu Protokoll gegeben, die Effizienz der IWF-Programme sei „schwächer geworden".

[...] Der IWF vergibt immer mehr Kredite mit immer lascheren Auflagen. Längst agiert er nicht mehr allein als Liquiditätsfeuerwehr bei kurzfristigen Zahlungsbilanzproblemen (was seine originäre Aufgabe ist), sondern präsentiert sich vielmehr als eine Art supranationale Staatsbank, die den Haushalt maroder Krisenländer aufhübscht. Um die Rückzahlung seiner Kredite zu sichern, geht der Fonds zudem dazu über, Kreditlinien häufig zu verlängern, was ihn de facto zu einem Dauerfinanzier macht. Diese finanzpolitische Rolle vorwärts ist eine Strategie mit hohen Risiken. Eigentlich ist es ja das Ziel jedes IWF-Engagements, Krisenstaaten auf die richtige Bahn zu bringen, sodass diese sich wieder am Kapitalmarkt finanzieren können. Doch indem der IWF mehr oder weniger als Bank auftritt und bisweilen sogar Konjunkturprogramme mitbezahlt, erreicht er das genaue Gegenteil – und droht private Kreditgeber zu verdrängen.

Wirtschaftswoche, 02. 12. 2012

Lösungsvorschlag

1. *Mithilfe von geeigneten Materialien soll geprüft werden, ob der Begriff „Eurokrise" den Zustand des Euroraums treffend beschreibt. Kommen Sie zu einer anderen Schlussfolgerung, beispielsweise dass es sich vornehmlich um eine „Griechenlandkrise" oder eine „Staatsschuldenkrise" handelt, müssen Sie dies entsprechend begründen.*

Betrachtet man zunächst die **makroökonomischen Daten** im Euroraum bzw. in ausgewählten EU-Ländern (vgl. M 3) stellt man fest, dass es 2009 zu einem Rückgang des BIP um 4,5 % kommt. Die beiden folgenden Jahre weisen ein reales Wachstum von 1,9 % (2010) bzw. 1,6 % (2011) auf, während sich anschließend der **negative Trend** fortsetzt. Allerdings verläuft die Entwicklung nicht in allen Ländern gleich. Während Deutschland mit Ausnahme des Jahres 2009 im betrachteten Zeitraum immer ein reales Wachstum verzeichnen kann, sind die **Werte bei Griechenland durchgängig negativ**. Bei den übrigen Ländern wechseln sich positives und negatives Wachstum ab.

Entsprechend der **konjunkturellen Entwicklung** verläuft auch die **Entwicklung der Arbeitslosigkeit**. Diese nimmt, mit Ausnahme von Deutschland, in allen Ländern zu: von 2008 bis 2013 in Irland und Spanien auf mehr als das Doppelte, in Griechenland auf mehr als das Dreifache (vgl. M 3).

Betrachtet man den **Außenwert des Euro** im Vergleich zum US-$, lassen sich für den Zeitraum 2006–2012 Schwankungen zwischen weniger als 1,20 US-$ und fast 1,60 US-$ beobachten (vgl. M 4). Einige der größten Ausschläge lassen sich in der von www.wallstreet-online.de am 24. 9. 2014 entnommenen Wechselkursgrafik im Krisenjahr 2009 feststellen. Danach, insbesondere im Jahr 2013, stabilisiert sich der Kurs.

Schwankend ist auch der **Binnenwert des Euro**. Betrachtet man die **Inflationsrate**, zeigt sich ein uneinheitliches Bild (vgl. M 3). Im Euroraum fällt die Teuerungsrate im Krisenjahr 2009 um drei Prozentpunkte auf 0,3 %. Anschließend steigen die Werte zunächst wieder und bewegen sich zwischen 2,7 % (2011) und 1,3 % (2013). Die Entwicklung in den ausgewählten Ländern variiert: Während Deutschland und Italien vergleichsweise stabile Werte aufweisen (maximale Schwankung 2,6 bzw. 2,7 Prozentpunkte), wechseln sich beispielsweise in Griechenland hohe Teuerungsraten (2010: 4,7 %) mit deflationären Werten (2013: –0,9 %) ab.

Große Unterschiede gibt es auch bei der **Staatsverschuldung**, gemessen in Prozent des BIP (vgl. M 3). Nimmt diese im Euroraum von 2008 bis 2013 um etwa ein Drittel zu, verdoppelt sie sich in Spanien und verdreifacht sich in Irland. Deutschland hingegen kann seine Staatsverschuldung nach einem Maximum von 82,5 % (2010) auf 78,4 % (2013) zurückführen. Griechenlands Verschuldung nimmt, mit einer leichten Erholung 2012, stetig zu und beträgt 2013 175,1 % der Wirtschaftsleistung des Landes. Seit 2010 erreicht keines der aufgeführten Länder mehr das **Konvergenzkriterium von 60 %**.

Zusammenfassend kann gesagt werden, dass die makroökonomischen Daten in der Eurozone Krisensymptome zeigen und der Binnen- und der Außenwert des Euro, insbesondere im Zeitraum 2008–2012 instabil sind. Allerdings stabilisiert sich der Euro nach der EZB-Garantie. Auch ist es angesichts der z. T. sehr unterschiedlichen Entwicklung in den einzelnen EU-Ländern **problematisch, von einer umfassenden Krise im Euroraum zu sprechen**. Länder wie Deutschland zeigen eine deutlich positive Entwicklung, während sich beispielsweise in Griechenland die ökonomische Situation weiter verschärft. Betrachtet man die Entwicklung der Staatsverschuldung (vgl. M 3), scheint die Bezeichnung der Krise als **Staatsschuldenkrise** treffender. Alle Staaten überschreiten die von den EU-Konvergenzkriterien festgelegte maximale Staatsverschuldung von 60 % des BIP deutlich; einige Länder um z. T. mehr als das Doppelte. Auch Deutschland, das zuletzt aufgrund der günstigen Zinsen seine Verschuldung wieder leicht zurückführen konnte, liegt um mehr als 18 Prozentpunkte über dem Referenzwert.

2. *Der Operator verlangt hier, die Bedeutung der ökonomischen Situation Griechenlands für die Entwicklung der Eurokrise zu beschreiben und mit Beispielen und geeigneten Belegen aus den Materialien zu erklären.*

Die ökonomische Situation Griechenlands stellt sich gegenwärtig problematisch dar: Wie in M 3 zu sehen ist, weist Griechenland bei zentralen makroökonomischen Daten wie dem Wirtschaftswachstum, der Staatsverschuldung oder der Arbeitslosigkeit im Zeitraum 2008–2013 eine **negative Entwicklung** auf. Insbesondere die **Staatsverschuldung** mit 175,1 % des BIP im Jahr 2013 (vgl. M 3) stellt ein großes Problem dar (vgl. M 1, Z. 1). Schon vor der Finanzkrise ab 2008 stand es mit Griechenland nicht zum Besten. Die Zahlen, auf deren Grundlage Griechenland der Eurozone 2001 beigetreten ist, waren geschönt. In der Folge wurden die **strukturellen Missstände nicht beseitigt** (vgl. M 1, Z. 15 ff.). Entsprechend verfügt die griechische Wirtschaft nicht über die Leistungsfähigkeit anderer EU-Mitglieder wie Deutschland. Nach der Einführung des Euro blieb den Griechen nicht mehr die Möglichkeit, durch **Abwertung der Währung** die fehlende Wettbewerbsfähigkeit zu kompensieren (vgl. M 1, Z. 38 ff.). Das führte dazu, dass Griechenland **mehrfach vor dem Staatsbankrott stand** (vgl. M 1, Z. 57 ff., Z. 68 ff.) und nur durch die Unterstützung von EU, EZB und IWF (vgl. M 2) zahlungsfähig blieb.

Zusammenfassend kann man sagen, dass die wirtschaftliche Situation Griechenlands **die Krise in anderen Mitgliedstaaten verschärfte**. Immer mehr Finanzspekulanten setzten auf einen griechischen Staatsbankrott und wetteten zunächst gegen griechische Staatsanleihen, dann gegen den Euro (vgl. M 1, Z. 50 f.). Das **Vertrauen in die Gemeinschaftswährung nahm ab**, Banken misstrauten einander und liehen sich kein Geld mehr (vgl. M 1, Z. 53 f.). Der **Eurokurs sank deutlich** gegenüber dem Dollar (vgl. M 4). Erst als die EZB ankündigte, „im Rahmen ihres Mandats alles [zu] tun, was nötig ist, um den Euro zu retten" (M 1, Z. 86 f.), beruhigten sich die Devisenmärkte.

3. *Bei dieser Aufgabe soll, ausgehend von den Aufgaben des IWF, verdeutlicht werden, welche Funktion diese Institution im Umgang mit der Krise im Euroraum hat. Dabei soll neben der ursprünglichen Aufgabe des IWF auch auf seine Rolle als Mitglied der Troika eingegangen werden. Da hier vornehmlich Textquellen verwendet werden müssen, sollten Sie besonders auf die Einhaltung der formalen Kriterien (Zitierregeln) achten.*

Der Internationale Währungsfonds (IWF) wurde als UN-Sonderorganisation gegründet. Er hat u. a. die **Aufgabe, die Finanzmärkte zu stabilisieren**, die Geldpolitik zu überwachen, den freien Devisenverkehr sicherzustellen und den Welthandel zu fördern. Zudem unterstützt er seine gegenwärtig 188 Mitgliedsländer bei kurzfristigen Zahlungsschwierigkeiten mit **Krediten**.

In den Materialien M 1, M 5 und M 6 kommen verschiedene Einschätzungen der Rolle des IWF bei der Bewältigung der Krise im Euroraum zum Ausdruck.

Wolfgang Sander sieht in seinem Text „Die Finanzkrise Griechenlands – ein europäisches Drama" (M 1), der am 23. 4. 2014 auf der Homepage www.bpb.de erschienen ist, den **IWF als Teil der Troika**. Diese verhinderte einerseits durch **zwei Hilfspakete** (vgl. M 1, Z. 61 ff., Z. 71 ff.) den Staatsbankrott Griechenlands. Andererseits forderten die damit verbundenen **harten Sparmaßnahmen viele Opfer** (vgl. M 1, Z. 66 ff.). Die Bevölkerung musste „Lohnkürzungen, Stellenstreichungen […] [und den] Abbau sozialer Leistungen" (M 1, Z. 67 f.) hinnehmen.

Auch Bert Losse (M 6) sieht den IWF in seiner Rolle als Geldgeber kritisch. In dem am 2. 12. 2012 in der Wirtschaftswoche erschienenen Text mit dem Titel „Rolle vorwärts" wirft er dem Währungsfonds vor, sein Mandat zu überdehnen (vgl. M 6, Z. 3 f.). Statt „als **Liquiditätsfeuerwehr bei kurzfristigen Zahlungsbilanzproblemen**" (M 6, Z. 10 f.) zu agieren, sei er „eine Art supranationale Staatsbank" (M 6, Z. 12) geworden, die den Haushalt und z. T. sogar Konjunkturprogramme mit Krediten finanziert. Dadurch käme es zu einem **Crowding-out-Effekt**, d. h., private Kreditgeber würden durch staatliche Finanziers verdrängt (vgl. M 6, Z. 20). Zudem führe dies zu „zunehmende[n] Gefahren für **Fehlanreize im internationalen Währungs- und Finanzsystem**" (M 6, Z. 5 f.), wie die Deutsche Bundesbank warnt.

Positiv hingegen sieht Ansgar Belke in seinem auf www.oekonomenstimme.org am 12. 3. 2014 veröffentlichten Artikel „‚Troika Assessment' – Zur künftigen Rolle des IWF in Europa" (M 5) die Rolle des IWF bei der Bewältigung der Krise. Er sei „von den Märkten als ein **Garant für Glaubwürdigkeit** gewertet" (M 5, Z. 21 f.) worden und habe diese dadurch beruhigt (vgl. M 5, Z. 23). Belke ist überzeugt, ohne die **finanziellen Mittel** und **die Expertise** des IWF wäre die Krisenbewältigung in Europa nicht so erfolgreich verlaufen (vgl. M 5, Z. 12 ff.). Zudem seien die Hilfsprogramme durch die Objektivität des Fonds effektiver umgesetzt worden (vgl. M 5, Z. 15 ff.), als dies sonst der Fall gewesen wäre.

4. *Beurteilung: Bei dieser Aufgabe sollen Sie ausgewählte Maßnahmen, die die Troika zur Bekämpfung der Krise im Euroraum getroffen hat, auf ihre Angemessenheit hin überprüfen. Betrachtet werden können z. B. der Abbau sozialer Leistungen, Finanzhilfen, Lohnkürzungen, Sparmaßnahmen, der Schuldenschnitt, Bürokratieabbau und Stellenabbau im öffentlichen Dienst. Dabei sollen Sie die angewandten Kriterien wie Legitimität, Gerechtigkeit, Effizienz, Effektivität oder Nachhaltigkeit nennen.*

Beurteilung der Maßnahmen der Troika

Zur Bekämpfung der Krise im Euroraum hat die Troika eine Reihe von Maßnahmen getroffen. Dazu zählen umfangreiche **Finanzhilfen** (vgl. z. B. M 2; M 6, Z. 9 ff.). Hinsichtlich der **Effizienz** ist dies eine Maßnahme, die geeignet ist, schnell die Haushalte der Krisenländer zu stabilisieren und die Märkte zu beruhigen (vgl. M 1, Z. 86 ff.). Die Staaten erhalten dadurch den Spielraum, notwendige Strukturreformen durchzuführen – allerdings müssen diese auch umgesetzt werden. Dienen die Finanzhilfen aber lediglich dazu, alte Schulden zu begleichen, oder verhindern sie gar Wirtschaftsreformen, sind sie weder effizient noch **nachhaltig**. Problematisch sind sie auch vor dem Hintergrund der **Gerechtigkeit**. Zwar ist die EU eine Solidargemeinschaft, bei der die stärkeren Mitgliedstaaten die schwächeren unterstützen sollen, eine Schuldenübernahme durch andere EU-Staaten, der sogenannte **Bail-out**, ist aber nach den EU-Verträgen ausdrücklich verboten. Auch besteht die Gefahr eines **moral hazard**, d. h., die betroffenen Regierungen sind eher bereit, ein höheres Risiko einzugehen oder leichtfertige Ausgaben zu tätigen, wenn sie wissen, die Solidargemeinschaft übernimmt im Zweifel die Haftung. Vergleichbares gilt auch bei einem **Schuldenschnitt**, wie er beispielsweise 2012 in Griechenland vollzogen wurde (vgl. M 1, Z. 74).

Zudem werden von der Troika **Sparmaßnahmen** gefordert. Diese können zunächst **effektiv** sein, denn sie bieten die Möglichkeit, den Haushalt zu konsolidieren und verhindern einen weiteren Anstieg der Verschuldung. Dadurch erhält der Staat neue wirtschaftspolitische Spielräume und kann notwendige Strukturreformen anstoßen. Auch haben diese Maßnahmen unter dem Kriterium der **Gerechtigkeit** positive Aspekte: Zum einen leistet die Bevölkerung des Krisenlandes hierdurch selbst – und nicht nur die Steuerzahler anderer EU-Staaten – einen Beitrag zur Lösung der Krise. Zum anderen sorgt es innerhalb des Landes für mehr **Generationengerechtigkeit**, wenn die gegenwärtige Generation weniger Schulden macht, die die nachfolgenden Generationen abbauen müssen. Gerecht sind die Maßnahmen aber nur dann, wenn alle Bevölkerungsschichten ihren Beitrag leisten müssen und nicht – wie beispielsweise in Griechenland – die Vermögenden von den Sparmaßnamen kaum betroffen sind und die Last v. a. von den unteren und mittleren Einkommensschichten getragen wird. Hinsichtlich der **Effizienz** können Sparmaßnahmen nachteilig sein, wenn dadurch die gesamtwirtschaftliche Nachfrage gedämpft wird und das Wirtschaftswachstum zurückgeht.

Die **Deregulierung**, verbunden mit dem **Abbau von Stellen im öffentlichen Dienst**, soll als weitere Maßnahme zu „mehr Markt" (im Sinne einer ausgeweiteten Marktwirtschaft), zu einem Rückgang der Staatsquote, durch Bürokratieabbau zu einer größeren Wettbewerbsfähigkeit und so letztlich zu einer Steigerung der Gesamtwohlfahrt führen. Ob dies aber **effektiv** und **nachhaltig** ist, hängt davon ab, ob es gelingt, die im öffentlichen Dienst notwendigen Strukturreformen umzusetzen und dadurch ein Wirtschaftswachstum anzuregen. Problematisch können die dabei entstehende Arbeitslosigkeit im öffentlichen Sektor und die Schwächung des ordnungspolitischen Rahmens sein.

Zusammenfassend kann man sagen, dass die Maßnahmen der Troika **erfolgversprechend sein können**, wenn sie nicht nur für eine kurze Stabilisierung der Wirtschaft sorgen, sondern genutzt werden, um Strukturreformen umzusetzen, die Wettbewerbsfähigkeit des Landes zu steigern und so für nachhaltiges Wirtschaftswachstum zu sorgen. Wie das Beispiel Griechenland zeigt (vgl. M 3), haben die Maßnahmen jedoch **bislang nicht den gewünschten Erfolg** erzielt.

Neben der kritischen Prüfung einzelner Maßnahmen der Troika zur Bekämpfung der Krise im Euroraum (s. o.) müssen die Merkmale eines Kommentars wie z. B. die Darstellung einer subjektiven Meinung, die Adressatenorientierung und die Verwendung sprachlicher Mittel (Ironie, Sarkasmus, „Schlagwörter", Vergleiche, Metaphern usw.) berücksichtigt werden.

Kommentar zu den Maßnahmen der Troika
Die Troika, bestehend aus der Europäischen Kommission, der EZB und dem IWF, hat in der Vergangenheit eine Reihe von Maßnahmen auf den Weg gebracht, um die Krise im Euroraum zu bekämpfen. Insbesondere um einen Staatsbankrott Griechenlands zu verhindern, wurden große Anstrengungen unternommen. Das Land erhielt **Kredite** und **Bürgschaften**; ein **Schuldenschnitt** sollte dem Land Luft verschaffen. Um die Wettbewerbsfähigkeit zu erhöhen und den Haushalt zu konsolidieren, sollten die öffentliche Verwaltung verschlankt, soziale Leistungen gekürzt und die staatlichen Ausgaben verringert werden.
Die Ergebnisse der **Bemühungen der Troika sind zwiespältig**. Einerseits ist es – auch dank der massiven Intervention der EZB – gelungen, den Kurs des Euro zu stabilisieren. Auch sind mit Irland und Portugal zwei Krisenländer nicht mehr auf die finanzielle Hilfe des **Euro-Rettungsschirms** angewiesen, sondern können sich wieder selbst über die Kapitalmärkte finanzieren. Andererseits hat sich bei so gut wie keinem Euroland die Problematik der **Staatsverschuldung** entschärft und die **Krise in Griechenland** ist nicht überwunden.
Auf den ersten Blick wurden durch die große finanzielle Unterstützung keine ausreichenden Anreize zur Steigerung der **Wettbewerbsfähigkeit** gesetzt. Schaut man aber genauer hin, sieht man, dass von den Hilfsmilliarden in Griechenland selbst nicht viel ankam. Ein Großteil wurde dazu benutzt, Altschulden zu begleichen. Was sich auf die einfachen Leute auswirkte, waren dagegen eine Reihe von **Sparmaßnahmen**, die Bedingung für die Auszahlung von Hilfsgeldern waren: Die Sozialleistungen wurden gekürzt, das Rentenalter erhöht und Bedienstete der öffentlichen Verwaltung auf die Straße gesetzt.

Diese Kürzungen und Sparmaßnahmen hatten nicht den gewünschten Erfolg – im Gegenteil: Die Leistungsfähigkeit der Wirtschaft ging zurück, die Arbeitslosigkeit und die Staatsverschuldung stiegen weiter an, das Wirtschaftswachstum nahm ab. Die **Kluft zwischen Arm und Reich** wurde größer. Die unteren und mittleren Einkommensschichten wurden stark belastet, während die Reichen weitgehend von Einschnitten verschont blieben. Hier muss eine **Gerechtigkeitsdebatte** geführt werden!

Während es gelang, das **Vertrauen der Märkte** in den Euro wiederherzustellen, formierte sich im Land Widerstand gegen die Troika und ihre Maßnahmen – mit dem Ergebnis, dass in Griechenland 2015 eine **neue Regierung gewählt** wurde, die sich im Wahlkampf gegen die Sparmaßnahmen der Troika ausgesprochen hatte. Und nicht nur in Griechenland nehmen die kritischen Stimmen gegen das „Kaputtsparen" zu ...

Das Maßnahmenpaket, das von der Troika zur Bekämpfung der Krise im Euroraum getroffen wurde, hat – insbesondere im Falle Griechenlands – **nicht die gewünschte Wirkung** gezeigt. Griechenland braucht finanzpolitische Spielräume, um die notwendigen Wirtschaftsreformen zu stemmen. Hilfsgelder sollten daher nicht zur Tilgung von Altschulden, sondern für **Investitions- und Konjunkturprogramme** verwendet werden.

Schriftliche Abiturprüfung Wirtschaft (Baden-Württemberg) 2016
Aufgabe I: Wirtschaftliches Handeln im Sektor Unternehmen

Familienunternehmen: Ein Erfolgsmodell für die Zukunft?
Im Vergleich zu anderen Industrienationen kommt eigentümergeführten Familienunternehmen in Deutschland eine bedeutsame Stellung zu. Dieses Eigentümermodell beschränkt sich dabei nicht nur auf kleine und mittelständische Unternehmen, sondern ist auch bei Großunternehmen vertreten. Vor dem Hintergrund sich wandelnder Rahmenbedingungen stellt sich die Frage, ob das Familienunternehmen ein Modell ist, das in Zukunft erfolgreich sein wird, und inwieweit ausländische Investoren dabei eine Rolle spielen könnten.

Bei der Bearbeitung der folgenden Aufgaben sind geeignete Materialien in Abhängigkeit von der Aufgabenstellung einzubeziehen und zu belegen.

Aufgaben:

1. Charakterisieren Sie die wirtschaftliche und rechtliche Stellung von Familienunternehmen in Deutschland. — 14 VP

2. Die Wahl der Rechtsform ist eine bedeutende Unternehmensentscheidung.
Stellen Sie Chancen und Risiken der Rechtsform Einzelunternehmen dar. — 10 VP

3. In den nächsten Jahren steht in über einer halben Million Unternehmen der Generationswechsel an. Für einen zukünftigen Selbstständigen besteht die Möglichkeit, ein eigenes Unternehmen zu gründen oder als Nachfolger in ein bestehendes Familienunternehmen einzusteigen.
Vergleichen Sie die beiden Handlungsoptionen. — 18 VP

4. Ein Familienunternehmen steht vor der Entscheidung, einen chinesischen Investor an seinem Unternehmen zu beteiligen.
Erörtern Sie vor dem Hintergrund interner und externer Herausforderungen diese anstehende unternehmerische Entscheidung. — 18 VP

60 VP

M 1 Glossar

Familienunternehmen: Unternehmen, die in einem hohen Maß im Eigentum einer Familie sind. Hauptcharakteristikum ist die häufige Einheit zwischen dem Eigentum an der Firma und gleichzeitiger Leitung. Deshalb sind der Großteil der Familienunternehmen eigentümergeführte Unternehmen.

Kleine und mittlere Unternehmen (KMU): Ein Unternehmen zählt zu den KMU, wenn es weniger als 500 Beschäftigte hat und einen Jahresumsatz von weniger als 50 Mio. Euro erwirtschaftet.

Große Unternehmen: Die Definition ergibt sich aus der Abgrenzung von kleinen und mittleren Unternehmen (KMU). Ein Unternehmen wird dann als groß angesehen, wenn es 500 und mehr Beschäftigte hat oder einen Jahresumsatz von 50 Mio. Euro und mehr erzielt.

Definitionen nach ifm, Institut für Mittelstandsforschung, Bonn

M 2 Anteil der eigentümergeführten Familienunternehmen in Deutschland 2014 an allen Unternehmen, an der Gesamtbeschäftigung und am gesamten Umsatz (in %)

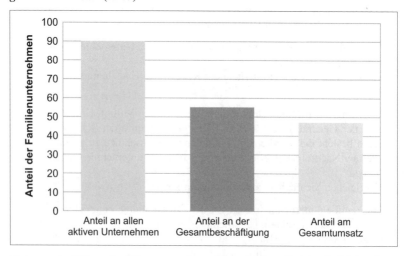

Daten nach: Stiftung Familienunternehmen (Hrsg.): Die volkswirtschaftliche Bedeutung von Familienunternehmen. Durchgeführt von ZEW und ifm, Mannheim 2014, S. 21, auch unter http://de.statista.com, letzter Aufruf am 09. 07. 2015

M 3 Rechtsform der Familienunternehmen (2014)

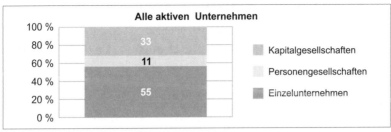

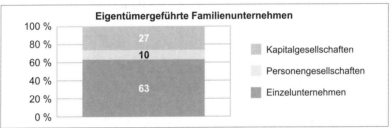

Daten nach: Stiftung Familienunternehmen (Hrsg.): Die volkswirtschaftliche Bedeutung von Familienunternehmen. Durchgeführt von ZEW und ifm, Mannheim 2014, S. 9f., auch unter http://www.familienunternehmen.de, letzter Aufruf am 14. 07. 2015

M 4 Familienunternehmen nach Wirtschaftsbereichen (2013)

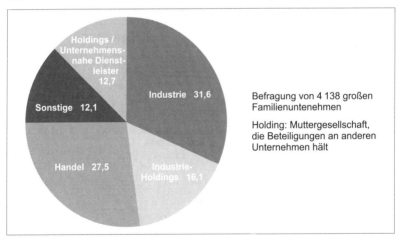

Daten nach: BDI, Deutsche Bank, auch unter http://www.iwkoeln.de, letzter Aufruf am 14. 07. 2015

M 5 Veränderung der Umsätze und Anzahl der Beschäftigten der Großunternehmen nach Unternehmenstyp im dargestellten Zeitraum (in Prozent)

Zeitraum	Familienunternehmen		Nichtfamilienunternehmen	
	Umsätze	Beschäftigte	Umsätze	Beschäftigte
2008–2012	+ 14,5	+ 12,1	+ 19,2	+ 7,8

Nach: ifm, Wirtschaftliche Entwicklung großer Familien- und Nichtfamilienunternehmen – eine Bilanzdatenanalyse für den Zeitraum 2008 bis 2012, Dez. 2014

M 6 Durchschnittlicher Exportumsatz von Familienunternehmen am Gesamtumsatz

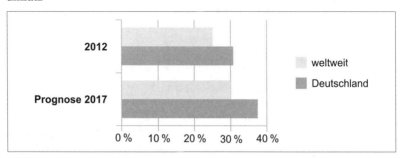

Dr. Christina Müller, Die Zukunft von Familienunternehmen – der Kern der Wirtschaft, S. 17, Nov. 2012, herausgegeben von der PricewaterhouseCoopers AG

M 7 Dimensionen von Unternehmenskultur (Auswahl)

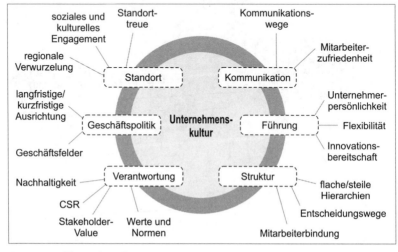

Autorengrafik (Prüfungskommission)

M 8 Zentrale Herausforderungen von Familienunternehmen in den nächsten Jahren[1]

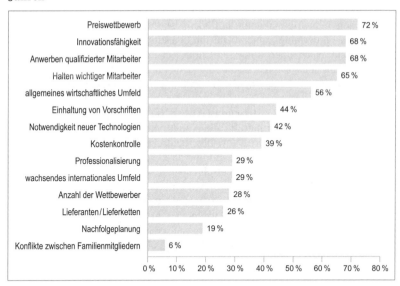

[1] An der Studie im Sommer 2014 beteiligten sich 109 FU aus Deutschland.

Dr. Christina Müller, Zukunft der Familienunternehmen, S. 17, Nov. 2014, herausgegeben von der PricewaterhouseCoopers AG, auch unter www.pwc.de, letzter Aufruf am 21.09.2015

M 9 Friederike Wehnert: Know-how und Absatzmärkte: Chinesen investieren in Deutschland

Mit offenen Armen empfing Putzmeister[1]-Gründer Karl Schlecht Sany[2] aus China im Jahr 2012. Mittlerweile haben auch viele andere chinesische Unternehmen im deutschen Mittelstand investiert. Investoren aus China kaufen deutsche Unternehmen, chinesische Unternehmen gehen Kooperationen mit
5 deutschen Firmen ein oder zeigen mit Niederlassungen Präsenz am deutschen Markt: Deutschland hat sich zum attraktivsten Investitionsstandort für chinesische Unternehmen entwickelt. Die Beliebtheit schlägt sich auch in der Anzahl der tatsächlichen Investitionsprojekte nieder: 68 Projekte wurden im vergangenen Jahr in Deutschland getätigt, ein deutlicher Anstieg zum Vorjahr (46 Pro-
10 jekte). Hinter Deutschland rangieren Großbritannien und Frankreich mit 29 bzw. 14 Projekten. Deutschland erreicht damit einen Marktanteil in Europa von 44 %.
Ein etwas anderes Bild zeigt die Zahl der durch die Investitionen geschaffenen Arbeitsplätze. Mit 508 Arbeitsplätzen im Jahr 2013 (Vorjahr 1 501) liegt der
15 Anteil Deutschlands daher im Vergleich zu Europa nur bei knapp 7 % (Vorjahr 27 %).

Während aus den Großstädten Hamburg, Düsseldorf, Frankfurt, München heraus vor allem Vertriebsaktivitäten gesteuert werden und Kooperationen mit deutschen Hidden Champions[3] vor allem eher in den traditionellen westdeutschen Industrieregionen stattfinden, ist Ostdeutschland aufgrund der attraktiven Fördermittel zunehmend für Investitionen „auf der grünen Wiese" interessant. Nach einer Studie der Chinesischen Handelskammer in Berlin hat sich die Zahl der Aktivitäten in den neuen Bundesländern in den vergangenen sieben Jahren verdoppelt. Mit Investitionen von insgesamt über 430 Millionen Euro entstanden dort fast 900 Arbeitsplätze in den Branchen Handel (40 %), Energie (16 %), Logistik und Elektronik (je 14 %) und Maschinenbau (10 %).

Wenn es um die Gründe für die Attraktivität Deutschlands geht, stehen Technologiekompetenz und Know-how deutscher Unternehmen sowie die Absatzmärkte in Deutschland und Europa an erster Stelle. In der Regel beginnt die Wertschöpfungskette in Deutschland mit dem Aufbau von Vertriebskanälen. Daher sind die Investitionsprojekte im relativ frühen Stadium bei der Präsenz chinesischer Unternehmen auf dem deutschen Markt meist nicht mit vielen Arbeitsplätzen verbunden. In weiteren Schritten können etwa der Aufbau eines Einkaufszentrums für die Muttergesellschaft, Investitionen in Forschung und Entwicklung und Produktion erfolgen. Dabei wird das Know-how deutscher Mitarbeiter gezielt eingesetzt. „Viele chinesische Unternehmen verbinden mit ihren Investitionen in Deutschland das Ziel, langfristig auf dem deutschen Markt tätig zu sein. Dabei legen sie vor allem Wert darauf, dass die Innovationskompetenz der deutschen Unternehmen in Deutschland bleibt", berichtet Robert Hermann, Fachbereichsleiter der Investorenanwerbung bei Germany Trade and Invest. „Deutsche Unternehmen, die teilweise vor dem Einstieg chinesischer Investoren bereits weniger gute Erfahrung mit Finanzinvestoren gemacht haben, schätzen dieses Engagement der strategischen Investoren aus China."

Neben der starken industriellen Basis mit ihrer Innovationskraft spielen auch die moderne Infrastruktur, gut ausgebildete Arbeitskräfte, die gute Bildungs- und Forschungslandschaft in Deutschland sowie stabile rechtliche Rahmenbedingungen eine wichtige Rolle.

Wehnert, Friederike: http://www.marktundmittelstand.de/nachrichten/kundenmaerkte/chinesen-investieren-in-deutschfand-1219251/, 15. 09. 2014, entnommen 07. 07. 2015

1 Putzmeister: Putzmeister Concrete Pumps GmbH mit Sitz in Aichtal in Baden-Württemberg ist ein Hersteller von Betonpumpen. Bis 2005 war das Unternehmen nach Umsatz und Mitarbeiterzahl das weltweit größte seiner Branche.

2 Sany: chinesischer Baumaschinenhersteller. Sany wurde 1989 gegründet und ist heute einer der führenden Baumaschinenhersteller weltweit, mit über 60 000 Mitarbeitern in mehr als 150 Ländern.

3 Hidden champions (heimliche Gewinner): mittelständische Unternehmen, die in Nischen-Marktsegmenten Europa- oder Weltmarktführer geworden sind.

Lösungsvorschlag

1. *Der Operator „charakterisieren" verlangt, dass Sie anhand geeigneter Materialien die wirtschaftliche und rechtliche Stellung von Familienunternehmen in Deutschland mit ihren typischen Merkmalen beschreiben und in ihren Grundzügen bestimmen. Hierzu bieten sich die Materialien M 1–M 6 an.*

Familienunternehmen sind laut Definition des Instituts für Mittelstandsforschung (*ifm*, Bonn) „Unternehmen, die in einem hohen Maß im **Eigentum einer Familie** sind" und bei denen häufig eine „**Einheit zwischen dem Eigentum an der Firma und gleichzeitiger Leitung**" besteht (M 1). Betrachtet man das Säulendiagramm in M 2 mit dem Titel „Anteil der eigentümergeführten Familienunternehmen in Deutschland 2014 an allen Unternehmen, an der Gesamtbeschäftigung und am gesamten Umsatz (in %)", welches nach Daten der Stiftung Familienunternehmen erstellt und unter http://de.statista.com am 09.07.2015 aufgerufen wurde, wird die **Bedeutung für die Unternehmerlandschaft** deutlich. 90 % aller aktiven Unternehmen in Deutschland sind eigentümergeführte Familienunternehmen und etwas mehr als die Hälfte aller in der Privatwirtschaft beschäftigten Personen arbeiten in einem Familienunternehmen. Im Jahr 2014 erwirtschafteten die Familienunternehmen außerdem knapp der Hälfte des Gesamtumsatzes aller Unternehmen.

Dem ersten Säulendiagramm in M 3 (vgl. „Rechtsform der Familienunternehmen (2014)" nach www.familien-unternehmen.de, aufgerufen am 14.07.2015) sind Informationen im Hinblick auf die **Rechtsform** aller aktiven Unternehmen zu entnehmen – 55 % sind demnach Einzelunternehmen. Das zweite Säulendiagramm zeigt, dass der Anteil der Einzelunternehmen bei den eigentümergeführten Familienunternehmen mit 63 % etwas höher ist. Des Weiteren ist ersichtlich, dass der Anteil der Kapitalgesellschaften bei allen aktiven Unternehmen 33 % beträgt, bei den eigentümergeführten Familienunternehmen hingegen nur 27 %.

In dem Kreisdiagramm „Familienunternehmen nach Wirtschaftsbereichen (2013)" (M 4), welches nach Daten des BDI und der Deutschen Bank erstellt wurde und am 14.07.2015 unter www.iwkoeln.de aufgerufen wurde, wird deutlich, dass von 4 138 befragten großen Familienunternehmen 47,7 % in der Industrie tätig sind. Daran ist ersichtlich, welche Bedeutung der **Wirtschaftsbereich** Industrie für die Familienunternehmen hat. Der Handel stellt mit 27,5 % den zweitgrößten Wirtschaftsbereich dar.

Die nach ifm erstellte Tabelle zu **Umsätzen und Beschäftigten** (vgl. M 5 „Veränderung der Umsätze und Anzahl der Beschäftigten der Großunternehmen nach Unternehmenstyp im dargestellten Zeitraum (in Prozent)"; Wirtschaftliche Entwicklung großer Familien- und Nichtfamilienunternehmen – eine Bilanzdatenanalyse für den Zeitraum 2008 bis 2012, Dezember 2014) stellt die Bilanzdaten für den Zeitraum 2008 bis 2012 dar. Familienunternehmen steigerten demnach von 2008–2012 ihre Umsätze um 14,5 %. Diese Steigerung fällt zwar um 4,7 Prozentpunkte geringer aus als bei Nichtfamilienunternehmen, dafür fällt die Steigerung bei den Beschäftigten mit 12,1 % um 4,3 Prozentpunkte höher aus als bei Nichtfamilienunternehmen.

Der durchschnittliche **Exportumsatz** von deutschen Familienunternehmen am Gesamtumsatz liegt laut Balkendiagramm M 6 (Schaubild erstellt nach Dr. Christina Müller, Die Zukunft von Familienunternehmen, 2012) bei ca. 31 % und damit ca. 6 Prozentpunkte über dem weltweiten Durchschnitt. Eine Prognose für das Jahr 2017 zeigt sogar einen Anstieg auf ca. 38 % für deutsche Familienunternehmen.

Fest steht, dass Familienunternehmen in Deutschland eine **besondere volkswirtschaftliche Bedeutung** haben. Der riesige Anteil an allen aktiven Unternehmen spricht für sich. Zwar sind die Anteile bei der Gesamtbeschäftigung und am Gesamtumsatz niedriger, aber die Steigerung der Anzahl der Beschäftigten bei großen Familienunternehmen fiel zwischen 2008 und 2012 höher aus als bei Nichtfamilienunternehmen. Außerdem spiegelt sich die **Exportorientierung** der deutschen Wirtschaft bei den Familienunternehmen wider.

2. *Bei dieser Aufgabe sollen Sie mit dem Operator „darstellen" die Chancen und Risiken der Rechtsform Einzelunternehmen für ein Unternehmen bzw. einen Unternehmer beschreiben und Zusammenhänge verdeutlichen.*

Wie bereits aus M 2 ersichtlich ist, ist die **Rechtsform Einzelunternehmen** die häufigste in Deutschland. Mit ihr ist ein relativ **einfacher und kostengünstiger Einstieg** in die Selbstständigkeit möglich. Dazu genügt eine Anmeldung beim Gewerbeamt, eventuell ist noch eine Eintragung im Handelsregister nötig. Im Gegensatz zu Kapitalgesellschaften muss **kein Mindestkapital** vorhanden sein. Vorteilhaft ist auch, dass der Inhaber eines Einzelunternehmens die **alleinige Entscheidungsgewalt** bei der Unternehmensleitung besitzt. Außerdem kann er **allein über alle Unternehmensgewinne verfügen**.

Allerdings trägt der Inhaber eines Einzelunternehmens auch das **volle Unternehmensrisiko**, ebenso wie die Verluste. Dabei haftet er nicht nur mit seinem Geschäftsvermögen, sondern auch mit seinem **Privatvermögen**. Es besteht also eine alleinige und unbeschränkte Haftung des Unternehmers.

Die Begrenzung des Eigenkapitals durch das Privatvermögen kann ebenfalls erschwerend wirken. Wenn der Unternehmer auf **Kredite von Banken** angewiesen ist, hängt die Vergabe häufig von der **Bonität des Kreditnehmers** ab. Zudem kann bei der Vergabe von Krediten die **Entscheidungsgewalt des Inhabers eingeschränkt** werden, wenn der Gläubiger auf bestimmte Mitsprache- und Kontrollrechte besteht.

Wie aus M 1 zu erkennen ist, spielt für Familienunternehmen die Einheit zwischen dem Eigentum und der Leitung einer Firma eine wichtige Rolle. Die einfache Gründung ist ein weiterer wichtiger Aspekt, um sich für die Rechtsform des Einzelunternehmens zu entscheiden. Allerdings sind die Risiken nicht zu unterschätzen.

3. Der Operator „vergleichen" verlangt bei dieser Aufgabe, dass Sie sich für beide Handlungsoptionen Vergleichsaspekte überlegen, diese einander gegenüberstellen und ein Ergebnis formulieren. Geeignete Materialien sind M 7 und M 8.

Für einen **zukünftigen Selbstständigen**, der die Optionen hat, ein Unternehmen **zu gründen** oder **als Nachfolger** in ein bestehendes Familienunternehmen einzusteigen, ergeben sich verschiedene zu berücksichtigende Aspekte bei seiner Entscheidung.

Möchte der Unternehmer **unabhängig und sein eigener Chef** sein, so ist dies im eigenen Unternehmen sofort möglich, da er Gründer und Chef in einer Person ist. Steigt der Selbstständige in ein bestehendes Familienunternehmen ein, so muss er sich die Stellung erst erarbeiten, denn der Gründungs- und Etablierungsprozess wurde von einer anderen Person durchgeführt. Damit hängt auch das **Entwickeln einer Vision, eines Leitbildes oder die Umsetzung von Ideen** zusammen. Bei bestehenden Familienunternehmen existieren eine **Unternehmenskultur** und damit verbundene Strukturen. Der Selbstständige muss zum Beispiel überprüfen, ob er sich mit der bisherigen **Geschäftspolitik** und deren **Ausrichtung** oder den **Werten und Normen im Einklang** sieht. Bei einem eigenen Unternehmen kann der Gründer eine Vision oder ein Leitbild nach eigenen Vorstellungen entwickeln und eine neue, eigenständige Unternehmenskultur begründen. Soll beispielsweise der Aspekt der **Nachhaltigkeit** bei der unternehmerischen Verantwortung in Zukunft mehr fokussiert werden, ist es leichter, dies von Anfang an zu etablieren, als in einem bestehenden Unternehmen zu entwickeln (vgl. M 7).

Im Bereich der **Verantwortung** sind gerade in Familienunternehmen eventuell auch **Traditionen** vorhanden. Hier stellt sich für den Nachfolger die Frage, ob er diese fortsetzen möchte und eine gewisse Kontinuität bewahrt oder ob er sie beenden möchte. Oft spielt in diesem Zusammenhang auch der Vorgänger und seine Position eine Rolle. Zieht er sich vollständig zurück oder versucht er im Unternehmen noch etwas durchzusetzen oder beizubehalten? Bei einer Neugründung liegt die **Eigenverantwortung dagegen allein beim „Neu-Unternehmer"**.

Auf der anderen Seite kann ein **Seniorchef** aber aufgrund seiner Erfahrung auch ein **wertvoller Ratgeber** für den Selbstständigen sein. Ebenso können langjährige Mitarbeiter eine Stütze sein. Bei einem neuen Unternehmen kann der Inhaber natürlich versuchen, Unterstützung in der Familie und im Freundeskreis zu finden. Zu Beginn könnte diese beispielsweise finanzieller Art sein.

Die **Finanzierung** und das **Eigenkapital** sind besonders wichtige Aspekte bei der Entscheidung. Die Investitionen in ein neues Unternehmen sind mit großem Risiko verbunden. Insbesondere bei wenig Eigenkapital stellt nicht jede Bank einen **Kredit** zur Verfügung. Wenn man als Selbstständiger in ein Familienunternehmen einsteigt, ist anfangs vielleicht das Eigenkapital ausreichend, um sich am Unternehmen zu beteiligen. Das Firmenkapital ist bereits vorhanden und Fremdkapital wird eventuell nur für Erweiterungsinvestitionen benötigt.

In einer etablierten Firma ist außerdem bereits **Know-how** vorhanden, auch wenn dieses ständig weiterentwickelt werden muss, um auf Dauer am Markt bestehen

zu können. In einer neu gegründeten Firma müsste das Know-how erst entwickelt oder beschafft werden, was mit weiteren Kosten verbunden ist.
Ein zentraler Aspekt für Familienunternehmen ist laut Balkendiagramm in M 8 („Zentrale Herausforderungen von Familienunternehmen in den nächsten Jahren", Intes-Studie auf: www.pwc.de, November 2014, aufgerufen am 21.09.2015) auch die **Innovationsfähigkeit**. 68 % der befragten 109 Familienunternehmen bezeichneten sie als zentrale Herausforderung. Bei einer Unternehmensgründung besteht diese im Normalfall bereits mit der **Gründungsidee**. Erst wenn sie vorhanden ist, kann ein Unternehmen auch begonnen werden.
Eine weitere zentrale Herausforderung für Familienunternehmen ist mit 68 % das **Anwerben qualifizierter Mitarbeiter**, beziehungsweise mit 65 % das **Halten wichtiger Mitarbeiter** (vgl. M 8). Ein neuer Chef muss sich demnach nicht nur um neue Mitarbeiter kümmern, sondern auch die vorhandenen Mitarbeiter von sich und seinen Vorhaben überzeugen. In einem bestehenden Unternehmen könnte diese Überzeugungsarbeit schwieriger sein als in einem neu gegründeten. Allerdings muss in einem neuen Unternehmen mehr um **neue qualifizierte Mitarbeiter geworben werden**, was mit entsprechenden **Transaktionskosten** verbunden ist.
Letztendlich muss ein zukünftig Selbstständiger anhand der einzelnen Aspekte entscheiden, welche der beiden Handlungsoptionen für ihn und seine Persönlichkeit am ehesten infrage kommt.

4. *Bei der letzten Aufgabe mit dem Operator „erörtern" sollen Sie durch Abwägen von Für- und Wider-Argumenten einer Beteiligung eines chinesischen Investors an einem Familienunternehmen ein begründetes Urteil fällen. Sie können dazu auf die Materialien M 6, M 7, M 8 und M 9 verweisen.*

Friederike Wehnert schreibt in ihrem Artikel „Know-how und Absatzmärkte: Chinesen investieren in Deutschland", der am 15.09.2014 auf *www.marktund mittelstand.de* veröffentlicht und am 07.07.2015 entnommen wurde, dass mittlerweile „viele […] chinesische Unternehmen im deutschen Mittelstand investiert [haben]" (vgl. M 9, Z. 2 f.). Was spricht bei einem **Familienunternehmen**, das vor der Entscheidung steht, einen chinesischen Investor an seinem Unternehmen zu beteiligen, dafür beziehungsweise dagegen?
Eine **zentrale externe Herausforderung** von Familienunternehmen ist laut M 8 der **Preiswettbewerb**. Immerhin 72 % der Befragten nennen diesen Aspekt. Mithilfe einer chinesischen Investition könnte das Familienunternehmen eventuell die Fertigung kostengünstiger gestalten und die Produkte preisgünstiger auf dem Markt anbieten.
Zudem besteht durch die Verbindung zum chinesischen bzw. asiatischen Markt die **Chance, Wachstumspotenziale** durch weitere Markterschließung **zu nutzen**, was den exportorientierten Familienunternehmen entgegenkommt (vgl. M 6).
Am zweithäufigsten wird mit 68 % die Innovationsfähigkeit als Herausforderung gesehen (vgl. M 8). Laut Text von Friederike Wehnert können chinesische Investoren ihr Kapital in **Forschung, Entwicklung und Produktion** anlegen (vgl. M 9,

Z. 34 ff.). Nach Robert Hermann „legen sie vor allem Wert darauf, dass die **Innovationskompetenz der deutschen Unternehmen in Deutschland bleibt"** (vgl. M 9, Z. 39 f.).
Damit ergibt sich eine **Standort- und Arbeitsplatzsicherung**, die sowohl im Sinne der Mitarbeiter als auch im Sinne der unternehmerischen Verantwortung ist. Auch wenn die Anzahl der durch chinesische Investoren geschaffenen Arbeitsplätze schon höher war, kommen dennoch jährlich einige Arbeitsplätze hinzu (vgl. M 9, Z. 14 ff.).
Bei einer Entscheidung sollte natürlich im Auge behalten werden, dass die Investitionen nicht auf die Forschung und Entwicklung in Deutschland beschränkt werden und die Produktion teilweise oder ganz **in den asiatischen Raum verlagert** wird. Dies würde wiederum Arbeitsplätze gefährden.
Darüber hinaus können **sprachliche und kulturelle Unterschiede** die Verhandlungen erschweren. Die **Unternehmenskultur** (vgl. M 7) des Familienunternehmens könnte sich durch den neuen Investor **verändern**. Problemtisch dabei könnte sein, dass nicht alle Mitarbeiter oder Kunden dies positiv sehen und es dadurch sogar zu einem **Image-Verlust** kommen könnte. Außerdem besteht die Gefahr, dass **Corporate-Social-Responsibility-Elemente abgebaut** werden.
Die größte Gefahr für das Familienunternehmen besteht jedoch, wenn die Innovationskompetenz entgegen der Aussage von Hermann (vgl. M 9, Z. 39 ff.) nicht dauerhaft in Deutschland gefördert wird. Dann könnte die Technologiekompetenz und das **Know-how deutscher Unternehmen nach China transferiert** und der **Schutz geistigen Eigentums ignoriert** werden. Somit würden die Wettbewerbsfähigkeit und der Bestand des Unternehmens gefährdet.
Eine eindeutige Empfehlung kann nicht ausgesprochen werden. Das Familienunternehmen sollte die **Chancen und Risiken genau abwägen** und versuchen, sich von Unternehmen mit Erfahrung bei solchen Investitionen Informationen zu beschaffen. Diese können bei Verhandlungen und dem Aushandeln eines Vertrages wertvoll sein, um Fehler zu vermeiden.

> Schriftliche Abiturprüfung Wirtschaft (Baden-Württemberg) 2016
> Aufgabe II: Wirtschaftliches Handeln im Sektor Ausland

Verhindern bilaterale Freihandelsabkommen globale Gerechtigkeit?
Seit 2013 verhandeln die EU und die USA über eine umfassende Handels- und Investitionspartnerschaft. Ziel der „Transatlantic Trade and Investment Partnership" (TTIP) ist der Abbau von Zöllen und nichttarifären Handelshemmnissen. Nach Ansicht vieler Kritiker ist dabei TTIP nicht ohne Risiko für den globalen Handel und das multilaterale Handelssystem. Bilaterale Abkommen stehen deshalb in einem Spannungsverhältnis zu multilateralen Liberalisierungsvereinbarungen, z. B. im Rahmen der WTO.

Bei der Bearbeitung der folgenden Aufgaben sind geeignete Materialien in Abhängigkeit von der Aufgabenstellung einzubeziehen und zu belegen.

Aufgaben:

1. Charakterisieren Sie die Handelsbeziehungen zwischen der EU und den USA. 14 VP

2. Erläutern Sie – ausgehend von TTIP – mögliche Auswirkungen von Freihandelsabkommen auf Akteure in den beteiligten Volkswirtschaften. 12 VP

3. Bilaterale Abkommen verweisen auf einen „Trend zur Regionalisierung" (M 7, Z. 37).
Beurteilen Sie die Entwicklung einer zunehmenden Regionalisierung aus der Perspektive von Drittländern. 18 VP

4. Multilaterale Institutionen können Märkte wirksam regulieren (vgl. M 7, Z. 11 f.).
Erörtern Sie diese These. <u>16 VP</u>
60 VP

M 1 Güterhandelsvolumen USA ↔ EU

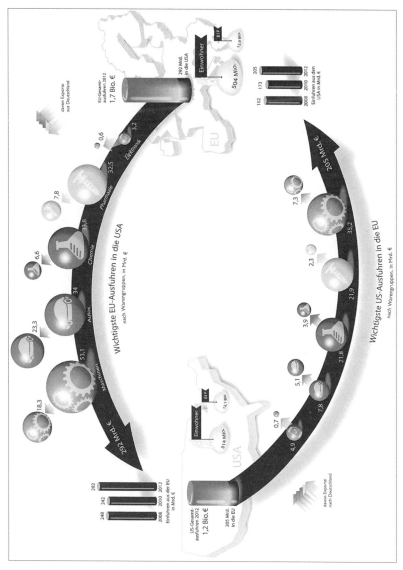

Anne Gerdes: Grafik „Lass uns tauschen" DIE ZEIT 25/2013

M 2 Bestände ausländischer Direktinvestitionen in den USA von Investoren ausgewählter Staaten in Mrd. Euro (Stand 2013)

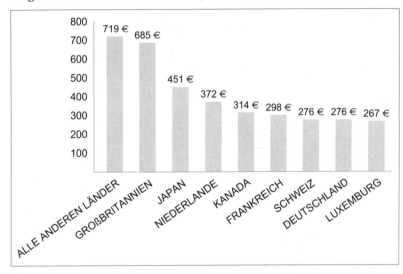

Daten nach: *Organization for International Investment (Hrsg.): Foreign Direct Investment in the United States. 2014 Report. Washington, 2014*

M 3 Bestände ausländischer Direktinvestitionen in der EU von Investoren ausgewählter Staaten in Mrd. Euro (Stand 2013)

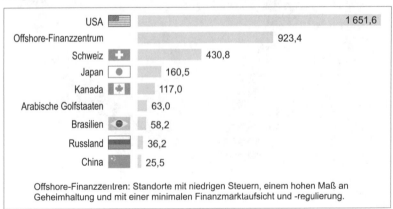

Daten nach: *Eurostat*

M 4 Handelspartner von EU und USA

Die größten Handelspartner der EU 2012

Länder (Beispiele)	Warenimporte in die EU (in Mrd. Euro)	Länder (Beispiele)	Warenexporte aus der EU (in Mrd. Euro)
insgesamt	1 791		1 686
darunter aus:		darunter nach:	
China	290	USA*	292
Russland	213	China	144
USA*	205	Schweiz	133
Schweiz	105	Russland	123

Die größten Handelspartner der USA 2012

Länder (Beispiele)	Warenimporte in die USA (in Mrd. Euro)	Länder (Beispiele)	Warenexporte aus den USA (in Mrd. Euro)
insgesamt	1 818		1 204
darunter aus:		darunter nach:	
China	346	Kanada	227
EU*	303	EU*	207
Kanada	256	Mexiko	168
Mexiko	218	China	86

* Abweichungen zwischen Exporten und Importen durch unterschiedliche Miteinberechnung von Fracht- und Versicherungskosten

Daten nach: Eurostat; U.S. Department of Commerce, Census Bureau, Economic Indicators Division

M 5 Stormy-Annika Mildner, Claudia Schmucker: Abkommen mit Nebenwirkungen?

Bereits seit Juni 2013 laufen die Verhandlungen zwischen der Europäischen Union und den Vereinigten Staaten von Amerika um ein Freihandelsabkommen, das neben der Beseitigung von Zöllen vor allem auch den Abbau nichttarifärer Handelshemmnisse (NTBs) umfassen soll. Solche Barrieren gibt es insbesondere bei der Setzung von Standards für industrielle Waren (Zulassungsverfahren, technische Standards, Sicherheitsstandards) und für landwirtschaftliche Produkte (Hygiene- und Gesundheitsstandards), im Zollwesen und bei der Vergabe öffentlicher Aufträge. Außerdem sollen die Verhandlungen „Handels-Plus"-Themen umfassen, darunter Regeln für öffentliche Auftragsvergabe, für Investitionen, Schutz geistigen Eigentums und Patente, für Wettbewerb, Datenschutz, Umwelt und Soziales. Auf die EU und die USA entfallen (2011) 25,8 Prozent der weltweiten Güterexporte (EU-interne Exporte nicht mitgerechnet), rund 43,7 Prozent der globalen Dienstleistungsexporte (wiederum ohne EU-interne Exporte) und knapp 39,4 Prozent des weltweiten Bestands an ausländischen Direktinvestitionen. Darüber hinaus wäre ein solches Abkommen auch mit Blick auf seinen Regelungsbereich eines der umfassendsten weltweit.

TTIP ist aus vielerlei Gründen wünschenswert. Zwar ist der transatlantische Handel bereits stark liberalisiert – laut WTO mit durchschnittlichen angewandten Zollsätzen für Industriegüter von 4 Prozent in der EU bzw. 3,3 Prozent in den USA sowie für Agrargüter von 13,9 Prozent (EU) bzw. 5 Prozent (USA). Doch auch der Abbau der verbleibenden Zölle verspricht angesichts des hohen bilateralen Handelsvolumens nicht zu unterschätzende Wachstumseffekte. Zudem sollten die niedrigen Durchschnittszölle nicht darüber hinwegtäuschen, dass es noch eine Vielzahl an Spitzenzöllen gibt. In der EU finden sich diese vor allem im Agrarhandel (bis zu 205 Prozent), in den USA bei vereinzelten Industriegütern, insbesondere Textilien (42 Prozent), Bekleidung (32 Prozent) sowie Leder und Schuhwerk (56 Prozent). Hohe Zölle gibt es zudem auf beiden Seiten des Atlantiks im Handel mit Chemikalien, Transportausrüstung und medizinischen Gütern. Neben Zöllen stellen jedoch insbesondere NTBs gravierende Handels- und Investitionshemmnisse dar. Technische (regulative) Handelsbarrieren existieren vor allem in der Pharma- und Kosmetikindustrie, der Kraftfahrzeugbranche sowie der Textil- und Bekleidungsindustrie.

Eine Studie erwartet für die EU Wachstumsimpulse zwischen 0,1 Prozent und 0,48 Prozent. Für die Vereinigten Staaten geht man von einem Wachstum zwischen 0,04 Prozent und 0,39 Prozent aus. Die Größe des Wachstums sei abhängig davon, wie umfassend Zollabbau und Reduktion der NTBs ausfielen. Eine stärkere transatlantische Integration würde zudem die Wettbewerbsfähigkeit der beiden Partner gegenüber aufstrebenden Schwellenländern wie China und Indien erhöhen. Belief sich laut IWF der Anteil der Europäischen Union am globalen BIP 1980 noch auf 34,1 Prozent, so ist er mittlerweile (2012) auf 23 Prozent gesunken. Ähnlich sieht es bei den Exporten aus. Auch die Anteile der USA am Welt-BIP und am globalen Handel sind kontinuierlich zurückgegangen. TTIP dürfte diesen Trend zwar nicht umkehren, würde ihn aber wohl verlangsamen. Der Grund liegt unter anderem in steigenden Skalenerträgen, welche Unternehmen durch einen besseren Zugang zu den Märkten des Partnerlandes und seinen Konsumenten realisieren können. Außerdem könnten EU und USA zusammen die ökonomische und politische Stärke entwickeln, um globale Standards etwa für Investitionssicherheit oder einen fairen Wettbewerb zu setzen. Denkbar wäre, dass TTIP ein Experimentierfeld für neue Regelungsbereiche bildet, die wegen ihres komplexen Charakters auf multilateraler Ebene noch nicht verhandelt werden.

Allerdings ist TTIP nicht ohne Risiken für den globalen Handel und das multilaterale Handelssystem. Ein zentrales Problem präferentieller Abkommen liegt in der Diskriminierung von Drittstaaten. Zwar kann der selektive Zollabbau Protektionismus und Verzerrungen zwischen den Mitgliedsländern eines solchen Abkommens beseitigen und sich für diese handelsschaffend und wohlfahrtssteigernd auswirken. Der Ökonom Jacob Viner beschrieb schon in den 1950er-Jahren, dass es zur Handelsschaffung kommt, wenn durch den Abbau von Handelsbarrieren zwischen den Partnerländern der Handel steigt und die eigene Produktion oder die Importe bestimmter Güter/Dienstleistungen aus Drittländern durch billigere (d. h. effizienter hergestellte) Güter/Dienstleistungen aus dem Partnerland ersetzt werden. Damit führt ein solches Abkommen zu einer Diskriminierung von Drittländern mit handelsumlenkenden Effekten. EU und USA haben aufgrund ihres ökonomischen und politischen Gewichts eine besondere Verantwortung für die Welthandelsordnung. Wie also muss die TTIP aussehen, damit sie dem multilateralen Handelssystem nutzt und nicht schadet? In erster Linie muss sie mit WTO-Vorgaben kompatibel sein und als Sprungbrett für künftige Regeln und Liberalisierungen auf globaler Ebene dienen.

Gekürzt nach: SWP-Aktuell 2013/A 26. 05. 2013 (Stiftung Wissenschaft und Politik, Berlin), http://www.swp-berlin.org/de/publikationen.htm, entnommen 09. 07. 2015

M 6 Investitionsschutzrecht – Aushebelung staatlicher Rechtsprechung?

Es ist aber vor allem das sogenannte Investitionsschutzrecht, das die Kritiker der TTIP-Verhandlungen mobilisiert. Das Investitionsschutzrecht berechtigt ein Unternehmen, das im Ausland investiert, vor internationalen außerstaatlichen Schiedsgerichten gegen die ausländische Regierung zu klagen, wenn es seine Investitionen zum Beispiel durch Änderungen von Gesetzen oder Vorschriften gefährdet sieht. Schon heute existieren alleine in Deutschland weit mehr als 100 solcher Abkommen auf bilateraler und multilateraler Ebene. Diese Abkommen sollten einst die Investitionen (deutscher) Unternehmen in Staaten mit unsicheren Rechtssystemen schützen.

Mit TTIP, so die Kritiker, würde diese außerstaatliche Gerichtsbarkeit in großem Rahmen etabliert. Ein Beispiel für solche Verfahren ist die Klage, die der Energiekonzern Vattenfall beim International Centre for Settlement and Investment Disputes (ICSID) in Washington D.C. gegen Deutschland einreichte, nachdem die Bundesregierung 2011 den deutschen Atomausstieg beschlossen hatte. Das ist kein Einzelfall. Der US-Tabakkonzern Philip Morris klagt beispielsweise gegen Uruguay und Australien vor internationalen Schiedsgerichten, weil sich die strikten Nichtrauchergesetze und Werbeverbote der Länder negativ auf die Umsätze des Tabakkonzerns ausgewirkt hätten.

Gekürzt: http://www.bpb.de/politik/hintergrund-aktuell/184807/ttip-streitpunkt-freihandel, 22. 05. 2014, entnommen 09. 07. 2015

**M 7 Katharina Dröge (MdB Bündnis 90/Die Grünen):
Handelsabkommen – eine machtpolitische Agenda**

Die Handelsabkommen TTIP, CETA[1] und TISA[2] haben Deutschland aus seinem Dornröschenschlaf aufgeweckt. Seitdem Details aus den Verhandlungen zwischen den USA und der EU für das TTIP-Abkommen öffentlich geworden sind, spielen Fragen der globalen Gerechtigkeit und der ungleichen Auswirkungen des Welthandelssystems wieder eine wichtige Rolle in der Öffentlichkeit. Gründe für die Kritik an den Plänen für TTIP und Co. gibt es viele. Ein besonders wichtiger ist aus meiner Sicht: All diese Abkommen sind Beispiele dafür, wie man den Herausforderungen an ein internationales Regelwerk im 21. Jahrhundert gerade nicht begegnen sollte. Die Finanz- und Bankenkrise, aber auch die sich abzeichnende Klimakrise führen uns überdeutlich vor Augen, wie dringend es weltweite transparente Spielregeln und starke multilaterale Institutionen braucht, um Märkte wirksam regulieren zu können. Mehr statt weniger internationale Regeln, das muss die politische Agenda des 21. Jahrhunderts sein.

Mit TTIP aber verfolgen die USA und die EU genau diese Politik nicht. Statt dass sich die beiden stärksten Wirtschaftsräume der Welt darauf verständigen, gemeinsam einen Impuls für eine Stärkung der multilateralen Strukturen zu geben, setzen sie auf Blockbildung und Exklusion. Statt hohe Standards und gute Regeln zu definieren, setzen sie auf Deregulierung – getarnt unter dem nur vermeintlich harmlosen Begriff des „Abbaus von Handelshemmnissen". Es ist kurzsichtig, dass die Angst vor China und seiner Wirtschaftsmacht die Bundesregierung in ein bilaterales Handelsabkommen mit den USA treibt. Ihr erklärtes Ziel, weltweit für gute Standards zu sorgen, wird sie damit nicht erreichen. Im Gegenteil lässt sie sich mit dieser Handelspolitik auf eine Strategie der Blockbildung und Gegenblockbildung ein, die dem internationalen Handelssystem schadet und schaden wird. Sie befeuert eine Negativspirale, an deren Ende keine Chance mehr für den Multilateralismus und mehr gemeinsame Regeln stehen wird.

Diese Entwicklung ist bereits jetzt deutlich zu erkennen. So verhandeln die USA parallel zum TTIP auch das transpazifische Abkommen TPP mit diversen asiatischen Staaten, allerdings explizit ohne China. Auch beim Dienstleistungsabkommen TISA ist China trotz eines klar formulierten Beitrittswunsches nicht dabei. China wiederum verhandelt seit zwei Jahren die Regional Comprehensive Economic Partnership (RCEP) mit diversen ASEAN-Staaten sowie Australien, Japan, Indien und Südkorea. Russland setzt auf die eurasische Zollunion, China auf weitere Freihandelsabkommen.

Dieser Trend zur Regionalisierung zeigt eines: Handelsabkommen werden gezielt als machtpolitisches Instrument der internationalen Beziehungen genutzt, das andere ausschließt. Mit erfolgreich abgeschlossenen TTIP- und TPP-Abkommen wären die USA vermutlich kaum noch auf die WTO angewiesen und würden zumindest auf ökonomischer Ebene eine neue bipolare Weltordnung vorantreiben. Neben den skizzierten Blockbildungen sind auch immer die Entwicklungsländer, besonders in Afrika, nicht an den Verhandlungen beteiligt. Diese haben nur im Rahmen multilateraler Verhandlungen die Chance, ihre Interessen zu koordinieren, und gemeinsam eine stärkere Position einzunehmen. Durch eine Politik der regionalen Handelsabkommen werden ihre Interessen international noch weiter geschwächt.

Doch auch ökonomisch wird eine Politik der Blockbildung wahrscheinlich geringere Wohlstandseffekte bringen als ein multilaterales System. Sie schafft nicht unbedingt weniger Schranken für den internationalen Handel, sondern nur Schranken entlang anderer Grenzen. Ob diese Politik der Blockbildung und Gegenblockbildung damit langfristig hohe Standards für den Welthandel sichert, bleibt fraglich. Im Gegenteil könnte diese Konkurrenz auch zu einem Standardwettkampf nach unten führen.

Trotz aller Schwierigkeiten, die sich bei der Fortentwicklung des multilateralen Systems in den letzten Jahren gezeigt haben, bleibt dieser Weg deshalb die einzig vernünftige Option, die die EU in der internationalen Politik besitzt. Dabei ist die Herausforderung, die sich der EU stellt, eine doppelte: Sie muss zum einen eine Auflösung der Blockade bei den WTO-Debatten erreichen, gleichzeitig muss sie aber auch eine Reform des WTO-Systems selbst anstreben.

Gekürzt: http://www.gruen-links-denken.de/2015/handelsabkommen-eine-machtpolitische-agenda/ 12.03.2015, entnommen 16. 06. 2015

1 CETA (Comprehensive Economic and Trade Agreement): Freihandelsabkommen zwischen der EU und Kanada

2 TISA (Trade in Service Agreement): Dienstleistungsabkommen zwischen 23 Vertragspartnern, einschließlich EU und USA

Lösungsvorschlag

1. *Mithilfe von geeigneten Materialien sollen die Handelsbeziehungen zwischen den USA und der EU mit ihren typischen Merkmalen beschrieben werden. Sinnvoll ist ein kurzes, abschließendes Fazit. Sie können die genauen Quellenangaben der Materialien nennen, zwingend notwendig ist dies nicht. Allerdings sollten Sie im Zweifelsfall immer Ihren Lehrer fragen, welche Variante gewünscht ist.*

2012 waren die USA einer der **wichtigsten Handelspartner** der EU (vgl. M 1, M 4). Es wurden Waren im Wert von 292 Mrd. Euro in die Vereinigten Staaten exportiert. Das sind 17,3 % der Gesamtausfuhren der EU. Bei den Importen in die EU liegen die USA mit einem Volumen von 205 Mrd. Euro nach China und Russland auf dem dritten Rang. Aus Sicht des amerikanischen Marktes nimmt die EU sowohl bei den Exporten als auch bei den Importen den zweiten Rang ein (vgl. M 4). Insgesamt führt die EU mehr Waren in die USA aus (+ 87 Mrd. Euro) als umgekehrt.

Im Zeitraum von 2008 bis 2012 nahm das **Exportvolumen jeweils zu**. Die Warenströme aus den USA in die EU stiegen um 12,6 %, die europäischen Warenströme in die USA nahmen sogar um rund 17,7 % zu (vgl. M 1).

Die **wichtigsten Handelsgüter** sind Maschinen, Kraftfahrzeuge, pharmazeutische und chemische Erzeugnisse (vgl. M 1). Es dominiert der **intraindustrielle Handel**, bei dem zwischen zwei Wirtschaftsräumen vergleichbare Wirtschaftsgüter gehandelt werden. Auffallend ist, dass das Exportvolumen der europäischen Güter bei allen Warengruppen höher liegt als der Wert des Exportvolumens der US-amerikanischen Güter. Besonders deutlich ist dies bei den **Automobilen**. Hier stehen EU-Ausfuhren im Wert von 34 Mrd. Euro Einfuhren von 7,8 Mrd. Euro gegenüber. Eine **besondere Stellung nimmt hier Deutschland ein**: 68,5 % der europäischen Kfz-Exporte entfallen auf die Bundesrepublik (vgl. M 1).

Die enge wirtschaftliche Verflechtung zwischen den USA und der EU zeigen auch die **Ausländischen Direktinvestitionen (ADI)**. Dabei handelt es sich um Kapitalanlagen von Unternehmen im Ausland mit dem Ziel, dort unternehmerisch tätig zu sein, indem sie z. B. Unternehmen erwerben, gründen oder durch eine Unternehmensbeteiligung Einfluss auf die wirtschaftlichen Entscheidungen nehmen. 2013 hatten US-amerikanische Investoren mit über 1,65 Billionen Euro mit Abstand die **höchsten Investitionen in der Europäischen Union** (vgl. M 3). Umgekehrt waren, wie in M 2 dargestellt, unter den acht größten Investoren in den Vereinigten Staaten fünf EU-Mitgliedstaaten. Mit einem Volumen von 685 Mrd. € kamen die höchsten Investitionen 2013 aus Großbritannien.

Die Materialien zeigen eine **sehr enge Handelsverflechtung** zwischen den USA und der Europäischen Union, die sich in **zunehmenden Exportvolumina** und **umfangreichen wechselseitigen Direktinvestitionen** zeigt. Dabei haben die Staaten der Europäischen Union einen **großen Handelsbilanzüberschuss**.

2. Ausgehend vom geplanten Abkommen TTIP sollen mögliche Auswirkungen eines Freihandelsabkommens beschrieben und mit Beispielen und geeigneten Belegen aus den Materialien erklärt werden. Als zentrale Akteure können die beteiligten Staaten, die privaten Haushalte als Verbraucher und Arbeitnehmer sowie (in- und ausländische) Unternehmen betrachtet werden.

Von TTIP sollen sowohl die USA als auch die EU durch „nicht zu unterschätzende Wachstumseffekte" (vgl. M 5, Z. 23 f.) profitieren. Dabei geht es neben dem Abbau von Zöllen (**tarifäre Handelshemmnisse**) um die Verringerung **nichttarifärer Handelshemmnisse**. Die USA und die EU hoffen neben einem **Wirtschaftswachstum** (vgl. M 5, Z. 35 ff.) durch die Förderung des gegenseitigen Handels auf eine Stärkung der Standortqualität und auf eine Steigerung der Wettbewerbsfähigkeit im Welthandel „gegenüber aufstrebenden Schwellenländern wie China und Indien" (M 5, Z. 40 f.). Das kann in den beteiligten Ländern zu einem **Anstieg der Steuereinnahmen**, einem **Rückgang der Arbeitslosigkeit** und somit zu einer **Erhöhung der gesamtgesellschaftlichen Wohlfahrt** führen. Durch die transatlantische Handelspartnerschaft entsteht zudem ein Wirtschaftsraum mit ca. 818 Millionen Einwohnern und einem BIP von ca. 25 Billionen Euro (vgl. M 1), dessen politische und ökonomische Macht dafür genutzt werden kann, auf globaler Ebene auf die Einführung und Einhaltung **weltweiter ökologischer, ökonomischer und sozialer Standards** hinzuwirken (vgl. M 5, Z. 48 ff.).

Entsprechend können auch **Unternehmen** von einer Deregulierung profitieren: Der Abbau von tarifären und nichttarifären Handelshemmnissen bringt für sie **Kostenvorteile**. Sie haben einen **besseren Marktzugang** bzw. können neue Märkte erschließen. So müssten beispielsweise durch einheitliche Standards die Produkte nicht mehr für technische oder ökologische Anforderungen der einzelnen Länder angepasst werden. Entsprechend können die Unternehmen auch ihre **Stellung im internationalen Wettbewerb verbessern**.

Geht es den Unternehmen gut, profitieren in der Regel auch die **Arbeitnehmer** etwa durch eine Lohnerhöhung oder die Sicherung des Arbeitsplatzes.

Die **Verbraucher** können von einer Deregulierung ebenfalls profitieren. Durch die Marktöffnung ist von einer **Ausweitung des Angebotes** und dadurch von einer **höheren Produktvielfalt** auszugehen. Durch die größere Wettbewerbsdynamik können zudem die **Preise sinken**. Einheitliche Standards führen zu mehr **Transparenz und Vergleichbarkeit**. Im Idealfall werden bei TTIP die jeweils besten Standards festgeschrieben, sodass es insgesamt zu einer **Verbesserung der Produktqualität** kommt.

Allerdings ist auch das Gegenteil möglich, falls im Freihandelsabkommen der kleinste gemeinsame Nenner festgeschrieben wird. Der einzelne Staat muss ggf. von seinen hohen Standards abrücken.

Bei TTIP sind besonders die im Rahmen des Investitionsschutzrechtes vorgesehenen internationalen **außerstaatlichen Schiedsgerichte**, die es Unternehmen erlauben, gegen ausländische Regierungen zu klagen, problematisch (vgl. M 6, Z. 2 ff.). Von Kritikern wird dies als **Aushebelung der staatlichen Recht-**

sprechung gesehen (vgl. M 6). Auch für Unternehmen können die veränderten Standards nachteilig sein. Beispielsweise entstehen **zusätzliche Kosten**, wenn sie sich auf veränderte, möglicherweise **höhere Anforderungen** einstellen müssen. Grundsätzlich wird durch die Marktöffnung und die damit verbundene höhere Zahl an Mitbewerbern der **Wettbewerbsdruck höher** und Unternehmen, die diesem nicht gewachsen sind, werden **vom Markt verdrängt**. Dies führt dann zu **Arbeitsplatzabbau** und den damit verbundenen **negativen Auswirkungen** auf die betroffenen Volkswirtschaften. Ob diese von den positiven Folgen aufgewogen werden, bleibt im Einzelfall abzuwarten – zumal die im Zusammenhang mit TTIP prognostizierten Wachstumsimpulse lediglich zwischen 0,04 und 0,48 % liegen sollen (vgl. M 5, Z. 35 ff.).

3. *Der Operator „beurteilen" verlangt, dass Sie bei der Bearbeitung die Entwicklung der zunehmenden Regionalisierung aus Sicht von Drittländern anhand geeigneter Kriterien wie Gerechtigkeit, Nachhaltigkeit oder Effizienz überprüfen. Achten Sie auf die Einhaltung der formalen Kriterien (Zitierregeln).*

Mit dem bilateralen Handelsabkommen TTIP setzt sich ein **Trend zur Regionalisierung** fort (vgl. M 7, Z. 37). Das bedeutet, Länder bzw. Ländergruppen intensivieren ihre Handelsbeziehungen, indem sie beispielsweise Handelsschranken abbauen. Diese Deregulierung und die damit verbundenen Vorteile kommen nur den Vertragspartnern zugute, während Drittstaaten hiervon nicht profitieren. Das ist vor dem Hintergrund der **(Chancen-)Gerechtigkeit** natürlich problematisch, denn bilaterale Handelsabkommen bedeuten nicht nur **Ausschluss**, „**Blockbildung** und **Exklusion**" (M 7, Z. 18 f.), sondern stellen auch ein „**machtpolitisches Instrument**" (vgl. M 7, Z. 38 f.) dar. Zum einen schwächen sie den Einfluss der **multinationalen Institutionen wie der WTO** (vgl. M 7, Z. 40), zum anderen können Abkommen wie TTIP gezielt genutzt werden, um sich gegenüber aufstrebender Schwellenländer wie China und Indien einen Wettbewerbsvorteil zu verschaffen (vgl. M 5, Z. 39 f.). Je mehr ein Land seine Interessen in bilaterale Abkommen umsetzen kann, umso weniger ist es von einem globalen Handelsregime, das naturgemäß ein breiteres Interessenfeld abdeckt, abhängig. Das ist im Falle von TTIP von besonderer Bedeutung, da die USA und die EU im Welthandel aufgrund ihres Handelsvolumens eine herausgehobene Stellung einnehmen. Benachteiligt sind hier besonders die **Entwicklungsländer**, die zwar in der WTO mit Stimmrecht vertreten sind, außerhalb dieser Organisation aber aufgrund ihrer ökonomischen Schwäche i. d. R. nur sehr geringe Chancen haben, ihre Interessen durchzusetzen (vgl. M 7, Z. 44 ff.). Für die Unternehmen und Haushalte in diesen Ländern kann dies bedeuten, dass sich die **bestehenden ökonomischen und sozialen Zustände** wie Wettbewerbsschwäche, Armut oder schlechte Arbeitsbedingungen **zementieren**. Die Drittstaaten haben zwar die Möglichkeit, ihre wirtschaftliche Position zu stärken, indem sie sich **ihrerseits in regionalen Handelsbündnissen zusammenschließen**. Die bestehenden regionalen Freihandelszonen ASEAN und Mercosur oder das geplante Regional Comprehensive Economic Partnership (RCEP) im asiatischen Raum (vgl. M 7, Z. 34 ff.) zeigen, dass es entsprechende Kooperationen gibt bzw. geben kann. Aber auch hier spielt natürlich die Stellung im Welthandel der jeweiligen Mitgliedsländer eine Rolle. Zusammenschlüsse von Entwicklungsländern stellen nur ein sehr kleines Gegengewicht zum geplanten TTIP-Abkommen dar.

Vor dem Hintergrund der **Effizienz** ist die Regionalisierung für Drittstaaten problematisch: Da Handelshemmnisse zwischen den Partnerländern wegfallen, verbilligen sich dort die Produkte. Dies hat „**handelsumlenkende[...] Effekte [...]**" (vgl. M 5, Z. 65) zuungunsten der Drittländer zur Folge, deren Produkte sich relativ verteuern und entsprechend weniger nachgefragt werden. Das erhöht den Wettbewerbsdruck. Unternehmen in den Drittländern, die **nicht anpassen können, scheiden aus dem Markt**. Arbeitslosigkeit und geringere Steuereinahmen in den betroffenen Volkswirtschaften sind die Folge. Profitieren werden die Anbieter, die auch künftig wegen ihrer Produkte oder des Preises mit den TTIP-Staaten Handel treiben: Auch sie werden künftig mit einheitlichen Standards konfrontiert und können hier ggf. **Skalenerträge** realisieren.

Bezogen auf die **Nachhaltigkeit** besteht seitens der Drittstaaten die Hoffnung, die Industriestaaten würden ihre ökonomische und politische Stärke nutzen, um „globale Standards etwa für Investitionssicherheit oder einen fairen Wettbewerb" (M 5, Z. 50 ff.) zu setzen und für den globalen Handel „**gute Regeln zu definieren**" (M 7, Z. 18 f.). Eine Hoffnung, die Kritiker allerdings nicht erfüllt sehen, wenn sie die Regionalisierung als eine Strategie der „Blockbildung und Gegenblockbildung" (M 7, Z. 25) beschreiben. Außerdem können diese Standards, die aus Sicht der Industriestaaten formuliert werden, die Wettbewerbssituation für die Staaten der Entwicklungs- und Schwellenländer sogar noch verschärfen und zu den o. g. negativen Auswirkungen auf die betroffenen Volkswirtschaften führen.

Sieht man regionale Handelsabkommen als „**Experimentierfeld für neue Regelungsbereiche** [...], die wegen ihres komplexen Charakters auf multilateraler Ebene noch nicht verhandelt werden" (M 5, Z. 51 ff.) und die helfen, eine faire Welthandelsordnung zu schaffen, können Drittstaaten mittel- bis langfristig von diesem Trend profitieren. Dienen bilaterale Abkommen wie TTIP aber im Wesentlichen dazu, die Position der Industrieländer im Welthandel zu festigen und andere Staaten auszuschließen, werden die Drittstaaten dem Trend zur Regionalisierung nicht viel Positives abgewinnen können.

4. *Bei dieser Aufgabe sollen Sie durch das Abwägen von schlüssigen Pro- und Kontra-Argumenten beurteilen, ob multilaterale Institutionen in der Lage sind, Märkte wirksam zu regulieren. Es kann hilfreich sein, die Darstellung mit konkreten Beispielen/Institutionen wie beispielsweise der WTO, des IWF, der OECD zu unterstützen. Dieser Lösungsvorschlag enthält zur Veranschaulichung sehr viele Beispiele. Um die volle Punktzahl zu erreichen, wird Vollständigkeit nicht erwartet.*

Es gibt viele **multilaterale Institutionen,** die ein Ordnungs- und Regulierungssystem entwickeln. Deren **Ziel** ist es, **den Globalisierungsprozess zu gestalten** und internationale Konflikte und Herausforderungen zu lösen.

Eine Reihe von Beispielen zeigt, dass mit der zunehmenden internationalen Verflechtung auch die **Notwendigkeit** besteht, **multinationale Regelungen** zu treffen, um grenzüberschreitendem Marktversagen zu begegnen. Die jüngste **Finanz- und Bankenkrise** zeigt dies ebenso wie die **negativen externen Effekte**, die im ökologischen und sozialen Bereich (z. B. den international zunehmenden Druck auf die Löhne) zu beobachten sind.

Grundsätzlich kann man sagen, dass Probleme und Herausforderungen, die über die Grenzen der Nationalstaaten hinausgehen, auch **grenzüberschreitender Lösungsstrategien und -mechanismen bedürfen**. Die Möglichkeiten der Einzelstaaten sinken, je weiter die internationale Verflechtung voranschreitet. In bestimmten Politikfeldern wie etwa den globalen Finanzmärkten oder der Klimaerwärmung haben nationale Regierungen de facto keine Möglichkeiten, nachhaltige Regulierungen umzusetzen.

Je mehr Staaten eine multinationale Institution unterstützen und je mehr Möglichkeiten diese hat, verbindliche Regeln zu setzen und Fehlverhalten zu sanktionieren, desto eher wird sie in der Lage sein, die Märkte wirksam zu regulieren. Die **World Trade Organisation (WTO)** beispielsweise ist eine Organisation, die auf einem breiten Fundament steht und entsprechende Möglichkeiten hat, den Globalisierungsprozess zu gestalten. Mit mehr als 160 Mitgliedern repräsentiert sie die Mehrzahl aller Länder der Welt und kann für **alle Mitglieder verbindliche Regelungen verabschieden**. Seit 1947 wurden in acht Verhandlungsrunden der WTO bzw. des GATT viele Zölle gesenkt bzw. abgeschafft, eine Vielzahl nichttarifärer Handelshemmnisse beseitigt und immer mehr **Staaten in den Welthandel integriert**. Da in der WTO jedes Mitglied eine Stimme hat und Beschlüsse einstimmig getroffen werden, haben auch kleinere bzw. ökonomisch schwächere Volkswirtschaften die Möglichkeit, ihre Interessen zu artikulieren. Das **Prinzip der Nichtdiskriminierung** soll für mehr Gerechtigkeit im Welthandel sorgen und verhindern, dass sich einzelne Akteure zulasten anderer Vorteile verschaffen und es zu einer Wettbewerbsverzerrung kommt.

Auch der **Umgang mit der Eurokrise** und **der griechischen Staatschuldenkrise** hat gezeigt, dass eine Lösung nur auf multilateraler Ebene möglich ist. Die sogenannte **Troika** (heute: „Institutionen"), die Kooperation aus Internationalem Währungsfond (**IWF**), der Europäischen Zentralbank (**EZB**) und der **Europäischen Kommission,** konnte mit verschiedenen Maßnahmen einen finanziellen Zusammenbruch Griechenlands bislang verhindern. Auch der **Europäische Stabilitätsmechanismus (ESM)**, Teil des sogenannten Euro-Rettungsschirms, ist ein Beispiel für eine multilaterale Institution, der es gelungen ist, Verwerfungen in den Finanzmärkten und der daraus resultierenden Staatsschuldenkrise auszugleichen.

Allerdings kann man sich im Zusammenhang mit den multiplen Krisen infolge der Subprimekrise fragen, inwieweit die politischen Akteure die Marktprozesse aktiv gestaltet und reguliert haben – oder ob die Verantwortlichen **nicht lediglich auf die Ereignisse reagiert** haben. Eine umfassende Neuordnung der globalen Finanzmärkte als Reaktion auf die Krise wurde bis heute nicht erreicht. So wurden beispielsweise weder Vorschläge zu einer Einführung einer Finanztransaktionssteuer („Tobin Tax") noch die Einrichtung einer unabhängigen Ratingagentur ernsthaft diskutiert. **Lobbyisten, Interessenverbände und NGOs** nehmen ebenso Einfluss auf Entscheidungsträger wie **transnationale Konzerne** und können so die **Gestaltungsmöglichkeiten multilateraler Institutionen einschränken.** Der oben angesprochene **Trend zur Regionalisierung** führt nicht zu einer „Stärkung der multilateralen Strukturen [, sondern zu] [...] Blockbildung und Exklusion" (M 7, Z. 17 ff.). Auch können wirtschaftlich starke **Staaten bzw. Regionen globale Standards setzen** (vgl. M 5, Z. 50 ff.) und so die Bemühungen multilateraler Organisationen unterlaufen. Am Beispiel der WTO lässt sich die **mangelnde Effizienz** großer internationaler Organisationen zeigen: Während die ersten fünf Welthandelsrunden noch innerhalb von ein bis zwei Jahren zu einem Ergebnis kamen, dauerten die folgenden immer länger. Die letzte Welthandelsrunde, die **Doha-Runde** (9. Runde), dauert bereits seit 2001, ohne dass man bislang zu einem Abschluss gekommen ist. Dies lässt fragen, ob ein solches Gremium künftig in der Lage sein wird, **effektiv und nachhaltig die Märkte zu regulieren.** Der **IWF**, dessen Ziele u. a. die Sicherung stabiler Wechselkurse, die Sicherstellung des freien Devisen- und des internationalen Zahlungsverkehrs und die Vergabe von Krediten an Länder mit Zahlungsbilanzdefiziten sind, wird von Kritikern vorgeworfen, in Krisenfällen oftmals durch die Auflagen für die Kreditvergaben (z. B. Liberalisierung, Privatisierung von Staatsbetrieben) die wirtschaftliche Situation in den betroffenen Ländern noch verschärft zu haben. Als Beispiele werden die Asienkrise oder die Aktivitäten des IWF in Ländern Südamerikas in den 1990er-Jahren genannt.

Zusammenfassend lässt sich sagen, dass zunehmend vernetzende, **internationale Märkte nur auf internationaler Ebene wirksam reguliert werden können.** Dies kann aber nur erfolgreich sein, wenn die verschiedenen Akteure auf internationaler Ebene Kooperationsmuster entwickeln, die auf die jeweiligen Märkte abgestimmt sind. Eine einzelne Organisation wie beispielsweise die WTO oder der IWF sind alleine nicht in der Lage, einen ordnungspolitischen Rahmen für den Globalisierungsprozess zu setzen. Erfolg versprechend ist das Konzept des Global Gouvernance. Dabei versuchen die an der Globalisierung beteiligten Akteure (Staaten, internationale Organisationen, NGOs, Global Player, die Zivilgesellschaft usw.) gemeinsam, Kooperations- und Koordinationsstrukturen zu entwickeln, um für globale Problemfelder Lösungen zu finden. Welche Akteure sich jeweils sinnvollerweise beteiligen, hängt vom jeweiligen Politikfeld ab. Internationale Organisationen wie die UN, die entsprechend legitimiert sind, können hier die Federführung übernehmen und den Prozess moderieren, um die verschiedenen Politikfelder und Handlungsebenen zu verknüpfen.

Liebe Kundin, lieber Kunde,

der STARK Verlag hat das Ziel, Sie effektiv beim Lernen zu unterstützen.
In welchem Maße uns dies gelingt, wissen Sie am besten. Deshalb bitten wir Sie,
uns Ihre Meinung zu den STARK-Produkten in dieser Umfrage mitzuteilen:

www.stark-verlag.de/feedback

Als Dankeschön verlosen wir einmal jährlich, zum 31. Juli, unter allen
Teilnehmern ein aktuelles Samsung-Tablet. Für nähere Informationen
und die Teilnahmebedingungen folgen Sie dem Internetlink.

Herzlichen Dank!

Haben Sie weitere Fragen an uns?
Sie erreichen uns telefonisch **0180 3 179000***
per E-Mail **info@stark-verlag.de**
oder im Internet unter **www.stark-verlag.de**

*9 Cent pro Min. aus dem deutschen Festnetz, Mobilfunk bis 42 Cent pro Min. Aus dem Mobilfunknetz wählen Sie die Festnetznummer: **08167 9573-0**

Erfolgreich durchs Abitur mit den **STARK** Reihen

Abiturprüfung

Anhand von Original-Aufgaben die Prüfungssituation trainieren. Schülergerechte Lösungen helfen bei der Leistungskontrolle.

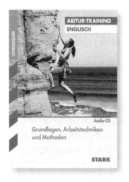

Abitur-Training

Prüfungsrelevantes Wissen schülergerecht präsentiert. Übungsaufgaben mit Lösungen sichern den Lernerfolg.

Klausuren

Durch gezieltes Klausurentraining die Grundlagen schaffen für eine gute Abinote.

Kompakt-Wissen

Kompakte Darstellung des prüfungsrelevanten Wissens zum schnellen Nachschlagen und Wiederholen.

Interpretationen

Perfekte Hilfe beim Verständnis literarischer Werke.

Und vieles mehr auf
www.stark-verlag.de

Abi in der Tasche – und dann?

In den **STARK** Ratgebern findest du alle Informationen für einen erfolgreichen Start in die berufliche Zukunft.

Alle Titel zu
Beruf & Karriere
www.berufundkarriere.de

Bestellungen bitte direkt an
STARK Verlagsgesellschaft mbH & Co. KG · Postfach 1852 · 85318 Freising
Tel. 0180 3 179000* · Fax 0180 3 179001* · www.stark-verlag.de · info@stark-verlag.de

Lernen · Wissen · Zukunft
STARK

*9 Cent pro Min. aus dem deutschen Festnetz, Mobilfunk bis 42 Cent pro Min. Aus dem Mobilfunknetz wählen Sie die Festnetznummer: 08167 9573-0